AF371661

Ilaria Bernardi

ILEANA SONNABEND

&

ARTE POVERA

SilvanaEditoriale

Sono lieto di esporre, in apertura di questo catalogo, alcune note sulle motivazioni che hanno spinto l'Ambasciata e l'Istituto Italiano di Cultura di Bucarest, in collaborazione con il Museo Nazionale d'Arte di Romania, a dar vita alla mostra *Ileana Sonnabend & Arte Povera*.

È ben noto che l'Italia e la Romania – condividendo radici storiche antichissime e una comune appartenenza linguistica – hanno generato un fecondo scambio tra i rispettivi popoli e le relative culture, come dimostrato da analoghe iniziative espositive dedicate alla classicità. Con la presente mostra, l'obiettivo delle Istituzioni italiane in Romania è stato quello di ampliare lo sguardo sui tempi a noi più vicini e su esperienze meno note, realizzando un progetto di spessore artistico e scientifico all'altezza del ricco e articolato partenariato strategico bilaterale, in grado di suscitare l'interesse del pubblico locale e divenire pietra miliare nelle relazioni culturali tra i due Paesi.

La straordinaria figura di Ileana Sonnabend è emersa durante una conversazione con la curatrice Ilaria Bernardi. Questa cittadina romena, che si sottrae all'oppressione del conformismo di regime nel suo Paese di origine e che all'estero diviene promotrice dell'arte e del confronto artistico e culturale tra due zone europee, nonché tra le due sponde dell'Atlantico, ci è sembrata pertanto meritevole di attenzione. I suoi profondi e continuativi rapporti con l'Italia, il suo immergersi nella scena artistica del nostro Paese e la frequentazione dei suoi protagonisti – allora giovani e poco conosciuti, oggi illustri Maestri – hanno contribuito alla fortuna dell'Arte povera, il movimento artistico italiano della seconda metà del '900 più noto al mondo.

Sono queste, in breve, le caratteristiche distintive della mostra: un'autentica internazionalità che cinge idealmente, nel segno dell'Arte povera, l'Italia, la Romania e gli Stati Uniti; la promozione di una corrente fondamentale e irripetibile dell'Arte italiana, divenuta famosa nel mondo in particolare grazie alla personalità della romena Ileana; la celebrazione del rapporto privilegiato tra Roma e Bucarest nel solco della contemporaneità, rapporto che vogliamo esplorare anche nelle sue manifestazioni più recenti; la conferma dell'appartenenza – o, meglio, del ritorno – della Romania nello spazio culturale europeo, riaffermando la comune adesione a una comunità di valori; infine, la celebrazione del centenario dell'Istituto Italiano di Cultura a Bucarest, fondato nel 1924.

A riprova del valore del progetto per le relazioni bilaterali, la mostra è stata visitata in anteprima dal Signor Presidente della Repubblica Sergio Mattarella il 19 giugno 2024, nell'ambito della sua seconda visita ufficiale in Romania.

Ringrazio vivamente Laura Napolitano, Direttrice dell'Istituto Italiano di Cultura di Bucarest, Călin Stegerean, Direttore del Museo Nazionale d'Arte di Romania, e Ilaria Bernardi per aver condiviso con me questo progetto e per averlo realizzato. Sono grato anche al Primo Segretario per la Stampa e la Cultura Vincenzo Tamarindo per la sua efficace e paziente collaborazione. Un grazie sentito, infine, ad Antonio Homem, anima della Sonnabend Collection Foundation, per la sua appassionata partecipazione e consulenza.

Alfredo Maria Durante Mangoni
Ambasciatore d'Italia a Bucarest

At the beginning of this catalog, I am pleased to express some notes on the motivations which led the Embassy and the Italian Cultural Institute in Bucharest, in collaboration with the National Art Museum of Romania, to realize the exhibition *Ileana Sonnabend & Arte Povera*.

It is well known that Italy and Romania – who share historical roots and a common linguistic identity – generated a fruitful exchange between their respective people and cultures, as it is proved by similar exhibition initiatives dedicated to classicism. With the present exhibition, the aim of the Italian Institutions in Romania was to broaden the gaze on the times closest to us and on lesser-known experiences, realizing a project of artistic and scientific depth equal to the rich and articulated bilateral strategic partnership, capable of arousing the interest of the local public and becoming a milestone in the cultural relations between the two countries.

The extraordinary figure of Ileana Sonnabend – emerged during a conversation with curator Ilaria Bernardi – seemed to be worth of attention since she was a Romanian citizen escaping the oppression of regime conformism in her home country and becoming, abroad, a promoter of art and of artistic and cultural confrontation both between two parts of Europe and the two sides of the Atlantic. Her deep and continuous relations with Italy, her immersion in the art scene of our country and her attendance of some contemporary artists – who were, at the time, both young and little known, while they are now illustrious Masters – contributed to the fortunes of Arte Povera, the best-known Italian art movement of the second half of the 900s in the world.

In short, these are the distinctive features of the exhibition: the genuine internationality that, in the sign of Arte Povera, ideally encircling Italy, Romania and the United States; the promotion of a fundamental and unrepeatable current of Italian Art, which became world famous thanks, above all, to the personality of the Romanian Ileana; the celebration of the privileged relationship between Rome and Bucharest in the wake of contemporaneity, a relationship that we aim to explore even in its most recent manifestations; the confirmation of Romania's belonging – or, rather, return – to the European cultural space, and the reaffirmation of the common adherence to a community of values; finally, the celebration of the centenary of the Italian Institute of Culture in Bucharest, established in 1924.

As a proof of the project's value for bilateral relations, the exhibition was previewed by our President of the Republic, Sergio Mattarella, on June 19th, 2024, as a part of his second official visit to Romania.

I am sincerely grateful to Laura Napolitano, Director of the Italian Institute of Culture in Bucharest, to Călin Stegerean, Director of the National Art Museum of Romania and to curator Ilaria Bernardi for sharing this project with me and making it happen. I am also grateful to First Secretary for Press and Culture Vincenzo Tamarindo for his effective and patient cooperation. Finally, a heartfelt thanks to Antonio Homem, soul of the Sonnabend Collection Foundation, for his passionate participation and advice.

Alfredo Maria Durante Mangoni
Ambassador of Italy in Bucharest

Nel 2021 ho incontrato Alfredo Maria Durante Mangoni, da poco nominato Ambasciatore d'Italia a Bucarest. Tra le sue prime proposte di collaborazione c'era un progetto ideato da Ilaria Bernardi che mi entusiasmò molto, perché qualche anno prima avevo accarezzato l'idea di un simile soggetto.
Il progetto propostomi era dedicato alla celebre gallerista di origine rumena Ileana Sonnabend. La sua è una storia eccezionale, paragonabile ai film biografici di maggior successo.
Il progetto propostomi, però, andava ben oltre la banalità di una ricostruzione storica della vita della gallerista: piuttosto, mirava ad aprire interessanti prospettive che l'avrebbero inscritta in una rete di sottili corrispondenze tra la cultura italiana e quella romena. Questo perché si proponeva di indagare come Ileana Sonnabend, dopo aver trascorso due decenni negli Stati Uniti, nel 1961 tornò in Europa e lì promosse anche alcuni artisti di un movimento nato in Italia, quello dell'Arte povera.
Ilaria Bernardi ha concepito una mostra eccezionale, sviluppandola intorno al rapporto che la gallerista ha instaurato con alcuni artisti attivi in Italia, dal primo proposto nella sua galleria, Mario Schifano, a quelli dell'Arte povera. Dopo quella tenutasi al Museum of Modern Art di New York (MoMA) nel 2013-14, la mostra al MNAR-Muzeul Național de Artă al României è la prima esposizione dedicata a Ileana Sonnabend in un museo. È anche la prima mostra in Romania che si concentra sul lavoro di Ileana Sonnabend nell'ambito dell'Arte povera, il cui approccio curatoriale, peraltro, era basato su una profonda ricerca che si riflette in mostra in una sezione documentaria – sia testuale sia fotografica – del rapporto della gallerista con gli artisti dell'Arte povera da lei promossi: Michelangelo Pistoletto, Gilberto Zorio, Mario Merz, Giovanni Anselmo, Pier Paolo Calzolari, Giulio Paolini, Jannis Kounellis.
Oltre all'ideazione e curatela della mostra, Ilaria Bernardi ha svolto un ruolo fondamentale nell'individuare e ottenere in prestito opere emblematiche di questi artisti, che furono esposte in mostre promosse da Ileana Sonnabend e ora presentate per la prima volta in Romania – dalle collezioni degli artisti stessi, nonché da musei, fondazioni, collezionisti privati e gallerie italiane.
Una componente importante dell'esposizione è il video-documentario realizzato per l'occasione, che raccoglie numerose testimonianze di alcuni artisti dell'Arte povera sul loro rapporto con Ileana Sonnabend. Il video-documentario rappresenta un notevole contributo che ci consente di scrivere nuove pagine della storia dell'arte contemporanea.
Il progetto è stato realizzato grazie all'impegno organizzativo dell'Ambasciata d'Italia in Romania, il cui l'Ambasciatore è S. E. Alfredo Maria Durante Mangoni, dell'Istituto Italiano di Cultura, la cui direttrice è Laura Napolitano, e dell'équipe del Museo Nazionale d'Arte della Romania coordinata dalla museografa Miruna Moraru.
A loro, a Ilaria Bernardi, curatrice della mostra, ad Antonio Homem, Presidente della Fondazione Collezione Sonnabend, va il mio più sentito ringraziamento, così come agli altri partner e sponsor del progetto: l'Associazione "Amici del Museo Nazionale d'Arte della Romania", Mastercard, UniCredit Bank, Pirelli Romania, Generali Asigurări, Concessionari ufficiali Ferrari: Forza Rossa, Aqua Carpatica, Domeniile Sâmburești.
Sono certo di poter dire che insieme abbiamo realizzato una mostra storica che segna anche il primo ritorno di Ileana Sonnabend in Romania, suo Paese d'origine.

Călin-Alexiu Stegerean
Direttore generale
MNAR-Muzeul Național
de Artă al României

In year 2021 I met Alfredo Maria Durante Mangoni, who had recently been appointed Ambassador of Italy in Bucharest. Among his first proposals for collaboration was a project conceived by Ilaria Bernardi, which I was very excited about, since a few years earlier I had been flirting with the idea of such a subject.

The project proposed to me was dedicated to the well-known Romanian-born gallerist Ileana Sonnabend. Her story is an exceptional one, comparable to the most successful biopics. However, the project went beyond the banality of a biographical reconstruction, opening interesting perspectives that would inscribe her in a network of subtle correspondences between Italian and Romanian culture. This was because it set out to investigate how Ileana Sonnabend, after spending two decades in the United States, returned to Europe in 1961 and started to promote a few artists from a movement that originated in Italy, Arte Povera.

Ilaria Bernardi has conceived an exceptional exhibition, developing it around the relationship that the gallerist established with a number of artists active in Italy, from the first proposed in her gallery, Mario Schifano, to the ones of Arte Povera.

The exhibition at the MNAR-Muzeul Național de Artă al României is the first exhibition dedicated to Ileana Sonnabend in a museum after the one held at the Museum of Modern Art (MoMA) in New York in 2013-14. It is also the first exhibition in Romania that focuses on Ileana Sonnabend's work in the field of Arte Povera. Nonetheless, it is the first focus – the first exhibition held in Romania – on the Romanian gallerist who, thanks to a curatorial vision based on deep research that is reflected in the exhibition in a documentary section, both textual and photographic, reflects on her relationship with the Arte Povera artists promoted by her: Michelangelo Pistoletto, Gilberto Zorio, Mario Merz, Giovanni Anselmo, Pier Paolo Calzolari, Giulio Paolini and Jannis Kounellis.

In addition to the conception and curatorship of the exhibition, Ilaria Bernardi played a key role in identifying and obtaining on loan emblematic works by these artists – which were shown in exhibitions promoted by Ileana Sonnabend and now presented for the first time in Romania – from the artists' own collections, as well as from Italian museums, foundations, private collectors and galleries.

An important component of the exhibition is the video-documentary made for the occasion, which collects numerous testimonies including those of some Arte Povera artists about their relationship with Ileana Sonnabend. The video-documentary is a remarkable contribution to writing new pages of contemporary art history.

The project was realized thanks to the organizational efforts of the Italian Embassy in Romania, especially of H. E. the Ambassador Alfredo Maria Durante Mangoni, of the Italian Cultural Institute, currently headed by Laura Napolitano, and the team of the Muzeul Național de Artă al României coordinated by museographer Miruna Moraru.

To them, to Ilaria Bernardi, curator of the exhibition, and to Antonio Homem, president of the Sonnabend Collection Foundation, go my heartfelt thanks, as well as to the other partners and sponsors of the project: the Association "Friends of the National Art Museum of Romania," Mastercard, UniCredit Bank, Pirelli Romania, Generali Asigurări, Official Ferrari Dealer: Forza Rossa, Aqua Carpatica, Domeniile Sâmburești. I am convinced that together we created an historical exhibition that can also be considered a first return of Ileana Sonnabend to Romania, her home country.

Călin-Alexiu Stegerean
Genaral Director
MNAR-Muzeul Național
de Artă al României

Ileana Sonnabend è stata sicuramente una figura cardine dell'arte contemporanea, soprattutto per il suo contributo al dialogo tra arte europea e americana. Questa mostra non vuole solo celebrare la sua straordinaria carriera, ma anche presentare al pubblico romeno la più importante avanguardia artistica italiana del secondo Novecento, l'Arte povera e il suo indelebile impatto sul mondo dell'arte contemporanea.

In occasione dei 110 anni dalla nascita della grande collezionista e gallerista, l'Ambasciata d'Italia e l'Istituto Italiano di Cultura di Bucarest insieme al Museo Nazionale di Arte della Romania, hanno unito le forze per offrire al pubblico un doppio privilegio: quello di riuscire a incontrare simbolicamente Ileana Sonnabend nel suo paese d'origine e, allo stesso tempo, di scoprirne le straordinarie intuizioni e la capacità di anticipare i tempi, sostenendo i giovani artisti che in quel momento sembravano essere in contrasto con le più comuni tendenze del mondo artistico.

Ileana Sonnabend ha lasciato un segno profondo nel mondo dell'arte come gallerista, collezionista e scopritrice di talenti. Conosciuta per il suo spirito innovativo e per la sua tenacia nel dedicarsi pienamente all'arte nel più profondo senso della parola, la sua visione e il suo impegno hanno portato alla ribalta artisti e movimenti come quello dell'Arte povera, che oggi sono considerati pionieri dell'arte moderna e contemporanea: insomma, una vera *Ambassador for the New*, come l'ha definita il MoMA nella retrospettiva che le ha dedicato nel 2013-14.

L'Arte povera, movimento nato in Italia negli anni '60, si distingue per l'uso di materiali poveri e comuni, come legno, terra, stracci e metalli, per creare opere che sfidano le convenzioni artistiche tradizionali. Artisti come Michelangelo Pistoletto, Jannis Kounellis, Mario Merz, Gilberto Zorio, Giovanni Anselmo, Pier Paolo Calzolari, Giulio Paolini, tutti presenti in mostra, con il loro approccio iconoclasta e de-costruttivo, hanno cercato di rompere le barriere tra arte e vita quotidiana, proponendo una nuova estetica che rifletteva le tensioni sociali e politiche dell'epoca: la loro è un'arte impegnata con il contingente, non eterna o fine a sé stessa, ma esperita nel quotidiano e sempre mobile. Il movimento ha rappresentato una "guerriglia" asistematica all'interno del sistema dell'arte, "la speranza, diventata certezza, di gettare alle ortiche ogni discorso visualmente univoco e coerente", come aveva scritto il critico italiano Germano Celant nel famoso articolo *Arte povera: appunti per una guerriglia* pubblicato sulla rivista *Flash Art* nel 1967, in cui per la prima volta viene teorizzato il movimento.

In questa mostra abbiamo voluto esplorare il rapporto speciale tra Ileana Sonnabend e l'Arte povera e il modo in cui questo abbia contribuito alla diffusione internazionale del movimento. Le opere esposte, selezionate dalla curatrice Ilaria Bernardi, ne illustrano l'innovazione e la forza espressiva. Allo stesso tempo, la mostra rappresenta un vero e proprio ponte culturale, poiché unisce due Paesi che, attraverso l'esperienza dell'Arte povera, hanno saputo esprimere una visione comune di rinnovamento e creatività.

L'Istituto Italiano di Cultura di Bucarest che ho l'onore di dirigere, con l'appoggio e l'impegno di S. E. Ambasciatore Alfredo Maria Durante Mangoni, ha contribuito a rendere possibile questa celebrazione delle connessioni tra Italia e Romania attraverso l'arte e vuole continuare, negli anni a venire, a impegnarsi in progetti collaborativi e di ricerca artistica che permettano una reale interazione tra il mondo dell'arte romena e di quella italiana. Dunque, vi invitiamo a immergervi in questo viaggio attraverso la vita di Ileana Sonnabend e il lavoro degli artisti dell'Arte povera, alla scoperta della potenza dell'arte come catalizzatore del cambiamento e come potente mezzo di comunicazione e di interconnessione culturale.

Laura Napolitano
Direttrice Istituto Italiano di Cultura di Bucarest

Ileana Sonnabend was certainly a pivotal figure in contemporary art, especially for her contribution to the dialogue between European and American art. This exhibition not only aims at celebrating her extraordinary career, but also at presenting to the Romanian public the most important Italian artistic avant-garde of the second half of the 20th century, Arte Povera, and its indelible impact on the contemporary art world. To mark the 110th anniversary of the birth of the great collector and gallerist, the Italian Embassy and the Italian Cultural Institute in Bucharest, together with the National Museum of Art of Romania, have joined forces to offer the public a double privilege: that of being able to symbolically meet Ileana Sonnabend in her country of origin and, at the same time, discover her extraordinary insights and ability to anticipate the times, supporting young artists who at that time seemed to be at odds with the most common trends in the artistic world. Ileana Sonnabend left a deep mark on the art world as a gallery owner, a collector and a talent scout. Known for her innovative spirit and tenacity in fully devoting herself to art in the deepest sense of the word, her vision and commitment brought to the fore artists and movements such as Arte Povera, who are now considered pioneers of modern and contemporary art: in short, a true *Ambassador for the New*, as MoMA called her in its 2013-14 retrospective.
Arte Povera, a movement developed in Italy in the 1960s, was characterized by poor and common materials, such as wood, earth, rags and metals, to create works that challenge traditional artistic conventions. Artists such as Michelangelo Pistoletto, Jannis Kounellis, Mario Merz, Gilberto Zorio, Giovanni Anselmo, Pier Paolo Calzolari, and Giulio Paolini, all featured in the exhibition, with their iconoclastic and de-constructive approach, sought to break down the barriers between art and everyday life, proposing a new aesthetic reflecting both social and political tensions of the time: their art is engaged with the contingent,

is not eternal nor an end in itself, but is experienced in the everyday and always mobile. The movement represented an asystematic "guerrilla warfare" within the art system, "the hope, which had become a certainty, of throwing to the nettles any visually univocal and coherent discourse," as the Italian critic Germano Celant wrote in the famous article *Arte povera: appunti per una guerriglia* published in the magazine Flash Art in 1967, in which the movement was first theorized.
In this exhibition, we aimed at exploring the special relationship between Ileana Sonnabend and Arte Povera, and the way this contributed to the international spread of the movement. The works on display, selected by curator Ilaria Bernardi, illustrate its innovation and expressive power. At the same time, the exhibition represents a true cultural bridge, linking two countries that, through the Arte Povera experience, were able to express a common vision of renewal and creativity.
The Italian Cultural Institute of Bucharest, which I have the honor of directing, with the support and commitment of H. E. the Ambassador Alfredo Maria Durante Mangoni, contributed to make possible this celebration of the connections between Italy and Romania through art and wants to continue, in the years to come, to engage in collaborative projects and artistic research that will allow a real interaction between the Romanian and Italian art worlds.
We therefore encourage you to dive into this journey through the life of Ileana Sonnabend and the works by the artists of Arte Povera, discovering the power of art as a catalyst for change and as a powerful means of communication and cultural interconnection.

Laura Napolitano
Director of the Italian Institute of Culture Bucharest

Sommario
Contents

Statement

Ilaria Bernardi

Quando l'Ambasciatore d'Italia in Romania, Alfredo Maria Durante Mangoni, mi ha proposto di organizzare una mostra per il MNAR-Muzeul Național de Artă al Romăniei di Bucarest, che fosse capace di portare alla luce importanti legami tra Italia e Romania nell'ambito della storia dell'arte, il mio pensiero si è diretto immediatamente verso la gallerista di origine romena Ileana Sonnabend, nella consapevolezza del suo profondo e duraturo rapporto con l'arte italiana, in particolare con l'Arte povera.

Nata Schapira a Bucarest il 25 ottobre 1914 e scomparsa a New York il 21 ottobre 2007, Ileana Sonnabend è stata una protagonista dell'arte del XX secolo e ha promosso un dialogo tra America ed Europa attraverso il supporto degli artisti più importanti del Dopoguerra. In particolare, negli anni Sessanta, oltre a supportare artisti americani come Jim Dine, Jasper Johns, Roy Lichtenstein, Claes Oldenburg, Robert Rauschenberg e Andy Warhol, ebbe profondi e continuativi rapporti con l'Italia, prestando una specifica attenzione nei confronti dell'Arte povera che, teorizzata nel 1967 dal critico Germano Celant, è ancora oggi la ricerca artistica italiana più nota a livello internazionale.

Al fine di sottolineare questa sua lungimiranza e apertura verso l'arte italiana, la mostra da me ideata e curata al MNAR si concentra sul rapporto di Ileana Sonnabend con gli artisti dell'Arte povera da lei promossi: Michelangelo Pistoletto, Gilberto Zorio, Mario Merz, Giovanni Anselmo, Pier Paolo Calzolari, Giulio Paolini, Jannis Kounellis. Inoltre, come premessa al focus sull'Arte povera, accoglie un omaggio a Mario Schifano, in quanto egli fu il primo artista italiano che la gallerista supportò, dando così avvio al suo intenso rapporto con l'arte del nostro Paese.

Questa esposizione ha una notevole rilevanza sia per l'Italia – poiché permette di far meglio conoscere all'estero l'arte italiana – sia per la Romania, in quanto rende per la prima volta omaggio all'eccelso operato di una donna romena che negli anni Sessanta ha abbracciato una dimensione cosmopolita, diventando un'icona dell'arte internazionale mentre il suo paese si chiudeva all'Occidente sotto la coltre del regime comunista.

Questa mostra, però, non è soltanto la prima che la Romania dedica alla gallerista: è anche la prima nel mondo a non basarsi sulle opere appartenenti alla sua collezione, la Sonnabend Collection. Al duplice scopo di differenziarsi da tali precedenti occasioni espositive (prima tra tutte quella al MoMA di New York nel 2013-14) e di sottolineare l'ancora forte legame tra la storia di Ileana Sonnabend e l'Italia, il progetto concepito per il MNAR include opere ancora oggi di proprietà degli artisti italiani o dei loro eredi, nonché di musei, fondazioni, collezionisti e galleristi italiani, ed esposte da Ileana Sonnabend nella sua galleria o in progetti da lei organizzati altrove. Tale criterio di selezione delle opere ha comportato una lunga ricerca volta innanzitutto a individuare tutte quelle esposte nelle mostre tenute dagli artisti dell'Arte povera alla Sonnabend Gallery, a rintracciarne l'attuale ubicazione e, infine, a chiedere in prestito le opere che, secondo le mie indagini, risultavano ancora di proprietà italiana.

Tale sforzo filologico-documentario è alla base del progetto concepito per il MNAR che, non a caso, vede come sua premessa e conclusione due aree prettamente informative. La prima include due ampi approfondimenti testuali, documentari e fotografici, l'uno sulla sulla vita e sull'operato di Ileana Sonnabend, l'altro sulle mostre personali degli artisti dell'Arte povera tenutesi

Statement

Ilaria Bernardi

As soon as Ambassador Alfredo Maria Durante Mangoni, who was about to begin his term as Head of the Italian diplomatic mission in Romania, asked me to elaborate a project of an exhibition for the MNAR-Muzeul Național de Artă at României in Bucharest, which would point out the significant artistic links between Italy and Romania, my first thought went to the Romanian-born gallerist Ileana Sonnabend, well-aware of her deep and enduring relationship with Italian art, in particular with Arte Povera.

Born Schapira in Bucharest on October 25th, 1914 and passed away in New York on October 21st, 2007, Ileana Sonnabend was a leading figure in 20th-century art, fostering a dialogue between America and Europe through her support of the most important artists of the postwar period. In particular, in the 1960s, in addition to supporting American artists such as Jim Dine, Jasper Johns, Roy Lichtenstein, Claes Oldenburg, Robert Rauschenberg and Andy Warhol, she had deep and continuous relations with Italy, paying specific attention to Arte Povera, the artistic movement theorized in 1967 by the critic Germano Celant, which is still today the most internationally known Italian artistic researcher.

With the aim of emphasizing the gallerist's far-sightedness and openness toward Italian art, I conceived and curated an exhibition at MNAR, focused on Ileana Sonnabend's relationship with the Arte Povera artists she had been promoting: Michelangelo Pistoletto, Gilberto Zorio, Mario Merz, Giovanni Anselmo, Pier Paolo Calzolari, Giulio Paolini, Jannis Kounellis. As a premise to the focus on Arte Povera, the exhibition constitutes a tribute to Mario Schifano, since he was the first Italian artist whom the gallerist supported, thus initiating her intense relationship with Italian art.

This exhibition has considerable relevance both for Italy, since it allows Italian art to be better known abroad, and for Romania, since it pays homage for the first time to the outstanding work of a Romanian woman who embraced a cosmopolitan dimension in the 1960s, becoming an icon of international art, while her country closed itself off to the West under the curtain of the communist regime.

However, this exhibition is not only the first one that Romania dedicates to the gallerist: it is also the first one in the world which is not made by the works from her collection, the Sonnabend Collection. With the dual aim of differentiating it from such previous exhibition occasions (first of all the one at the MoMA in New York in 2013-14) and of emphasizing the link between Ileana Sonnabend's history and Italy, which is still strong, the project conceived for the MNAR includes works still being owned by the Italian artists or their heirs, as well as by Italian museums, foundations, collectors and gallery owners, which were exhibited by Ileana Sonnabend either in her gallery or in projects she organized elsewhere. This criterion for the selection of works entailed a long research aimed, first of all, to identifying all works exhibited in the shows held by the Arte Povera artists at the Sonnabend Gallery; then, to tracing their current location; and, finally, to requesting on loan those works that, from the investigations I carried out, appeared to be still Italian-owned.

This philological-documentary force is the basis of the project conceived for the MNAR which, not surprisingly, sees two purely informative areas as its premise and conclusion. The first one includes two extensive textual, documentary and photographic insights: one on the life and work of Ileana Sonnabend and the other one on the solo exhibitions by the Arte Povera artists held in her

nella sua galleria. Le immagini incluse in entrambi gli approfondimenti provengono da importanti archivi italiani e stranieri tra cui il Paul Getty Institute, nonché dall'archivio della Sonnabend Collection Foundation. La seconda area informativa è invece dedicata alla proiezione di un documentario video realizzato per l'occasione da 3D Produzioni e disponibile anche sul sito del canale televisivo italiano La7.

La volontà di porsi *Contro l'interpretazione* – per citare un noto testo di Susan Sontag del 1966 – attraverso una puntuale ricostruzione di fatti basata su documenti d'archivio e testimonianze, ha guidato altresì l'impostazione del presente volume, che si presenta come un quaderno informativo piuttosto che come un tradizionale catalogo di mostra. Non include infatti alcun saggio critico-interpretativo, ma una serie di testi in cui mi limito a ricostruire il più oggettivamente possibile fatti ed eventi in base a documenti d'archivio e a testimonianze dirette dei loro protagonisti.

Tale volontà di porsi *Contro l'interpretazione* ha due scopi principali. È innanzitutto un modo per rendere omaggio alla pratica informativa di Celant che, a partire dagli esordi a Genova negli anni Sessanta, ha operato secondo un approccio acritico, influenzato dal pensiero del suo professore universitario Eugenio Battisti, dalla pratica discorsiva di Carla Lonzi, dal pensiero non interpretativo di Susan Sontag e, in seguito, dal lavoro di Seth Siegelaub attorno al libro-documento. In particolare, il principale oggetto d'interesse di Celant è sempre stato l'archivio, che, unito all'auspicato rapporto orizzontale tra curatore e artista, costituisce il fondamento della "critica acritica" da lui teorizzata nel 1970 sulle pagine di *Nac* e che si fonda sull'informazione data dagli strumenti di documentazione fotografica e videografica, nonché dalle interviste agli artisti. Ne derivano, da un lato, il libro *Arte povera* pubblicato da Celant nel 1969, che, come egli scriveva, "si

risolve nella contingenza della raccolta del materiale"; dall'altro, l'Information Documentation Archives (IDA), da lui fondato nel giugno 1970 e concepito come un centro di documentazione e raccolta di materiali relativi all'arte e all'architettura contemporanee, nonché come centro di consulenza per istituzioni per la realizzazione di pubblicazioni e di mostre. Da allora in poi, per Celant l'archivio è sempre stato il motore propulsore e indispensabile per elaborare progetti espositivi e editoriali che fossero studi approfonditi, scientifici e documentari.

Il secondo scopo di porsi *Contro l'interpretazione* è schierarsi in antitesi rispetto all'attuale situazione artistica ben descritta nel 2017 nel libro *Contro le mostre* nel quale gli autori, Tommaso Montanari e Vincenzo Trione, scrivono che il sistema culturale di oggi "sforna a getto continuo mostre di cassetta, culturalmente irrilevanti e pericolose per le opere. È ora di sviluppare anticorpi intellettuali, ricominciare a fare mostre serie". Per farlo, ritengo che sia fondamentale prendere a modello chi, come appunto Celant, ha basato la sua attività espositiva e editoriale sullo studio, sull'archivio e sulla scientificità della ricerca.

Per queste ragioni, la mostra *Ileana Sonnabend & Arte povera* e il volume che la accompagna si basano su informazione, documentazione e archivio, lasciando da parte qualsiasi sovrastruttura interpretativa, nella convinzione che soltanto ritornando a un approccio storico e scientificamente approfondito si possa dare il meritato peso storico agli artisti, alle figure a questi connesse e agli eventi del nostro passato e del nostro presente.

Un mio speciale e caro ringraziamento va ad Antonio Homem, erede di Ileana e Michael Sonnabend e testimone della loro attività fin dalla fine del 1968: la sua collaborazione e disponibilità sono state indispensabili per l'elaborazione del mio progetto e per effettuare le ricerche necessarie a realizzarlo.

gallery. The images included in both insights come from important Italian and foreign archives including the Paul Getty Institute, as well as from the archives of the Sonnabend Collection Foundation. On the opposite, the second information area is dedicated to the screening of a video documentary made for the occasion by 3D Produzioni, and available on the website of the Italian television channel La7.

The desire to stand *Against Interpretation* – to quote a well-known 1966 text by Susan Sontag – through a timely reconstruction of facts based on archival documents and testimonies, has also guided the concept of this volume, which is similar to an informative notebook rather than a traditional exhibition catalogue. In fact, it does not include any critical-interpretive essays, while my texts are limited to a reconstruction – as much objective as possible – of facts and events, based on archival documents and direct testimonies of their main characters.

Willingness to stand *Against Interpretation* has two main aims. The first one is paying homage to Celant's informational practice, which, from his beginnings in Genoa in the 1960s, always operated according to an uncritical approach, influenced by the vision of his professor at the university, Eugenio Battisti, by the discursive practice of Carla Lonzi, by the non-interpretive thought of Susan Sontag and, later, by the work of Seth Siegelaub about the book-document. In particular, Celant's main object of interest has always been the archive, which, combined with the hoped-for horizontal relationship between the curator and the artist, constitutes the foundation of the *"critica acritica"* (uncritical criticism), a theory brought to life in 1970 in the pages of *Nac* and based on the information given by photographic and videographic documentation and by a series of interviews with artists. The result was, on the one hand, the book *Arte Povera* published by Celant in 1969, which, as he wrote, "resolves itself in the contingency of the collection of material" and, on the other hand, the Information Documentation Archives (IDA), that he founded in June 1970 and was conceived as a center for documenting and collecting materials related to contemporary art and architecture, as well as a consulting center for institutions to produce publications and exhibitions. Since that time, according to Celant, the archive has always been the driving and indispensable engine for developing exhibition and publishing projects that were in-depth, scientific and documentary studies.

The second aim of posing *Against Interpretation* is to take sides in antithesis to the current artistic situation, that is well described in 2017 in *Contro le mostre*; in this book, Montanari and Vincenzo Trione wrote that today's cultural system "churns out box-office exhibitions at a steady stream, culturally irrelevant and dangerous for the works. It is time to develop intellectual antibodies, to start making serious exhibitions again." To do so, I believe it is essential to take as a model those who, like Celant, based their exhibition and publishing activities on studies, archives and scientific research. This is why the exhibition *Ileana Sonnabend & Arte Povera* and the accompanying volume are based on information, documentation and archives, leaving aside any interpretative superstructure, in the conviction that only by returning to a historical and scientifically thorough approach we can give the deserved historical weight to artists, to the figures connected to them and to events of our past and present.

My special and heartfelt thanks go to Antonio Homem, heir of Ileana and Michael Sonnabend and witness of their activity since late 1968: his collaboration and availability were necessary for the elaboration of my project and for the research I carried out.

ILEANA SONNABEND: VITA E ATTIVITÀ

ILEANA SONNABEND: LIFE AND WORK

1914-1934

Ileana Sonnabend nasce a Bucarest il 25
ottobre 1914 in una delle famiglie più agiate
dell'alta borghesia ebraica della città, gli
Schapira.
Vive al numero 8 di strada Vittorio Emanuele,
accanto all'Ambasciata tedesca, con la
sorella Eva, la madre Marianne – viennese
di nascita – e il padre Mihai Schapira
[fig. 1], che nel 1919 costruisce ad Arad
la prima industria romena produttrice
di vagoni ferroviari.
Fin da piccola aperta e appassionata alla
cultura francese grazie alla madre, Ileana
supplica i genitori di lasciarla andare nei
musei ed è decisa a non voler vivere in
Romania: "Non vedevo l'ora di sposarmi.
Da bambina sapevo che uno straniero
sarebbe arrivato e mi avrebbe portata via.
Ho conosciuto Leo. Era diverso dagli altri.
Voleva muoversi. Da lì a poco sarebbe partito
e, siccome volevo andarmene a ogni costo
dalla Romania, l'ho sposato", racconterà ad
Annie Cohen-Solal molti anni dopo.
Il 7 ottobre 1933, al municipio di Bucarest
viene celebrato il matrimonio tra Ileana
e Leo Krausz, nato a Trieste il 4 settembre
1907 da genitori ebrei e arrivato a
Bucarest nell'aprile 1932 per lavorare come
assicuratore alle Generali [fig. 2]. Come
regalo di nozze, Ileana gli chiede un disegno
di Henri Matisse [fig. 3].
Il 30 gennaio 1933 Adolf Hitler sale al potere
in Germania. Nello stesso periodo Leo viene
assunto alla Banca d'Italia di Bucarest
con la prospettiva di un rapido trasferimento
a Parigi.

1935-1939

Nel 1935 Ileana e Leo partono per Parigi
con l'Orient Express e si stabiliscono
a Neuilly-sur-Seine, vicino all'abitazione
di Vassily Kandinsky, in un appartamento
decorato da René Drouin, un interior
e furniture designer attivo anche nel
commercio dell'arte, nonché marito
di una delle amiche d'infanzia di Ileana.
A Parigi frequentano teatri, musei e gallerie
della città.
Nel 1937 nasce la loro figlia Nina, ma Ileana
si sente isolata. Il legame con Leo si allenta,
ma non si romperà mai del tutto.
Nell'autunno 1938, le leggi razziali
promulgate da Benito Mussolini in Italia
causano seri problemi alla famiglia ebrea
di Leo e a Leo stesso. Per questo motivo,
nei primi mesi del 1939, grazie a un prestito
del padre di Ileana, Leo decide di affittare
un locale in Place Vendôme, si associa a
Drouin e avvia il progetto di una galleria di
arti decorative contemporanee la cui prima
mostra, il 5 luglio 1939, è dedicata a oggetti
di mobilio commissionati ad artisti di ambito
surrealista [fig. 4].

**I'm very emotional,
very intuitive. And art, for me,
is really a very personal thing.
And that's it.**

1914-1934

Ileana Sonnabend was born in Bucharest on October 29th, 1914 into one of the city's wealthiest family of the upper middle class, the Schapira family.
Jewish by birth, she lived at 8 Vittorio Emanuele Street, next to the German Embassy, with her sister Eva, her mother Marianne – whose origins were Viennese – and her father Mihai Schapira [fig. 1], who in 1919 founded the first Romanian railway carriage factory in Arad.
Open to and passionate about French culture thanks to her mother, Ileana begged her parents to let her visit museums from a young age and was determined not to spend the rest of her life in Romania: "I couldn't wait to get married. As a child, I knew that a foreigner would come and take me away. I met Leo. He was different from the others. He wanted to move. He was going to leave soon and, because I wanted to get out of Romania at all costs, I married him," she would tell Annie Cohen-Solal many years later.
On October 7th, 1933 Ileana and Leo Krausz, who was born in Trieste on September 4th, 1907 to Jewish parents and had come to Bucharest in April 1932 to work as an insurer for Generali [fig. 2], were married in Bucharest City Hall. As a wedding gift, Ileana asked a drawing by Henri Matisse [fig. 3].
On January 30th, 1933 Adolf Hitler took the power in Germany. Around the same time, Leo was hired by the Bank of Italy in Bucharest with the prospect of a quick transfer to Paris.

1935-1939

In 1935, Ileana and Leo travelled to Paris on the Orient Express and they settled in Neuilly-sur-Seine, near Vassily Kandinsky's house, in an apartment decorated by René Drouin, an interior decorator and furniture designer who was also active in the art trade, as well as being the husband of one of Ileana's childhood friends. In Paris, they attended the city's theatres, museums and galleries.
In 1937, their daughter Nina was born, but Ileana started to feel isolated. As a consequence, the bond with Leo loosened, though it will never completely break.
In the autumn of 1938, Benito Mussolini's racial laws in Italy caused serious problems for Leo's Jewish family and for Leo himself. At the beginning of 1939, after receiving a loan from Ileana's father, he decided to rent a space in Place Vendôme and, together with Drouin, launched a gallery for contemporary decorative arts, the first exhibition of which, on July 5th, 1939, was dedicated to pieces of furniture commissioned by surrealist artists [fig. 4].

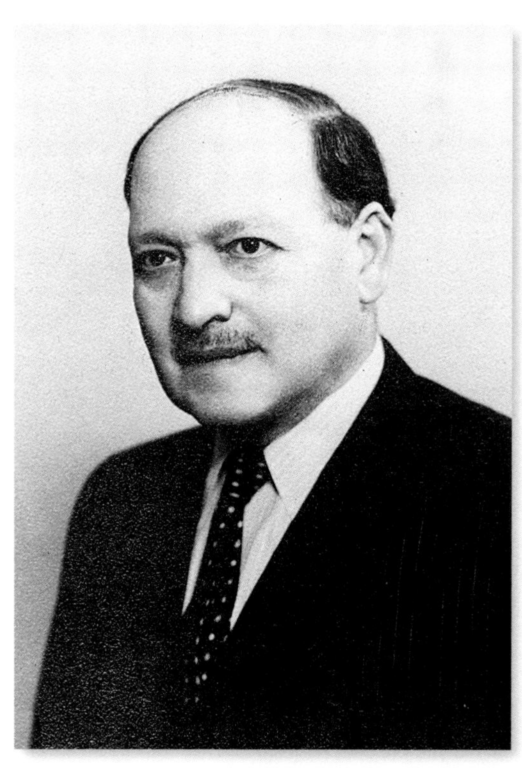

1.
Mihai Schapira, il padre di Ileana. / Mihai Schapira, Ileana's father.
Courtesy The Sonnabend Collection Foundation.

2.
Telegramma che annuncia l'arrivo di Leo Castelli a Bucarest, Aprile 1932. /
Telegram announcing Leo Castelli's arrival in Bucharest, April 1932.
Archivio Assicurazioni Generali, Trieste.

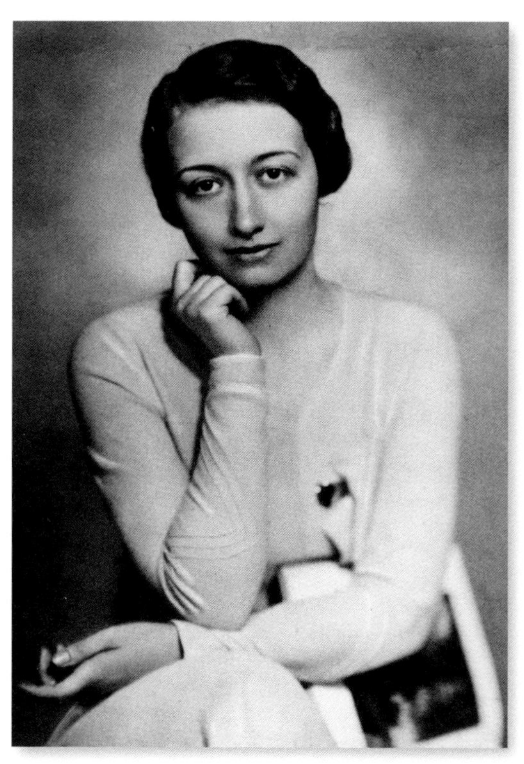

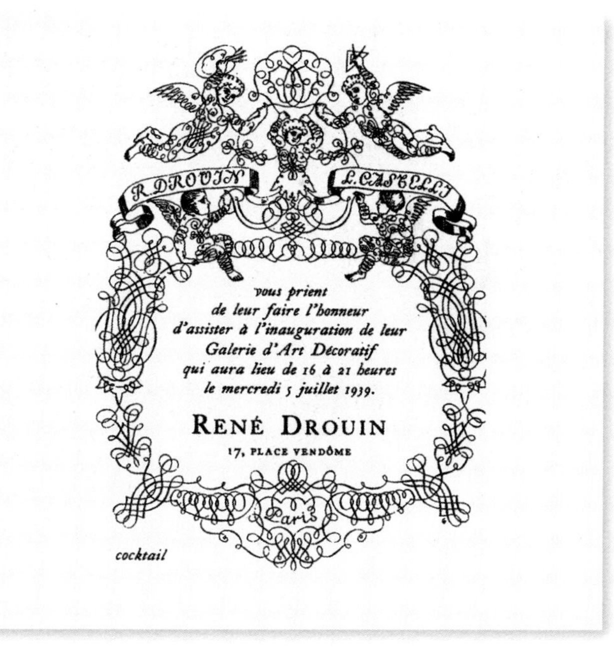

3.
Ileana Schapira, Bucharest, 1933.
Courtesy The Sonnabend Collection Foundation.

4.
Invito all'inaugurazione della galleria René Drouin a Parigi 1939. /
Invitation to the opening of the René Drouin gallery in Paris, 1939.

1940-1945

Il 14 giugno 1940 Parigi è occupata dalle truppe tedesche. Nel dicembre dello stesso anno Ileana e Leo, già rifugiatisi a Cannes nella villa del padre di lei al momento della dichiarazione di guerra, partono alla volta di Marsiglia, intenzionati a imbarcarsi per gli Stati Uniti.
Il 12 marzo 1941 la famiglia Schapira-Castelli approda nella città di New York. Entrambi i coniugi si iscrivono alla Columbia University: Ileana sceglie psicologia, Leo storia economica.
Con l'entrata in guerra degli Stati Uniti, nel 1943, Leo si arruola nell'esercito americano [fig. 5] e, di conseguenza, ottiene la cittadinanza americana per sé e per la moglie.
Nel 1945, tornati a Parigi, ritrovano Drouin che continua a mandare avanti la galleria proponendo nomi come Vasilij Kandinskij, Jean Dubuffet, Wols, Piet Mondrian. Tuttavia, il progetto ha scarso successo. Leo decide allora di diventare il rappresentante di Drouin a New York.

1946-1956

Nel 1946, stabilitisi nella casa al n. 4 di East 77th Street, Leo e Ileana iniziano a conoscere alcuni artisti – Arshile Gorky, Jackson Pollock, Matta, Robert Motherwell – e a collezionare le loro opere, intessendo anche un'amicizia intellettuale con Alfred Barr, esperto di arte europea e americana.
I due si rendono infatti conto della necessità di supportare l'avanguardia americana dell'Espressionismo astratto che in quel periodo è oggetto di reazioni violentemente ostili da parte della maggior parte dei critici e dei frequentatori di gallerie.
Questa presa di coscienza, insieme ai loro sempre crescenti impegni di altra natura, porta Leo e Ileana alla graduale decisione di interrompere la collaborazione con Drouin (che sarebbe comunque rimasto un loro caro amico) e, nel 1949, di diventare membri fondatori del Club, una libera associazione voluta dagli artisti astratti ed espressionisti per rompere il loro isolamento e imporsi nella società americana [fig. 6].
Nella prima metà degli anni Cinquanta l'Espressionismo astratto inizia a conoscere un certo successo anche tra artisti più giovani, come Robert Rauschenberg e Jasper Johns, che portano a ulteriore sviluppo la loro ricerca. Di conseguenza, Leo e Ileana aprono sempre più la loro casa ai maggiori protagonisti della scena artistica e culturale americana d'avanguardia [fig. 7].

1957-1958

Il 1° febbraio 1957, con il supporto di Ileana, Leo apre nella sua abitazione il suo primo spazio espositivo newyorkese e dedica la prima mostra a un dialogo Pollock-Delaunay.
Nello stesso anno Leo e Ileana visitano lo studio di Rauschenberg, dove incontrano inaspettatamente Johns, il cui appartamento si trova al piano di sotto dello studio di Johns.
In seguito a questa conoscenza, alla Leo Castelli Gallery si inaugura prima la mostra di Johns, il 20 gennaio 1958, e poi, il 4 marzo dello stesso anno, quella di Rauschenberg, fortemente caldeggiata da Ileana.

1940-1945

On June 14th, 1940 Paris was occupied by German troops. In December, Ileana and Leo, who had already taken refuge in Cannes at her father's villa when war was declared, left for Marseilles to embark for the United States.
On March 12th, 1941 the Schapira-Castelli family landed in New York City.
Both Ileana and Leo enrolled at Columbia University: Ileana chose Psychology, Leo Economic History.
When the United States entered the war, in 1943, Leo enlisted in the US Army [fig. 5] and obtained American citizenship for himself and his wife.
In 1945, in Paris, he reunited with Drouin, who was still running the gallery proposing names such as Vasilij Kandinsky, Jean Dubuffet, Wols and Piet Mondrian, but without success. Leo decided to become Drouin's representative in New York.

1946-1956

In 1946, after moving into the house at 4 East 77th Street, Leo and Ileana began to meet artists such as Arshile Gorky, Jackson Pollock, Matta and Robert Motherwell, and to collect their works, while also establishing an intellectual friendship with Alfred Barr regarding European and American art.
As a matter of fact, they recognized the need to support the American avant-garde of Abstract Expressionism, which, at the time, was the subject of violently hostile reactions by most critics and gallery-goers. This, together with their ever-growing number of other commitments, led to the gradual ending of their collaboration with Drouin (who would nonetheless remain a close friend) and to the decision, in 1949, to become founding members of the Club, a free association organized by the abstract and expressionist artists in order to break out of their isolation and assert themselves in the American society [fig. 6].
In the first half of the 1950s, Abstract Expressionism began to enjoy some success and other younger artists, such as Robert Rauschenberg and Jasper Johns, continued to develop their research. Consequently, Leo and Ileana increasingly opened their home to major players in the American avant-garde art and cultural scene [fig. 7].

1957-1958

On February 1st, 1957, with the support of Ileana's father, Leo opened his first New York exhibition space in his home, devoting the first show to a Pollock-Delaunay dialogue.
That same year, Leo and Ileana visited Rauschenberg's studio, where they also unexpectedly met Johns, whose apartment was located in the same building of Rauschenberg's studio, just downstairs.
This led, on January 20th, 1958, to the opening of Johns' exhibition at the Leo Castelli Gallery; on March 4th, the Rauschenberg exhibition, warmly supported by Ileana, opened.

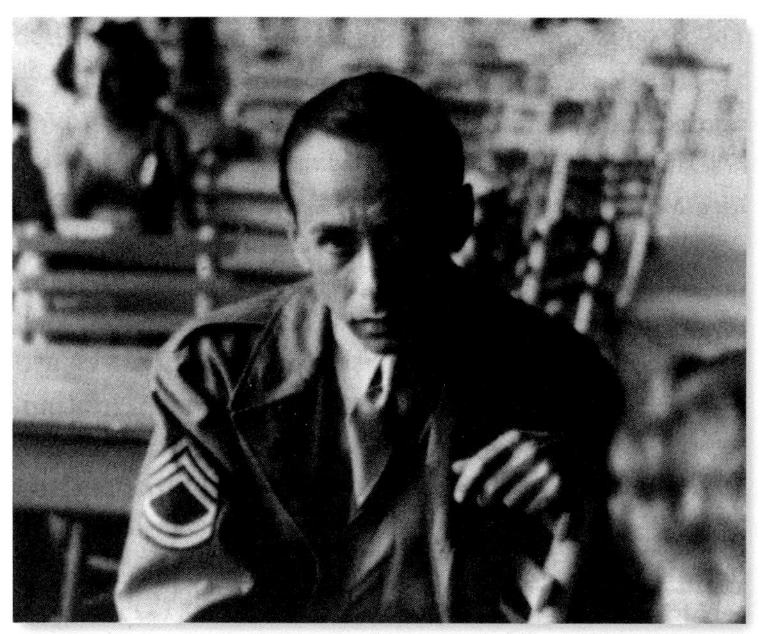

5.
Leo in uniforme OSS, Bucarest, 1944. / Leo in OSS uniform, Bucharest, 1944.

6.
Raccolta delle quote associative per il Club, New York 1949. / Collection of membership fees for the Club, New York 1949.

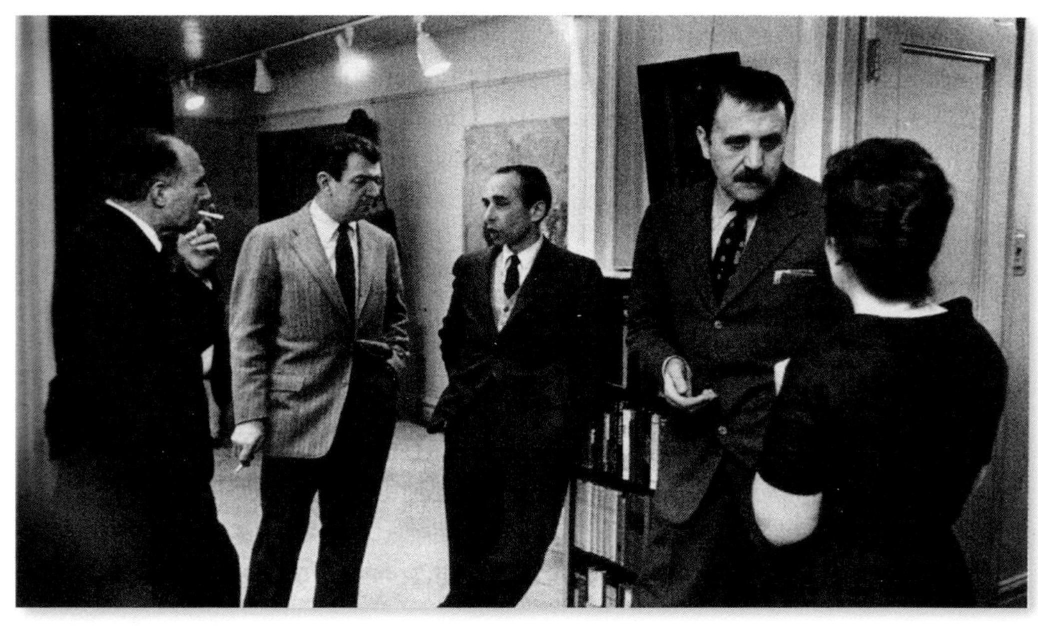

7.
La casa di Leo e Ileana, New York, 1 gennaio 1953. / Leo and Ileana's house, New York, 1 January 1953.
Ph. Peter Stackpole / Time Life Pictures.
Courtesy The Sonnabend Collection Foundation.

Ho trovato Roma un po' difficile, in parte perché era molto depressa economicamente – era dopo la guerra – ma anche perché penso che la situazione della donna era un po' difficile.

E anche perché d'inverno mi sembrava che non ci fosse abbastanza pubblico. Allora ho preferito andare a Parigi, dove c'era sempre un viavai di gente proveniente da tutta Europa.

1959-1960

Nel 1959 Ileana è decisa a lasciare definitivamente Leo. Si reca in Georgia, dove il divorzio è possibile a condizione di essere bianchi, maggiorenni e proprietari terrieri.
In un solo giorno vi compra un terreno, divorzia, rivende il terreno e torna a New York annunciando a Leo, del tutto ignaro, di non essere più sua moglie.
Nel maggio 1959 si sposa con Michael Sonnabend, che aveva conosciuto molti anni prima durante gli studi alla Columbia University.
Leo lascia la casa condivisa con la moglie e prende in affitto un appartamento al secondo piano dello stesso palazzo che, dall'ottobre 1959, diventa la sua nuova galleria.
Anche questa volta Ileana assume un ruolo importante: è lei a visitare lo studio di Lichtenstein, di Warhol e di Rosenquist e a suggerire all'ex marito di dedicare loro una mostra; è lei a portare Oldenburg all'attenzione di Leo, che poi presenterà le sue opere in galleria; è lei a fare lo stesso con altri artisti tra cui Dine, il quale, anche se non esporrà alla galleria di Leo, sarà successivamente introdotto in tutta Europa grazie a Ileana.
Inoltre, nel 1960, Leo apre un'altra mostra personale di Rauschenberg dopo quella del 1958 [fig. 8].

1961

Nel 1961 Ileana e Michael si trasferiscono a Roma con l'intento di aprirvi una galleria per promuovere l'arte americana d'avanguardia. Plinio De Martiis, titolare della Galleria La Tartaruga e amante della cultura americana, sembra la persona giusta per farlo. Tuttavia, il progetto non va in porto, e i Sonnabend lasciano Roma con un nucleo di opere di Mario Schifano.

1962

Nel 1962 si recano a Venezia per la Biennale d'Arte e iniziano a collaborare con Attilio Codognato e Giovanni Camuffo, titolari della galleria Il Leone.
Decidono poi di trasferirsi a Parigi con l'obiettivo di collaborare con Pierre Restany e con la Galleria J., ma non riescono a raggiungere un accordo con loro.
Dopodiché, decidono di aprire un proprio spazio a Parigi per organizzare mostre di artisti per loro maggiormente interessanti e per trovare altre gallerie europee dove esporre il loro lavoro.
Non molto più tardi, però, decidono di chiudere quello spazio e, a novembre, ne prendono in affitto un altro al primo piano di 37 Quai des Grands Augustins, dove inaugurano la Galerie Sonnabend.
Il 15 novembre, la prima mostra costituita da un nucleo di opere di Jasper Johns [fig. 9] è utile ad avviare l'interesse generale dell'Europa verso le attività di Ileana e della galleria aperta con il marito Michael.
Nel dicembre 1962, letta su *Domus* la notizia dell'apertura della galleria, Michelangelo Pistoletto convince l'amico Gian Enzo Sperone, che lavora a Torino alla Galleria Il Punto, di recarsi con lui a Parigi per incontrare i Sonnabend.

I found Rome a bit difficult, partly because it was very depressed economically – it was after the war – but also because I think the woman's situation was a bit difficult.

And also because I found there was not enough of an audience in winter. So, I preferred to go to Paris where there was always a coming and going from all over Europe.

1959-1960

In 1959, Ileana was determined to leave Leo for good. She traveled to Georgia, where divorce was possible if one was white, adult and landowner. In a single day, she bought a land there, got a divorce, sold the land and returned to New York to tell Leo that, unbeknownst to him, she was no longer his wife.
In May 1959, she married Michael Sonnabend, whom she had met many years earlier, while studying at Columbia University. Leo left the house he shared with his wife and rented an apartment in the same building, on the second floor, which became his new gallery in October 1959. However, Ileana still had an important role to play at this new gallery: it was she who visited the studios of Lichtenstein, Warhol and Rosenquist, suggesting her ex-husband to dedicate an exhibition to them; she brought Oldenburg to his attention, which led to the artist displaying his works at Leo's gallery; then, she did the same with other artists including Dine, who, although never shown at Leo's gallery, would nonetheless be subsequently introduced across Europe thanks to Ileana.
In 1960, Leo also opened another Rauschenberg solo exhibition after the one in 1958 [fig. 8].

1961

In 1961, Ileana and Michael moved to Rome with the intention of opening a gallery to promote American avant-garde art. Plinio De Martiis, the owner of the Galleria La Tartaruga and a lover of American culture, seemed like the right man for the job. However, the project failed, and the Sonnabends left Rome with a nucleus of works by Schifano.

1962

In 1962, the couple travelled to Venice for the Art Biennale and began to work with Attilio Codognato and Giovanni Camuffo, owners of the Galleria Il Leone.
Then, they moved to Paris with the intention of working with Pierre Restany and with Gallery J, but were unable to reach an agreement.
The couple decided to open their own Parisian gallery, where they could both organize exhibitions of the artists who interested them most and find other European galleries to show these artists' work; after that, however, they planned to close their exhibition space.
Not much later, though, in November, they rented a space on the first floor of 37 Quai des Grands Augustins, where they opened a gallery.
On November 15th, their first exhibition, a group of works by Jasper Johns [fig. 9], served to initiate the general interest of Europe in the activities of Ileana and the gallery she had opened with her husband Michael.
In December 1962, Michelangelo Pistoletto, who had read about the opening of the gallery in Domus, persuaded his friend Gian Enzo Sperone, who worked in Turin at Galleria Il Punto, to come to Paris and meet the Sonnabends.

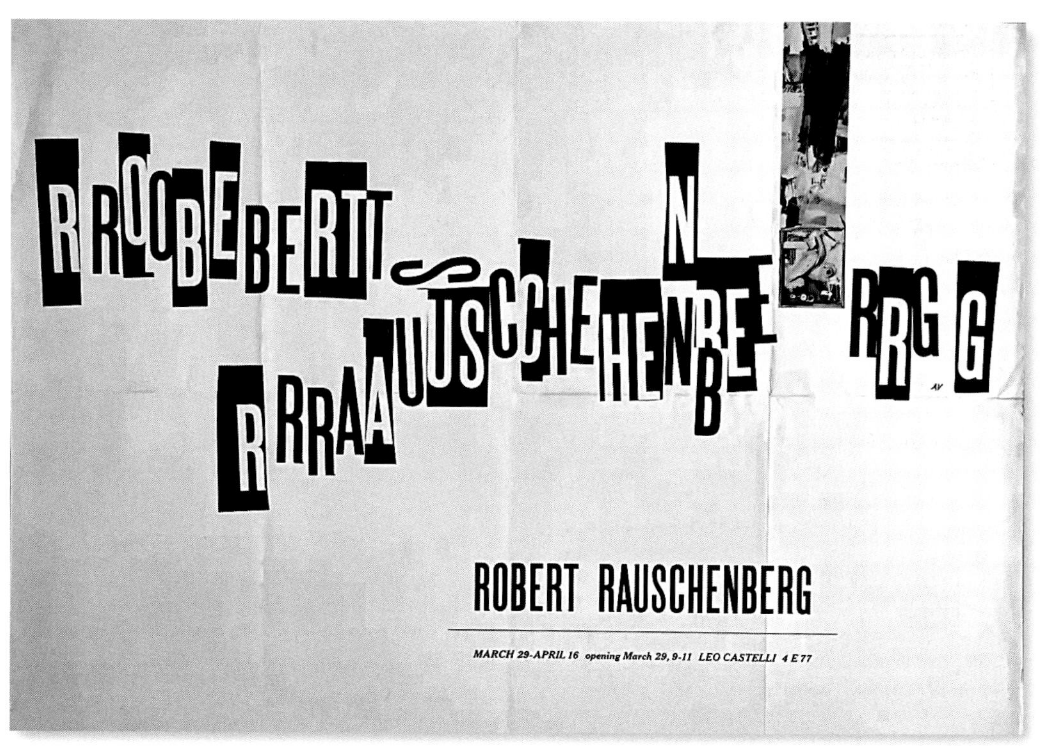

8.
Locandina della mostra di Robert Rauschenberg, Leo Castelli Gallery, New York, 29 marzo – 16 aprile 1960. /
Robert Rauschenberg exhibition poster, Leo Castelli Gallery, New York, 29 March – 16 April 1960.

9.
Telegramma di Ileana che invita Leo all'inaugurazione della mostra di Jasper Johns alla Galerie Ileana Sonnabend, Parigi, 10 novembre 1962. / Telegram from Ileana inviting Leo to the opening of the Jasper Johns exhibition at Galerie Ileana Sonnabend, Paris, 10 November 1962.
Courtesy Leo Castelli Gallery records, Archives of American Art, Smithsonian Institution.

1963

Nel 1963 Ileana tiene una personale di Mario
Schifano e aiuta Sperone a organizzare
presso la Galleria Il Punto una personale di
Roy Lichtenstein [fig. 10].
Ileana e Michael collaboreranno ancora
con Sperone, organizzando mostre di artisti
americani nella galleria che egli aprirà a
Torino con il suo nome. Qualche anno dopo,
intorno al 1967, Sperone presenterà Michael
e Ileana agli artisti dell'Arte povera.

1964

Il programma della Galerie Ileana Sonnabend
si focalizza su artisti americani ed europei,
con mostre personali di Rauschenberg,
Warhol, Rosenquist, Oldenburg e degli
italiani Schifano e Pistoletto [fig. 11].
Tale programma attira l'interesse di un gran
numero di critici, collezionisti, venditori e
musei in Europa. È proprio questo interesse
a rendere possibile la vittoria del Leone
d'Oro per Rauschenberg alla Biennale
di Venezia del 1964 [fig. 12]. Leo, Ileana
e Michael, insieme ad Alan R. Solomon
(direttore del Jewish Museum, loro amico e
sostenitore dal 1958), vi portano, a bordo di
aerei militari, 99 opere di artisti americani,
che vengono esposte in due mostre: una nel
Padiglione americano ai Giardini, l'altra nell'ex
Ambasciata americana.
Rauschenberg vince il Leone d'Oro, ma
infuriano le polemiche contro Ileana e Leo,
accusati di aver fatto pressioni per fargli
ottenere la vittoria. La verità, però, è che in
quel momento Rauschenberg, grazie alle
mostre parigine organizzate da Ileana, gode
comunque di un seguito maggiore in Europa
che in America.

1965

Dopo la vittoria di Rauschenberg alla
Biennale di Venezia, la Galerie Sonnabend
diventa ancor più centrale per i protagonisti
(galleristi, critici, conservatori museali e
collezionisti) e gli eventi che conducono
la Pop Art in Europa.
Sperone, che nel maggio 1964 apre una
galleria con il suo nome e nello stesso anno
inaugura le mostre di Rauschenberg
e Rosenquist, nel 1965 organizza la mostra
di Andy Warhol, dove Leo e Ileana
incontrano il giovane critico Germano Celant
– oltre ad alcuni artisti con cui il gallerista
italiano sta lavorando. Tra questi artisti,
rimangono particolarmente colpiti da Mario
Merz, Gilberto Zorio e Giovanni Anselmo:
da qui la decisione di sostenere e acquistare
le loro opere.
Nel frattempo, il rapporto di Ileana con
Pistoletto prosegue e l'artista italiano viene
introdotto nella scena artistica newyorkese
vicina alla gallerista [fig. 13-14].

1963

In 1963, Ileana organized a solo show by
Mario Schifano and helped Sperone to
organize a solo show of Roy Lichtenstein
[fig. 10] at Galleria Il Punto.
Ileana and Michael worked with Sperone
by organizing exhibitions of American artists
in the gallery that the man opened under
his own name in Turin. Later, around 1967,
Sperone introduced Michael and Ileana
to the Arte Povera artists.

1964

Galerie Ileana Sonnabend presented
American and European artists, with solo
shows by Rauschenberg, Warhol, Rosenquist,
Oldenburg and the Italians Schifano and
Pistoletto [fig. 11].
In Europe, this program attracted the interest
of a large number of critics, collectors,
sellers and museums; this, in turn, would
render possible the Golden Lion victory
for Rauschenberg, at the Venice Biennale
that year [fig. 12]. Leo, Ileana and Michael,
together with Alan R. Solomon (director of
the Jewish Museum, a friend and supporter
of them since 1958), flew 99 works by
American artists to the Venice Biennale on
military aircraft.
The works were displayed in two exhibitions:
one in the US Pavilion in the Giardini and
the other one in the former US Embassy.
Rauschenberg won the Golden Lion, but
controversy raged against Ileana and Leo,
who were accused of imposing undue
pressure to obtain their victory; in fact,
thanks to the Parisian exhibitions organized
by Ileana, Rauschenberg had a larger appeal
in Europe than in America.

1965

After the Rauschenberg's Biennale victory,
the Galerie Sonnabend started to serve
even more as a focal point for the leading
figures (gallerists, critics, museum curators,
collectors) and events that brought Pop Art
to Europe.
Sperone, who opened a gallery under his
own name in May 1964 and left space to the
Rauschenberg and Rosenquist exhibitions,
also organized Andy Warhol's exhibition
in 1965. There, Leo and Ileana met the
young critic Germano Celant, as well as
several artists that Sperone was working
with. Among these artists, the Sonnabends
were particularly taken with Merz, Zorio and
Anselmo; this led to the decision to finance
and purchase their works.
Meanwhile, Ileana's relationship with
Pistoletto continued and the Italian artist was
introduced to the Parisian and New York art
scene close to the gallerist [fig. 13, 14].

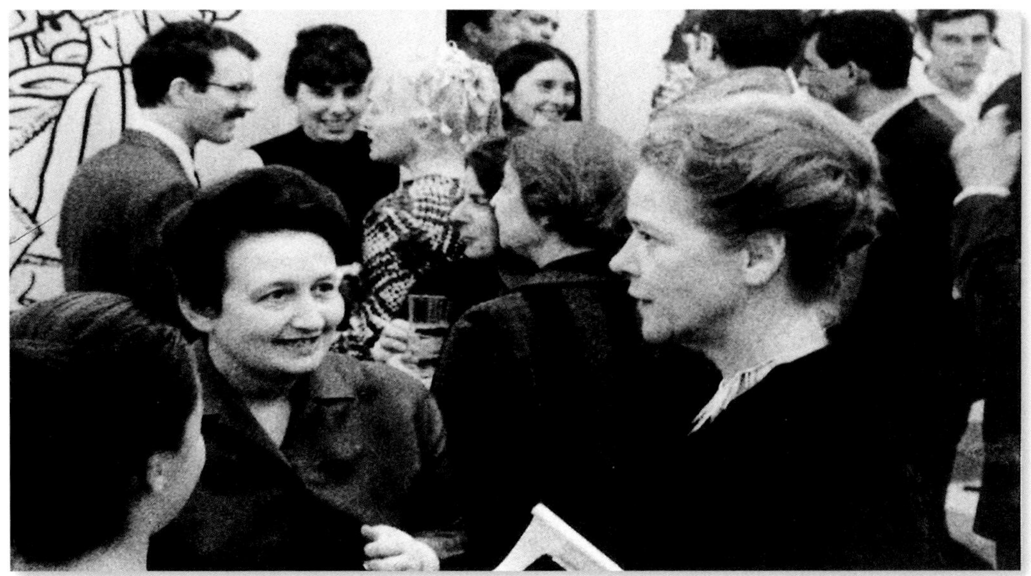

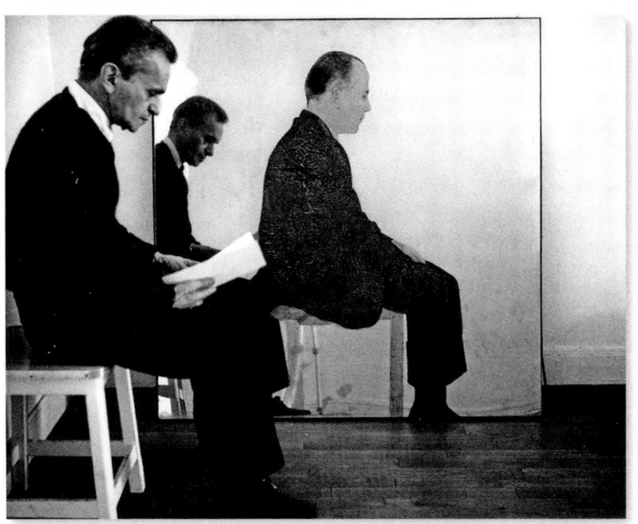

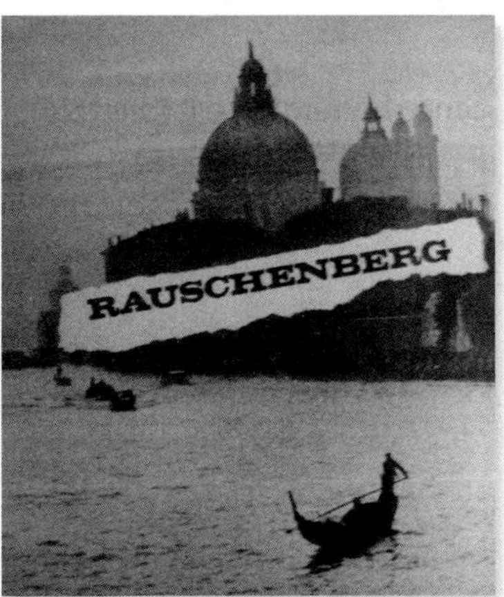

10.
Ileana all'inaugurazione della mostra di Roy Lichtenstein, Galerie Ileana Sonnabend, Parigi, 5 giugno 1963. /
Ileana at the opening of the Roy Lichtenstein exhibition, Galerie Ileana Sonnabend, Paris, 5 June 1963.
Ph. Courtesy The Sonnabend Collection Foundation.

11.
Michael Sonnabend davanti a *Uomo seduto* (1962) alla mostra di Michelangelo Pistoletto, Galerie Ileana Sonnabend,
Parigi, 4 marzo 1964. / Michael Sonnabend in front of *Uomo seduto* (1962) at the Michelangelo Pistoletto exhibition,
Galerie Ileana Sonnabend, Paris, 4 March 1964.
Ph. Shunk-Kender, © Paul Getty Trust. Getty Research Institute, Los Angeles.

12.
Campagna pubblicitaria di Ileana per Rauschenberg sulle riviste d'arte europee, 1964. / Ileana's advertising campaign
for Rauschenberg in European art magazines, 1964.
Ph. Courtesy The Sonnabend Collection Foundation.

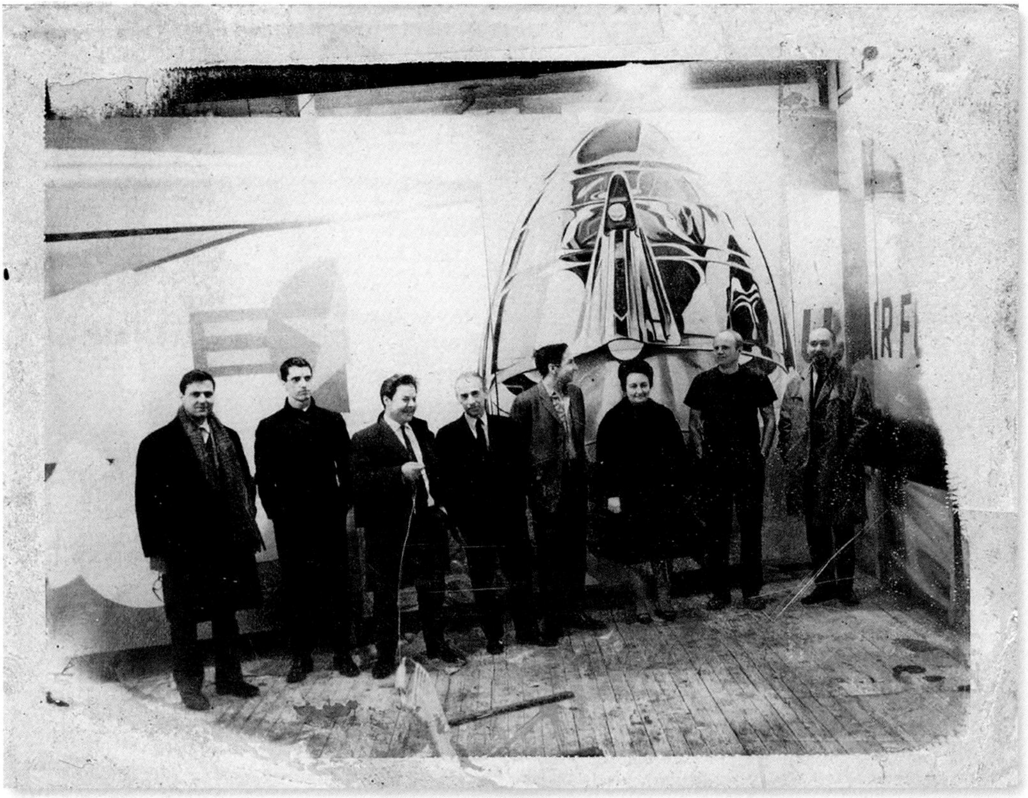

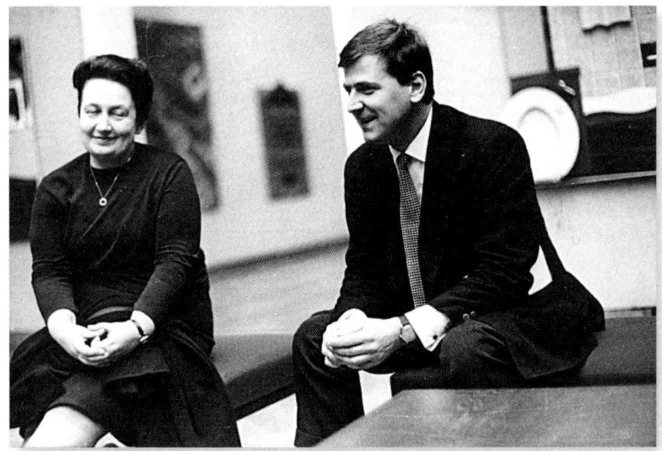

13.
Pistoletto, Steve Paxton, Otto Hahn, Leo, Rauschenberg, Ileana, James Rosenquist e Alan Solomon nello studio
di Rosenquist, New York 1965. / Pistoletto, Steve Paxton, Otto Hahn, Leo, Rauschenberg, Ileana, James Rosenquist
and Alan Solomon in Rosenquist's studio, New York 1965.
Ph. Courtesy of Cittadellarte - Fondazione Pistoletto.

14.
Ileana e Pistoletto, Galerie Ileana Sonnabend, Parigi 1965. / Ileana and Pistoletto, Galerie Ileana Sonnabend, Paris 1965.
Ph. Courtesy The Sonnabend Collection Foundation.

1966

Nel 1966 Ileana e Michael decidono di
spostare la galleria nel ben più ampio
spazio situato al numero 12 di rue Mazarine,
collaborando con il figlio di Drouin nel
ruolo di architetto. L'inaugurazione è
affidata alla collettiva *Electric Art*, in cui le
opere di Dan Flavin, Robert Morris, Watts
e Whitman rivelano l'emergere di un nuovo
atteggiamento artistico.

1967

Nel 1967 Ileana inaugura una mostra
personale dell'artista italiano Piero Gilardi,
che le era stato presentato da Sperone
[fig. 15].
Sperone, dal canto suo, continua a esporre
a Torino gli artisti americani di Ileana ma,
parallelamente, si apre ad alcuni artisti
che nell'ottobre 1967 sono definiti da
Celant con l'etichetta "Arte povera" per
descrivere la loro attitudine – peraltro sotto
certi aspetti similare a quella dei coetanei
artisti americani – a lavorare con materiali
inconsueti per l'arte, come prodotti industriali
(cemento, piombo, ferro) ed elementi naturali
(terra, acqua, legno), coinvolgendo le
proprietà fisiche e l'energia a essi intrinseca
per attivare processi di modificazione
sia nella materia in sé sia nel pensiero
dell'osservatore.

1968

Il 3 ottobre 1968 la Galerie Ileana
Sonnabend apre una mostra di disegni
di Rauschenberg [fig. 16], ma l'interesse
della gallerista per la scena artistica italiana
dell'Arte povera si fa sempre più forte.
Dal 4 al 6 ottobre i Sonnabend sono
ad Amalfi, presso gli Arsenali dell'Antica
Repubblica, per assistere alla rassegna *Arte
povera più Azioni povere*, ideata da Celant
e promossa da Marcello Rumma, nella quale
sono invitati gli artisti dell'Arte povera e altri
artisti, italiani e stranieri [fig. 18].
In realtà già da un mese prima, dal 20 al 29
settembre Ileana e Sperone collaborano
per presentare alla Kunstalle di Düsseldorf
opere dell'Arte povera insieme a lavori
degli americani Morris e Nauman, in
occasione di *Prospect 68*, evento al quale gli
organizzatori, Konrad Fisher e Hans Strelow,
invitano a esporre 15 gallerie europee e una
americana (la Dwan Gallery di New York)
[fig. 17].
Inoltre, Ileana suggerisce a Morris – a cui
dedica in quello stesso anno due mostre
personali – di includere gli artisti dell'Arte
povera, Anselmo e Zorio, nella mostra *Nine
at Castelli* presso la Castelli Warehouse
dal 4 al 28 dicembre [fig. 19].

1966

In 1966, Ileana and Michael decided to move the gallery to a much larger space at 12 rue Mazarine – with Drouin's son as architect –, which they inaugurated with the group exhibition *Electric Art*, in which works by Dan Flavin, Robert Morris, Watts and Whitman revealed the rise of a new approach towards art.

1967

In 1967, Ileana opened a personal exhibition of the Italian artist Piero Gilardi, who had been introduced to her by Sperone [fig. 15]. Sperone, for his part, continued to exhibit in Turin Ileana's American artists; at the same time, he opened up to a series of artists who, in October 1967, were defined by Celant under the label of Arte Povera in order to describe their practice – which, in some aspects, resembled that of their American counterparts: working with materials that were unusual for art at the time, such as industrial products (fresh concrete, lead, iron) and natural elements (earth, water, wood), using their inherent physical properties and energy to activate processes of change both in the material itself and in the viewer's mind.

1968

On October 3rd, 1968, Galerie Ileana Sonnabend opened an exhibition of Rauschenberg's drawings [fig. 16], but the interest of the gallerist in the Italian Arte Povera art scene was growing.
From October 4th to 6th, the Sonnabends were in Amalfi, at the Arsenale dell'Antica Repubblica, to attend the exhibition *Arte povera più Azioni povere*, conceived by Celant and promoted by Marcello Rumma, to which Arte Povera artists and other Italian and foreign artists were invited [fig. 18].
In fact, already a month before, from September 20th to 29th, Ileana and Sperone collaborated to present Arte Povera works at the Kunsthalle in Düsseldorf, together with those of the Americans Morris and Nauman, on the occasion of *Prospect 68*, to which the organizers, Konrad Fisher and Hans Strelow, invited 15 European galleries and one American gallery (the Dwan Gallery in New York) [fig. 17].
Ileana also proposed to Morris, to whom she dedicated two solo exhibitions in the same year, to include the Arte Povera artists Giovanni Anselmo and Gilberto Zorio in the exhibition *Nine at Castelli* at the Castelli Warehouse from December 4th to 28th [fig. 19].

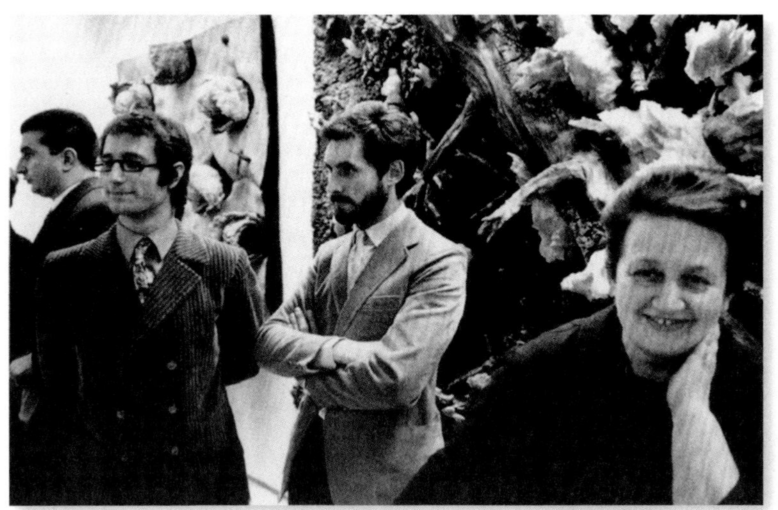

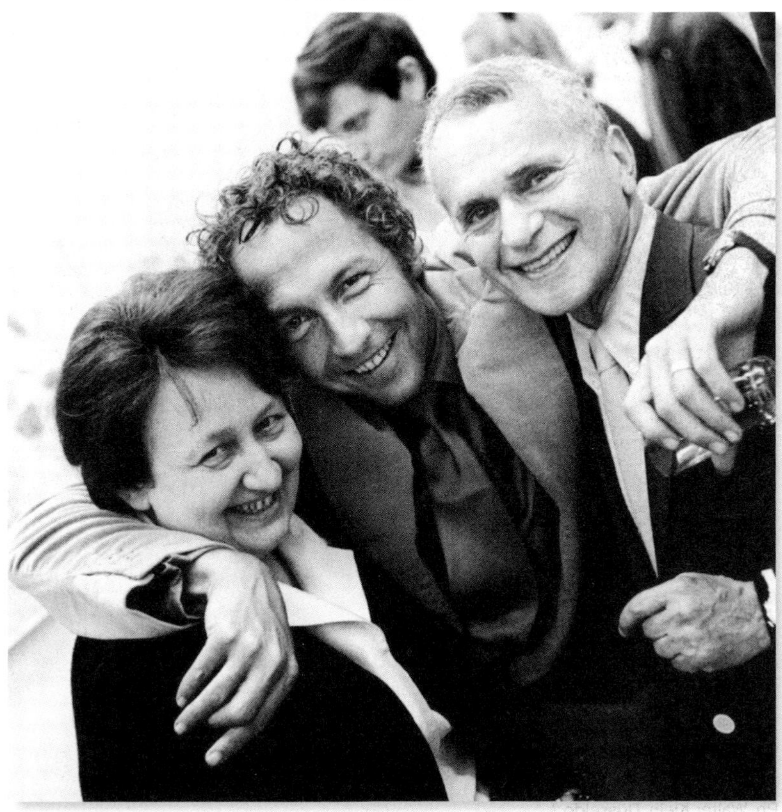

15.
Clino Trini Castelli, Gian Enzo Sperone e Ileana all'inaugurazione della mostra di Piero Gilardi, Galerie Ileana Sonnabend,
Parigi, 5 gennaio 1967. / Clino Trini Castelli, Gian Enzo Sperone and Ileana at the opening of Piero Gilardi exhibition,
Galerie Ileana Sonnabend, Paris, 5 January 1967.
Ph. Shunk-Kender, © J. Paul Getty Trust. Getty Research Institute, Los Angeles.

16.
Ileana, Rauschenberg e Michael, Parigi 1968. / Ileana, Rauschenberg and Michael, Paris 1968.
Ph. Courtesy The Sonnabend Collection Foundation.

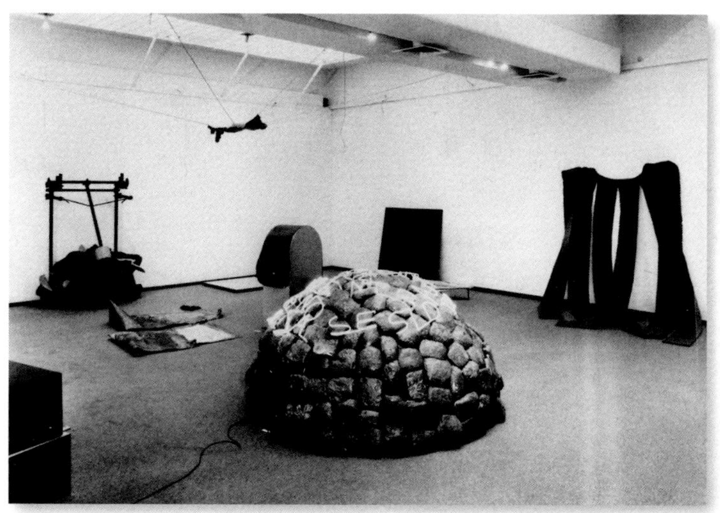

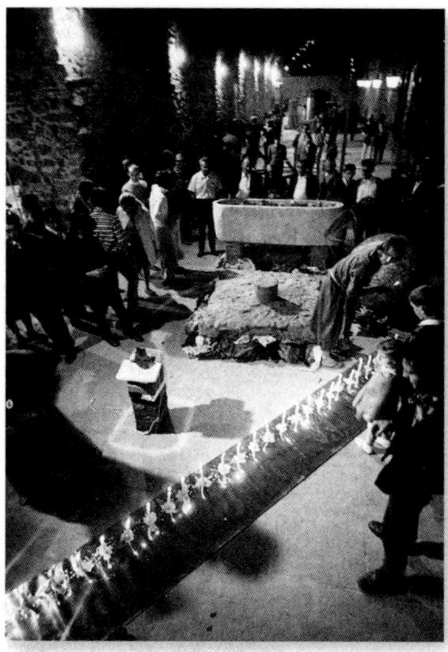

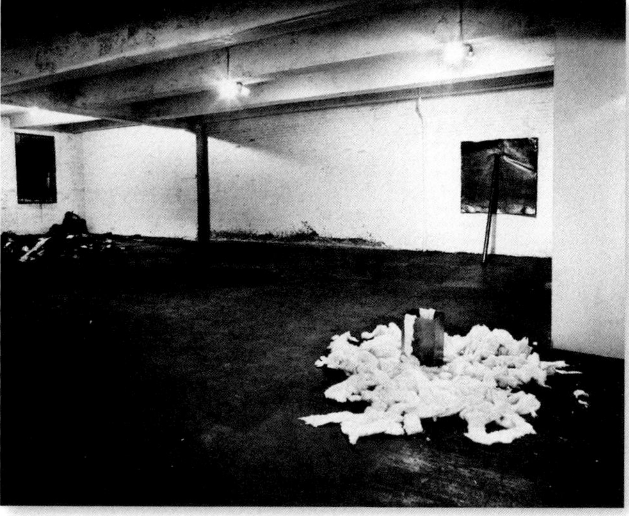

17.
Veduta della mostra *Prospect 68*, Städtische Kunsthalle, Düsseldorf, 20-29 settembre 1968, con opere di Giovanni Anselmo, Mario Merz, Robert Morris, Gilberto Zorio. / Exhibition view of *Prospect 68*, Städtische Kunsthalle, Düsseldorf, 20-29 September 1968, with works by Giovanni Anselmo, Mario Merz, Robert Morris, Gilberto Zorio.
Ph. Walter Klein, Düsseldorf. Courtesy Archivio Giovanni Anselmo ETS.

18..
Veduta della mostra *Arte povera più Azioni povere*. III Rassegna di Arti figurative, Arsenali dell'Antica Repubblica, Amalfi, 4-6 ottobre 1968. Opere di Pistoletto. / Exhibition view of *Arte povera più Azioni povere*. III Rassegna di Arti figurative, Arsenali dell'Antica Repubblica, Amalfi, 4-6 October 1968. Works by Pistoletto.
Ph. Claudio Abate. © Archivio Claudio Abate.

19.
Veduta della mostra *Nine at Castelli*, Castelli Warehouse, New York, 4-28 dicembre 1968, con opere di Richard Serra, Stephen Kaltenbach, Anselmo. / Exhibition view of *Nine at Castelli*, Castelli Warehouse, New York, 4-28 December 1968, with works by Richard Serra, Stephen Kaltenbach, Anselmo.
Ph. Courtesy Archivio Giovanni Anselmo ETS.

1969

Alla fine del 1968, a Ileana e Michael si
unisce il portoghese Antonio Homem, che
inizia a lavorare a stretto contatto con loro.
Il 23 gennaio i Sonnabend inaugurano la
mostra personale di Zorio [fig. 20] e il 22
marzo, alla Kunsthalle di Berna, visitano la
mostra collettiva *When Attitudes Become
Form*, a cura di Harald Szeemann, che
include alcuni degli artisti dell'Arte povera
insieme a importanti artisti europei e
americani [fig. 22].
Oltre alla già citata mostra di Zorio, dedicano
due ulteriori mostre ad altrettanti artisti
dell'Arte povera (Anselmo e Merz [fig. 21, 23]),
accanto a mostre di Judd, Nauman, Dine.

1970

Nel 1970 i Sonnabend organizzano le
personali di Pier Paolo Calzolari e Giorgio Griffa.
Tuttavia, cominciarono ad avvertire la
necessità di introdurre a New York gli artisti
europei da loro supportati, proprio come
avevano fatto nel 1962, quando avevano
portato gli artisti americani in Europa.
Da qui, l'apertura di una seconda galleria
a New York, al 924 di Madison Avenue.
Per poco più di un anno l'attività a New
York si svolge sotto la direzione di Michael
con l'intento di far conoscere in città l'arte
europea e quella californiana, in gran parte
assente dalla scena artistica newyorkese.
Nello stesso anno, la Sonnabend Gallery
di New York organizza una mostra di Merz
utilizzando non solo lo spazio della galleria
in Madison Avenue ma anche lo studio di Cy
Twombly (che in questi anni vive in Italia ma
possiede uno studio a New York), molto più
adatto al lavoro dell'artista italiano rispetto
all'ambiente della galleria. È infatti in questo
periodo che alcuni galleristi lungimiranti
come Ileana e Michael cominciano a
sentire l'esigenza di creare un nuovo tipo di
spazio espositivo, più vicino agli studi in cui
lavorano i nuovi artisti.

1971

Negli anni Settanta, senza abbandonare
gli artisti dell'Arte povera (nel 1971, ad
esempio, dedica una mostra a Calzolari
[fig. 24]), Ileana scopre un'affascinante
scena artistica americana con nuovi
artisti interessanti sia in California – come
Baldessari e Wegman – sia a New York –
come Vito Acconci, Dennis Oppenheim e
Mel Bochner –, che in seguito esporranno
presso la sua galleria a Soho.
In questi anni, molti artisti americani ed
europei iniziano a produrre altresì video
e opere cinematografiche. Ritenendo che
fosse importante rendere più visibile questo
tipo di ricerca artistica, nel 1971 Ileana
suggerisce a Leo di fondare una società
chiamata Castelli Sonnabend Videotapes
and Films per facilitarne la distribuzione.
Nel settembre 1971 Leo e Ileana, insieme ai
due galleristi John Weber e André Emmerich,
affittano rispettivamente il primo, il secondo,
il terzo e il quarto piano di un palazzo a
Soho, al 420 di West Broadway [fig. 25]
e il 25 settembre 1971 inaugurano una mostra
ciascuno.
La mostra di Leo è dedicata ai film e ai video
della Castelli Sonnabend Videotapes and
Films, mentre Ileana espone l'opera *Singing
Sculpture* di Gilbert & George insieme a una
serie di loro disegni dal titolo *The General
Jungle*.

1969

At the end of the 1968, Ileana and Michael were joined by the Portuguese Antonio Homem, who started to work very close to them.
On January 23rd, the Sonnabends opened Zorio's solo show [fig. 20] and on March 22nd, at the Kunsthalle in Bern, they visited the exhibition *When Attitudes Become Form*, curated by Harald Szeemann, at the Kunsthalle in Bern, which included some of the Arte Povera artists as well as important European and American artists [fig. 22].
In addition to the above-mentioned Zorio solo show, they dedicated two more exhibitions to as many Arte Povera artists (Anselmo and Merz [fig. 21, 23], alongside exhibitions by Judd, Nauman, Dine.

1970

In 1970, Calzolari and Giorgio Griffa's solo exhibitions were held at the gallery's headquarters in Paris.
However, the Sonnabends began to feel the need to introduce in New York the European artists they supported, much as they had done in 1962 when they brought American artists to Europe.
Hence, the opening of a second gallery in New York, at 924 Madison Avenue. For just over a year, the New York operation was run under Michael's direction with the intention of bringing European and Californian art to the city, which was largely absent from the New York art scene at the time.
In the same year, the Sonnabend Gallery organized an exhibition of Merz's work, using the studio of Twombly (who was living in Italy, but still owned a studio in New York) as well as the gallery space on Madison Avenue, which was much better suited than the gallery to the Italian artist's work. In fact, it was at this time that a few forward-thinking gallerists such as Ileana and Michael began to feel the need to create a new kind of gallery space, closer to the studios where the new artists were working.

1971

In the 1970s, without abandoning the Arte Povera artists (in 1971, for example, she dedicated an exhibition to Calzolari [fig. 24]), Ileana discovered a fascinating American art scene, with exciting new artists both in California – like Baldessari and Wegman – and in New York – such as Vito Acconci, Dennis Oppenheim and Mel Bochner –, who would later exhibit at the Soho gallery.
In those years, many artists, both American and European, were creating video and film works. Believing that it was important to give more visibility to these works, in 1971 Ileana suggested Leo to set up a company called Castelli Sonnabend Videotapes and Films to facilitate their distribution.
In September 1971, Leo and Ileana, together with two gallery owners, John Weber and André Emmerich, rented the first, second, third and fourth floors of a building in Soho, at 420 West Broadway [fig. 25], and each of them opened an exhibition on September 25th, 1971.
Leo's exhibition was dedicated to the films and videotapes of the company Castelli Sonnabend Videotapes and Films, while Ileana exhibited the work by Gilbert & George, *Singing Sculpture*, together with a series of drawings entitled *The General Jungle*.

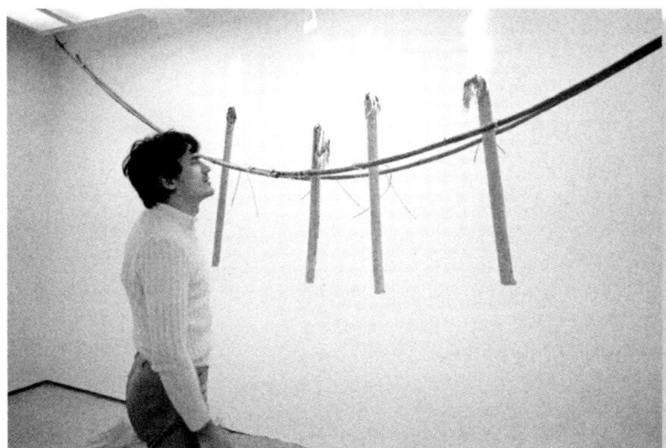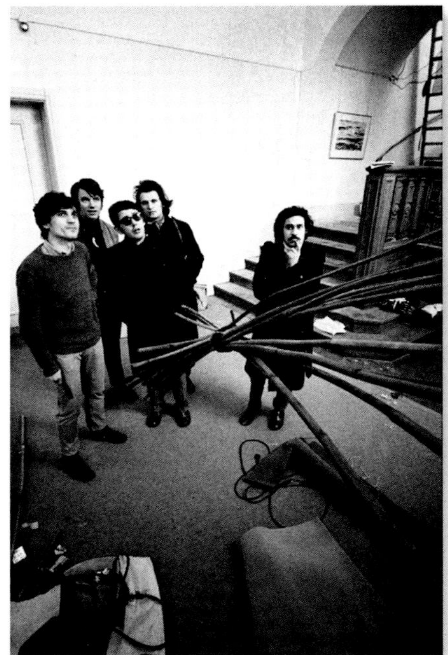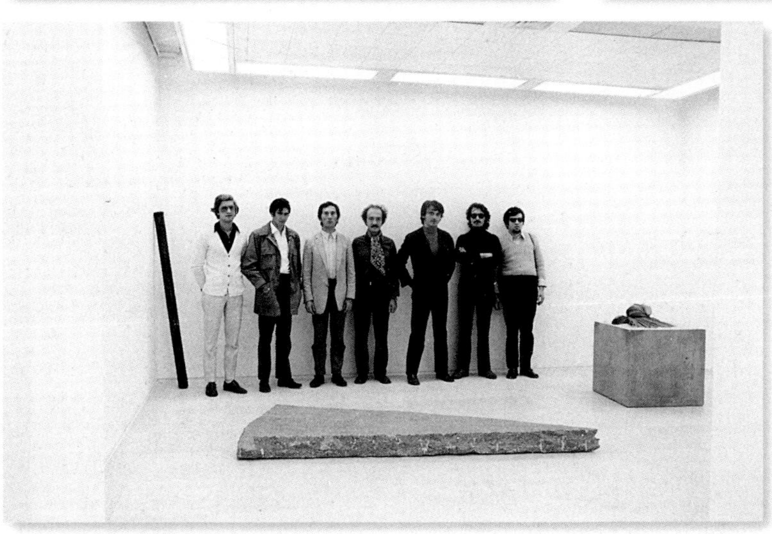

20.
Zorio davanti a *Torce*, 1968-1969, Galerie Ileana Sonnabend, Parigi, 23 gennaio 1969. / Zorio in front of *Torce*, 1968-1969, Galerie Ileana Sonnabend, Paris, 23 January 1969.
Ph. Courtesy The Sonnabend Collection Foundation.

21.
Alessandro Monteforte, Penone, Anselmo, Sarkis, Zorio, Sperone, Mussat Sartor durante l'allestimento della sua mostra, Galerie Ileana Sonnabend, Parigi, 3 ottobre 1969. / Alessandro Monteforte, Penone, Anselmo, Sarkis, Zorio, Sperone, Mussat Sartor during the installation of his exhibition, Galerie Ileana Sonnabend, Paris, 3 October 1969.
Ph. © Paolo Mussat Sartor.

22.
Zorio, Fabio Sargentini, Vittorio Rubiu, Eliseo Mattiacci, Jannis Kounellis durante l'installazione di *Giunchi con arco voltaico*, 1969, di Zorio, in occasione di *When Attitudes Become Form*, Kunsthalle Bern, Berna, 22 marzo - 27 aprile 1969. / Zorio, Fabio Sargentini, Vittorio Rubiu, Eliseo Mattiacci, Jannis Kounellis during the installation of *Giunchi con arco voltaico*, 1969, by Zorio, on the occasion of *When Attitudes Become Form*, Kunsthalle Bern, Bern, 22 March - 27 April 1969.
Ph. Claudio Abate. © Archivio Claudio Abate.

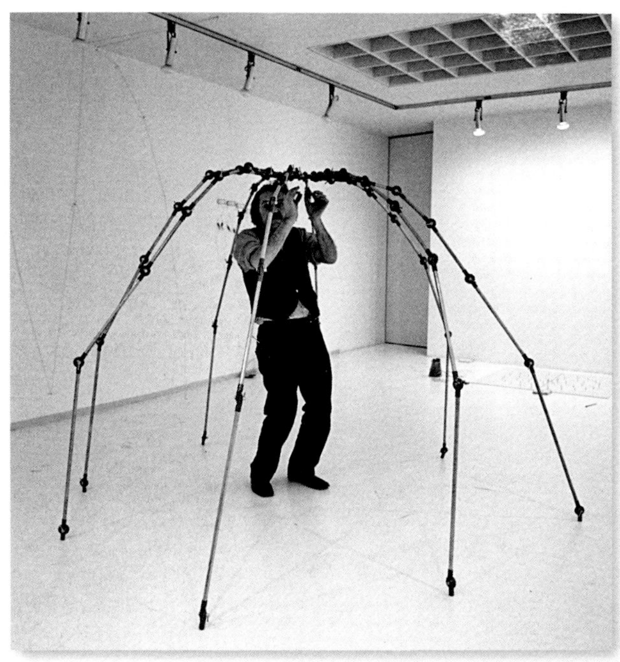

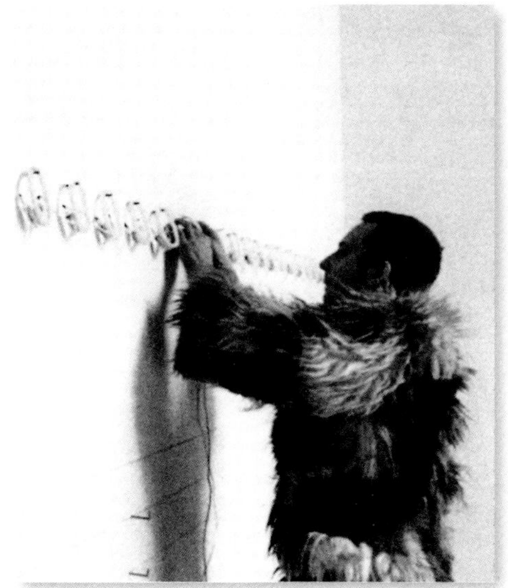

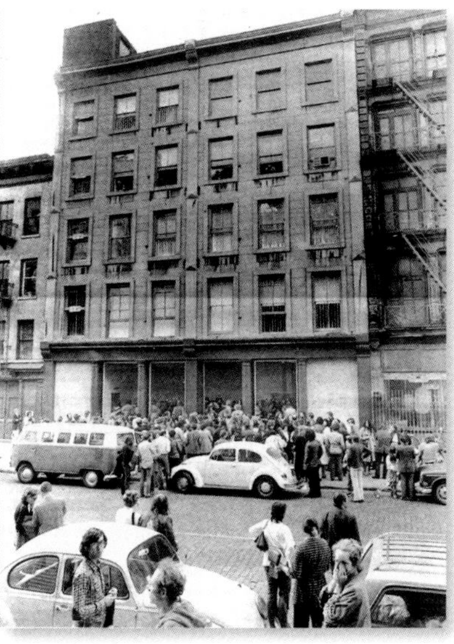

23.
Merz all'interno di *Igloo*, durante l'installazione della sua mostra, Sonnabend Gallery, New York, 25 aprile - 14 maggio 1970. /
Merz inside *Igloo*, during the installation of his exhibition, Sonnabend Gallery, New York, 25 April - 14 May 1970.
Ph. Courtesy The Sonnabend Collection Foundation.

24.
Pier Paolo Calzolari installa *Zerorose*, 1970, in occasione della sua mostra, Galerie Ileana Sonnabend, Parigi, 18 settembre 1971. / Pier Paolo Calzolari installing *Zerorose*, 1970, on the occasion of his exhibition, Galerie Ileana Sonnabend, Paris, 18 September 1971.
Proprietà dell'opera / Works property: Pier Paolo Calzolari. Ph. © Pier Paolo Calzolari, by SIAE 2024.

25.
Apertura delle quattro gallerie tra cui la Sonnabend Gallery, al 420 di West Broadway, New York, 25 settembre 1971. /
Opening of the four galleries including the Sonnabend Gallery, at 420 West Broadway, New York, 25 September, 1971.
Ph. Courtesy The Sonnabend Collection Foundation.

1972-1980

L'inaugurazione della mostra di Gilbert
& George del 1971 ottiene un tale successo
che il Festival di Spoleto invita le quattro
gallerie – Castelli, Sonnabend, Weber ed
Emmerich – a tenere una mostra durante
l'edizione estiva del 1972.
Ileana, tuttavia, decide di non lasciare la
precedente sede della galleria a New York,
ma di imbarcarsi nell'impresa di gestire tre
spazi espositivi: due a New York e uno a
Parigi.
Lo spazio a Soho ospiterà mostre di
artisti europei come Gilbert & George,
Bernd e Hilla Becher, Christian Boltanski,
Anne e Patrick Poirier, Boyd Webb, Giulio
Paolini, Jannis Kounellis, Luigi Ontani e
americani come Robert Rauschenberg, Jim
Dine, Robert Morris, Bruce Nauman, Mel
Bochner, Barry Le Va, Vito Acconci, Dennis
Oppenheim e John Baldessari.
Lo spazio a Madison Avenue, invece,
presenterà mostre personali di designer Art
Déco francesi (Ruhlmann, Coard, Du Plantier,
Lalique, Puiforcat) e fotografi (August
Sander, Cecil Beaton, Horst e Hoyningen –
Huene), mostrando anche interesse per la
fotografia di moda.
Nel 1972 Ileana fonda la Sonnabend Press
affidando a Celant [fig. 26, 27], che per la
sua galleria aveva già curato le mostre su
Piero Manzoni, N. E. Thing Company e Giulio
Paolini, la realizzazione di due monografie
dedicate rispettivamente a Piero Manzoni e
Giulio Paolini.

Nello stesso anno, 13 artisti supportati
dalla galleria sono inclusi in Documenta
V a Kassel, e in estate la galleria a Soho
propone una mostra con questi stessi artisti:
Vito Acconci, John Baldessari, Bernd e Hilla
Becher, Mel Bochner, Christian Boltanski,
Pier Paolo Calzolari, Joel Fischer, Gilbert &
George, Dan Graham, Mario Merz, Dennis
Oppenheim, Giulio Paolini e William Wegman.
Nel 1973, Michel Guy, Ministro della Cultura
e direttore del Festival d'Automne di Parigi,
invita Ileana a organizzare la mostra *Aspect
de l'Art Actuel* al Palais Galliera, nella quale
include opere di artisti come Rauschenberg,
Morris e Nauman – ma anche Paolini –,
nonché artisti della nuova generazione che
la galleria promuove a New York e Parigi.
L'evento include altresì un concerto di Philip
Glass, musiche di Charlemagne Palestine,
danza di Simone Forti e Trisha Brown, film
di Acconci e Oppenheim e una performance
di Joan Jonas.
Dopo una breve esperienza a Ginevra nel
1974-1975, alla fine del 1980 la galleria
chiude la sua sede storica di Parigi [fig. 28]
e concentra interamente la sua attività
a New York.

1972-1980

The opening of Gilbert & George solo show in 1971 was so successful that the Spoleto Festival invited the four galleries – Castelli, Sonnabend, Weber and Emmerich – to hold an exhibition during the summer edition of the festival in 1972.

However, Ileana decided not to leave the gallery's previous location in New York, but to embark on a journey to run three exhibition spaces, two in New York and one in Paris. The Soho space would host exhibitions by European artists such as Gilbert & George, Bernd and Hilla Becher, Christian Boltanski, Anne and Patrick Poirier, Boyd Webb, Giulio Paolini, Jannis Kounellis, Luigi Ontani and Americans such as Robert Rauschenberg, Jim Dine, Robert Morris, Bruce Nauman, Mel Bochner, Barry Le Va, Vito Acconci, Dennis Oppenheim and John Baldessari. The Madison Avenue location, on the other hand, presented solo exhibitions of French Art Deco designers (Ruhlmann, Coard, Du Plantier, Lalique, Puiforcat) and photographers (August Sander, Cecil Beaton, Horst and Hoyningen – Huene) with an interest in fashion photography.

In 1972, Ileana founded Sonnabend Press – entrusting Celant [fig. 26, 27], who had already curated the exhibitions on Piero Manzoni, N. E. Thing Company and Giulio Paolini for the gallery – and she produced two monographs to accompany a pair of exhibitions dedicated respectively to Piero Manzoni and Giulio Paolini.

In the same year, 13 artists associated with the gallery were included in Documenta V in Kassel and, in the summer, the gallery in Soho proposed an exhibition of these artists: Vito Acconci, John Baldessari, Bernd and Hilla Becher, Mel Bochner, Christian Boltanski, Pier Paolo Calzolari, Joel Fischer, Gilbert & George, Dan Graham, Mario Merz, Dennis Oppenheim, Giulio Paolini and William Wegman.

In 1973, Michel Guy, the Minister of Culture and director of the Festival d'Automne in Paris, invited Ileana to organize the exhibition *Aspect de l'Art Actuel* at the Palais Galliera, in which she included works by artists such as Rauschenberg, Morris and Nauman, but also Paolini and the new generation of artists shown by the gallery in New York and Paris. The event also includes a concert by Philip Glass, music by Charlemagne Palestine, dance by Simone Forti and Trisha Brown, films by Acconci and Oppenheim and a performance by Joan Jonas.

After a brief experience in Geneva in 1974-1975, at the end of 1980, the gallery closed its historic Paris location [fig. 28] and entirely concentrated its activities in New York.

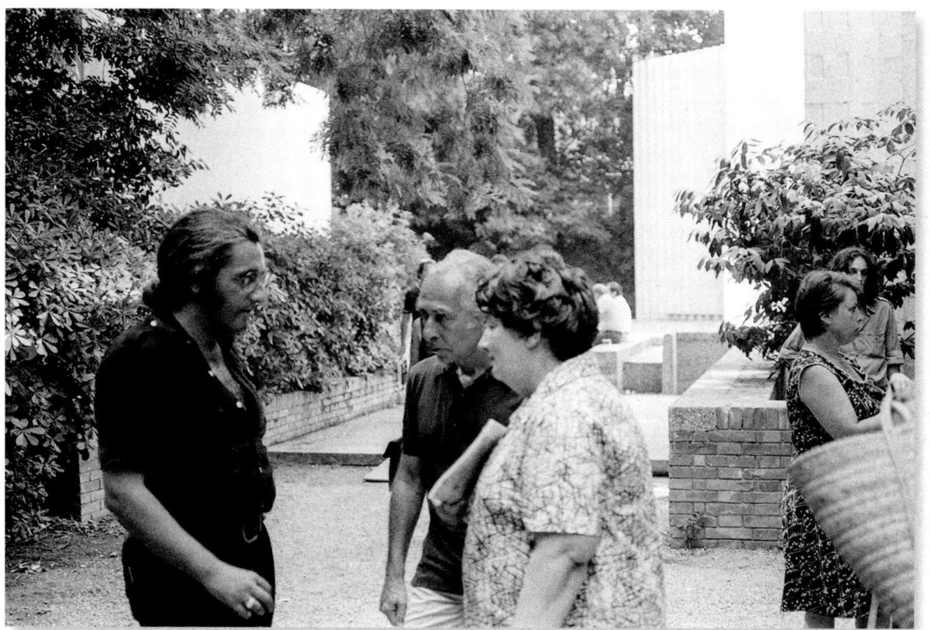

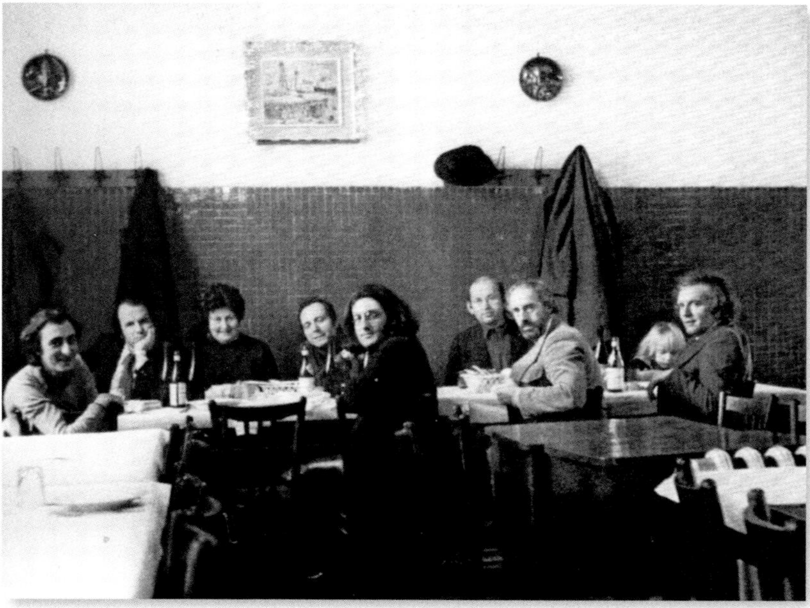

26.
Germano Celant, Leo e Ileana in occasione della Biennale di Venezia, Venezia, estate 1972. / Germano Celant, Leo and Ileana on the occasion of the Venice Biennale, Venice, Summer 1972.
Ph. © Paolo Mussat Sartor.

27.
Antonio Homem, Rino Rebora, Ileana, Paolo Minetti, Celant, Bernd Becher, Morris, Max Becher, Emilio Rebora, all'Osteria U Sporcaciun, Genova, in occasione della mostra *Robert Morris* alla Galleria Forma, Genova, gennaio 1973. / Antonio Homem, Rino Rebora, Ileana, Paolo Minetti, Celant, Bernd Becher, Morris, Max Becher, Emilio Rebora, at Osteria U Sporcaciun, Genoa, on the occasion of the exhibition *Robert Morris* at Galleria Forma, Genoa, January 1973.
Ph. Courtesy The Sonnabend Collection Foundation.

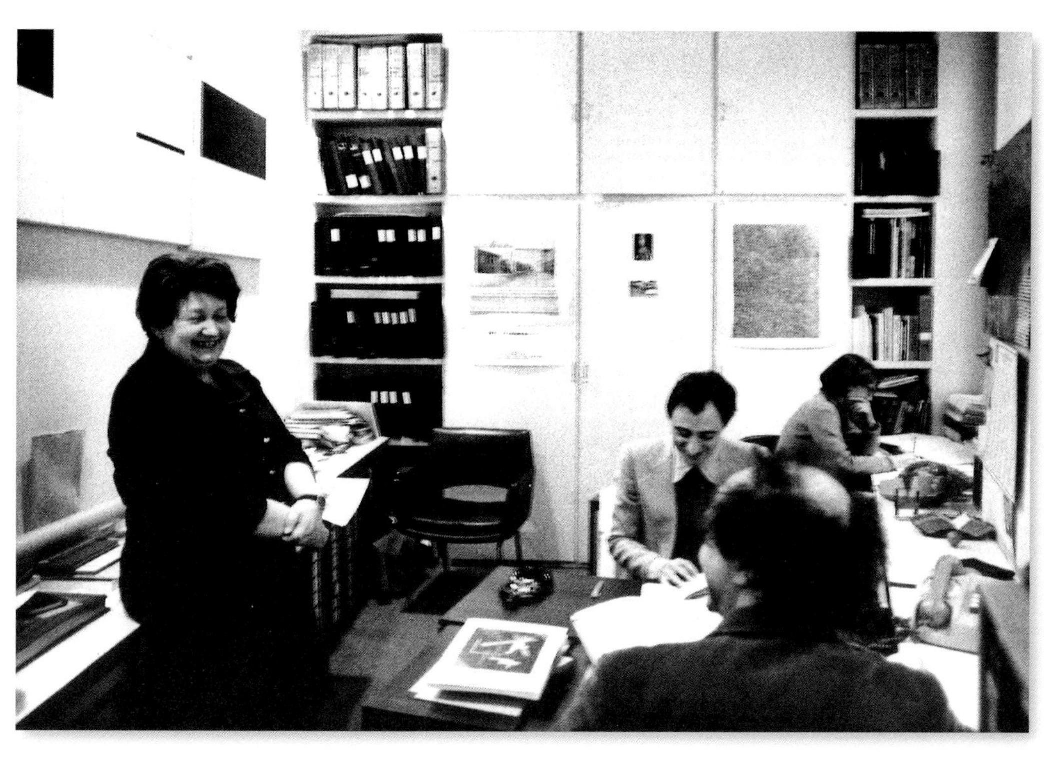

28.
Ileana, Antonio, Sarkis e Eva Beckman, Galerie Ileana Sonnabend, Parigi, 24 aprile 1976. / Ileana, Antonio, Sarkis and Eva Beckman, Galerie Ileana Sonnabend, Paris, 24 April, 1976.
Ph. Courtesy The Sonnabend Collection Foundation.

1981-2007

Nel 1981 Zorio tiene la sua prima mostra alla Sonnabend Gallery di New York, seguita da altre cinque fino al 2013.

Negli anni '80 si unirono alla galleria nuovi artisti come gli americani Terry Winters e Carroll Dunham e il giapponese Hiroshi Sugimoto.

Seguono varie mostre di Penck, Baselitz, Immendorf e di altri artisti europei come il tedesco Albert Oehlen e gli svizzeri Fischli e Weiss.

Alla Biennale di Venezia del 1980, nel padiglione tedesco, Ileana vede le opere di Georg Baselitz e Anselm Kiefer e ne rimane molto colpita. Sebbene Kiefer non terrà mai una mostra personale in galleria, Ileana acquisterà molte sue opere.

Nel 1986 la galleria presenta un nuovo gruppo di artisti americani: Peter Halley, Jeff Koons, Meyer Vaisman e Ashley Bickerton, a cui si aggiungerà in seguito Haim Steinbach. Ileana scorge nel loro lavoro una reinterpretazione della Pop Art attraverso l'Arte concettuale.

Mentre Ileana vive una nuova era grazie a questi artisti, gli anni '90 sanciscono la fine dell'epoca di Leo – con cui Ileana ha sempre mantenuto un profondo rapporto [fig. 29, 30] –, che il 21 agosto 1999 muore nel suo appartamento sulla Fifth Avenue.

Nel 2000 la Sonnabend Gallery si trasferisce a Chelsea, al 536 West 22nd Street, dove rimarrà fino al 2014.

Nel 2007 Ileana muore a New York, lasciandosi alle spalle non soltanto la galleria ma anche la sua importantissima collezione di opere d'arte.

Post-Ileana

Gli eredi di Ileana, la figlia Nina Sundell e Antonio Homem [fig. 31, 32], decidono di selezionare alcune delle opere da lei lasciate, capaci di descrivere la sua attività artistica e di delineare un itinerario e un ritratto. Le opere vanno a costituire la collezione della Fondazione Sonnabend Collection.

Da alcuni anni le opere della Fondazione e della Collezione Sonnabend Homem sono in prestito a Ca' Pesaro a Venezia. Attualmente la Fondazione è anche in trattativa con il Comune di Mantova per istituire una mostra a lungo termine delle opere della Fondazione nella città di Mantova, continuando così il lungo rapporto di Michael e Ileana con l'Italia.

1981-2007

In 1981, Zorio had his first exhibition at the Sonnabend Gallery in New York, followed by five more until 2013.

In the 1980s, new artists such as the Americans Terry Winters and Carroll Dunham and the Japanese Hiroshi Sugimoto joined the gallery.

Several exhibitions of Penck, Baselitz, Immendorf and other European artists such as the German Albert Oehlen and the Swiss Fischli and Weiss followed.

In the German pavilion at the 1980 Venice Biennale, Ileana remained impressed by the works of Georg Baselitz and Anselm Kiefer. So, although Kiefer never had a solo exhibition at the gallery, Ileana bought a large number of his works.

In 1986, a new group of American artists – Peter Halley, Jeff Koons, Meyer Vaisman and Ashley Bickerton, later joined by Haim Steinbach – were presented; in them, Ileana saw a reinterpretation of Pop Art through conceptual art.

While Ileana experienced a new era with these artists, the 1990s brought the end of Leo's era (Ileana has always mantained a deep relationship with him [fig. 29, 30]); he died in his Fifth Avenue apartment on August 21st, 1999.

In 2000, the Sonnabend Gallery moved to Chelsea, 536 West 22nd Street, where it remained until 2014.

In 2007, Ileana passed away in New York, leaving behind not only the gallery but also her very important collection of artworks.

Post-Ileana

After her death, Ileana's heirs – her daughter Nina Sundell and Antonio Homem [fig. 31, 32] – decide to create a selection among the works left by Ileana describing her art activities, both an itinerary and a portrait.

The works become the collection of the Sonnabend Collection Foundation. All of them, both from this foundation and from the Sonnabend Homem Collection have been on loan to the Ca' Pesaro in Venice for the past years and the Foundation is in talks with the Municipality of Mantova to establish a long-term exhibition of the works of the Foundation in the City of Mantova, continuing Michael and Ileana's long relationship with Italy.

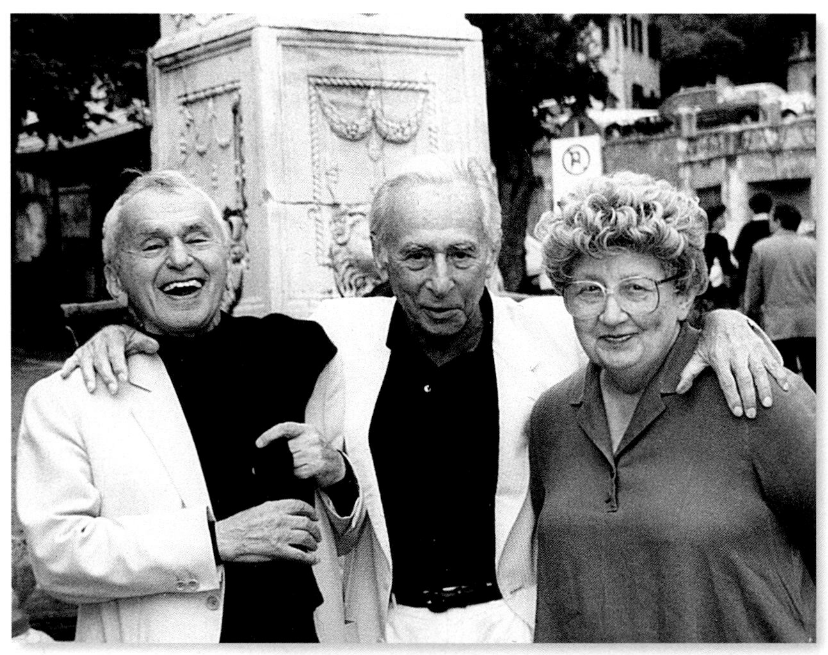

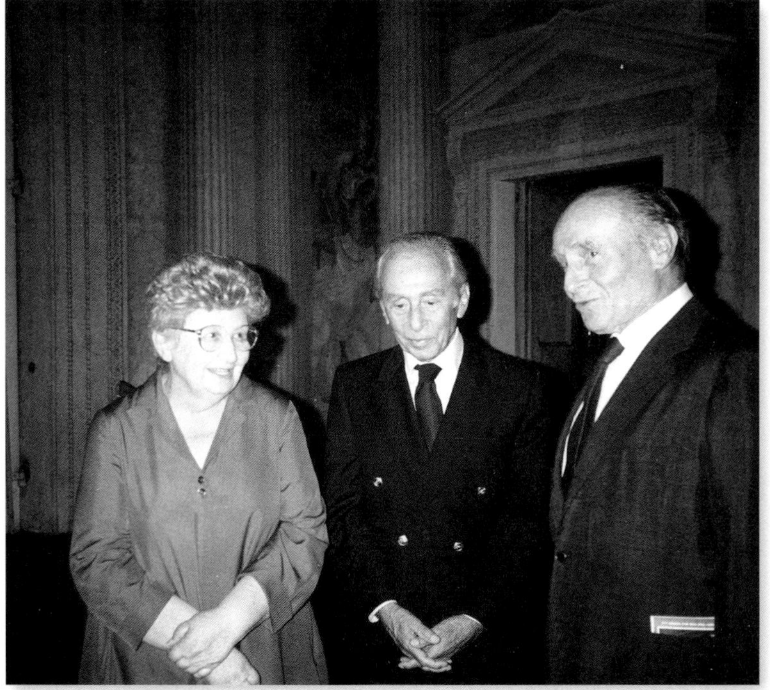

29.
Michael, Leo e Ileana, 1989. / Michael, Leo and Ileana, 1989.
Ph. Courtesy The Sonnabend Collection Foundation.

30.
Ileana e Leo con Piero Kern a La Malcontenta, Mira (Venezia) 1990. / Ileana and Leo with Piero Kern at La Malcontenta, Mira (Venice) 1990.
Ph. Courtesy The Sonnabend Collection Foundation.

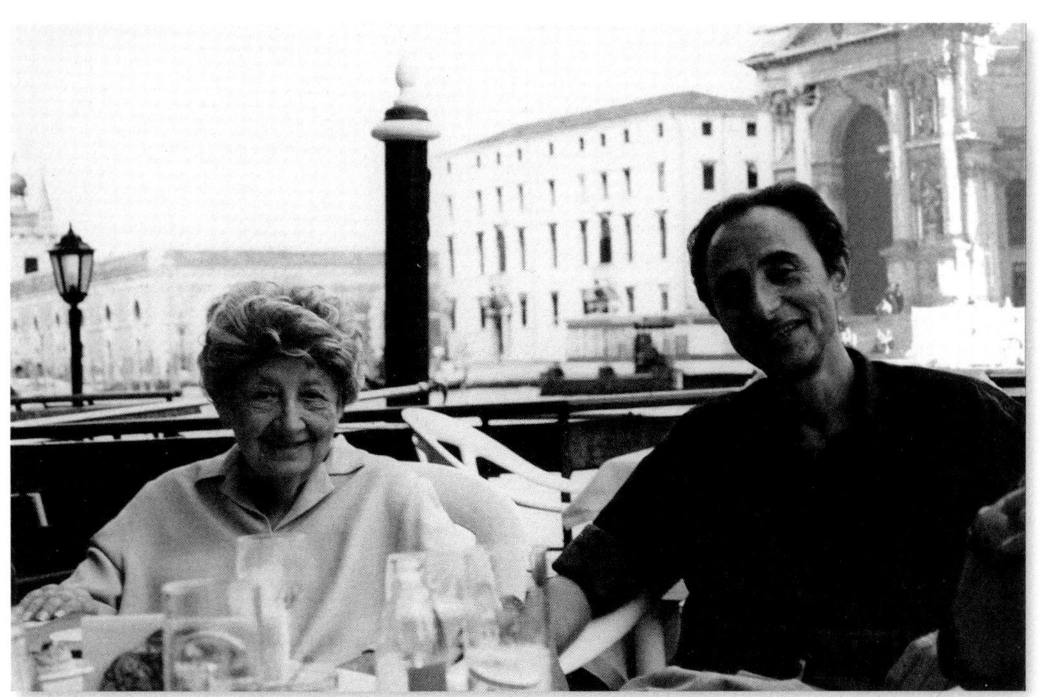

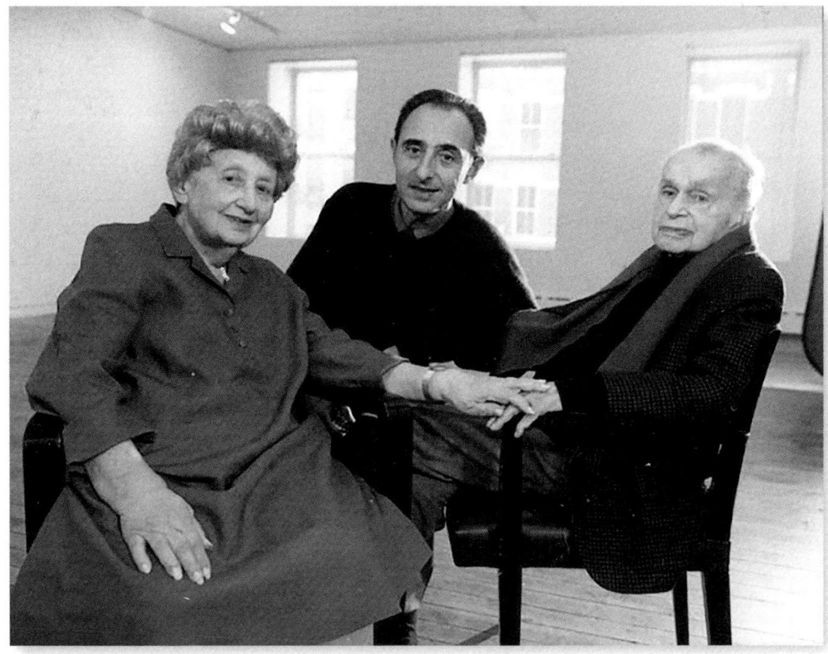

31.
Ileana e Antonio, Venezia 1998. / Ileana and Antonio, Venice 1998.
Ph. Courtesy The Sonnabend Collection Foundation.

32.
Ileana, Antonio e Michael, New York 1998. / Ileana, Antonio and Michael, New York 1998.
Ph. Courtesy The Sonnabend Collection Foundation.

LE ESPOSIZIONI DEGLI ARTISTI DELL'ARTE POVERA ALLA GALLERIA SONNABEND

THE EXHIBITIONS BY THE ARTE POVERA ARTISTS AT THE SONNABEND GALLERY

L'ordine in cui sono pubblicati i seguenti approfondimenti sugli artisti rispecchia l'ordine cronologico dell'inizio della loro collaborazione con Ileana Sonnabend.

The order in which the following artist insights are published corresponds to the chronological order of the beginning of their collaboration with Ileana Sonnabend.

Michelangelo Pistoletto

(Biella, 1933)

Fin dalla prima metà degli anni '50, Michelangelo Pistoletto si interroga sulla natura dell'identità attraverso il genere dell'autoritratto ponendolo in relazione con la realtà circostante. Nel 1961 dipinge il primo autoritratto specchiante, per poi sostituire al supporto in tela una lamina in acciaio inox lucidata a specchio sulla quale applica immagini di persone oppure oggetti, ricavate da fotografie a grandezza naturale e dipinte su carta velina (rimpiazzate da serigrafie a partire dagli anni '70).

Dal dicembre 1967 apre il suo studio alla collaborazione con artisti, poeti, musicisti e registi. Attraverso l'apertura dello studio e in seguito alle sue prime azioni collettive, si va a formare un gruppo (Lo Zoo), con cui, tra il 1968 e il 1970, realizza spettacoli in diversi tipi di spazi (strade, piazze, discoteche, teatri…).

Nel 1963 Pistoletto si reca a Parigi presso la Galerie Sonnabend, dove conosce Ileana e Michael Sonnabend e mostra loro il suo lavoro. Colpiti da quel giovane artista, i Sonnabend si recano a Torino, visitano la sua mostra personale alla Galleria Galatea e, nel 1964, gli offrono di tenere la sua prima mostra personale all'estero presso la loro galleria parigina.

Ancor prima, nel 1963, lo includono nella collettiva *Dessin Pop* insieme a Robert Rauschenberg, Claes Oldenburg, Jasper Johns, Andy Warhol, Jim Dine, George Segal, Roy Lichtenstein, Lee Bontecou, proponendolo quindi come parte integrante della Pop Art americana.

Nello stesso anno è Pistoletto a permettere l'apertura dell'asse Torino-Parigi: nel giugno 1963, infatti, accompagna il giovane gallerista Gian Enzo Sperone alla Galerie Sonnabend a Parigi, dove è in corso una personale di Lichtenstein, e lo incoraggia a esporre nella sua galleria torinese i lavori di questo e degli altri artisti Pop americani seguiti da Ileana. Inizia così la lunga collaborazione di Sperone con la Sonnabend Gallery; un rapporto che risulterà determinante nella seconda metà degli anni Sessanta per la diffusione all'estero delle ricerche degli artisti dell'Arte povera supportati dal gallerista italiano. Ileana dedica a Pistoletto una seconda mostra nel 1967 che segna la fine della loro collaborazione. Pistoletto rimarrà comunque un punto di riferimento per i Sonnabend tanto che nel 1971 sarà lui a suggerire loro di andare a conoscere un altro artista dell'Arte povera: Giulio Paolini.

Since the first half of the 1950s, Michelangelo Pistoletto has been questioning the nature of identity through the genre of the self-portrait, relating it to the surrounding reality. In 1961 he painted the first mirror self-portrait, replacing the canvas support with a polished stainless-steel plate on which he applied images of people or objects taken from life-size photographs and painted on tissue paper (replaced from the 1970s by silkscreen prints).

In December 1967, he opened his studio to collaborations with artists, poets, musicians and filmmakers. The studio opening and his first collective actions led to the formation of a group (The Zoo), with which he produced performances in various spaces (streets, squares, discos, theatres…) between 1968 and 1970.

In 1963, Pistoletto went to the Galerie Sonnabend in Paris, where he met Ileana and Michael Sonnabend and showed them his work. Impressed by the young artist, the Sonnabends travelled to Turin, visited his solo exhibition at the Galleria Galatea and offered to hold his first solo exhibition abroad at their Paris gallery in 1964. Even earlier, in 1963, they included him in the group exhibition *Dessin Pop*, along with Robert Rauschenberg, Claes Oldenburg, Jasper Johns, Andy Warhol, Jim Dine, George Segal, Roy Lichtenstein and Lee Bontecou.

In the same year, Pistoletto facilitated the opening of the Turin-Paris axis: in June 1963, he accompanied the young gallerist Gian Enzo Sperone to the Galerie Sonnabend in Paris, where a solo exhibition of Lichtenstein's work was in progress, and encouraged him to exhibit the works of this and other American Pop artists exhibited by Ileana in his Turin gallery.

Thus began Sperone's long collaboration with the Sonnabend Gallery, a relationship that would prove decisive in the second half of the 1960s in terms of spreading abroad the research on Arte Povera artists.

Ileana dedicated a second exhibition to Pistoletto in 1967, and this marked the end of their collaboration.

However, Pistoletto remained a point of reference for the Sonnabends, so much that, in 1971, it was him to suggest them to meet another Arte Povera artist, Giulio Paolini.

Ho conosciuto Ileana Sonnabend nel '63 a Parigi.
È stato un caso. Mi hanno parlato di questa
galleria che si stava aprendo proprio in quei giorni
a Parigi con opere di artisti americani. Allora mi
sono fermato; per combinazione avevo nella mia
automobile un quadretto avanzato da una mostra
che stavo per aprire a Torino in quel periodo.
Dopo una settimana hanno telefonato: 'Veniamo a
Torino a vedere la sua mostra'. Sono venuti e hanno
acquistato l'intera mostra, tutti i lavori, e mi hanno
chiesto di rilevare il contratto di esclusiva che avevo
con questa galleria.

(Michelangelo Pistoletto in *Valicare i confini. Ileana Sonnabend e l'Arte povera*,
di Eleonora Angius, produzione 3D Produzioni, 2024)

Michelangelo Pistoletto, Galerie Ileana Sonnabend, 37 quai des Grands-Augustins, Paris, dal / from 4 marzo / March 1964:
Pistoletto con / with *Due persone*, 1963-1964; *Bottiglia per terra*, 1963; *Due uomini in camicia*, 1963; *Donna seduta*, 1963.
Ph. Shunk-Kender, © Paul Getty Trust. Getty Research Institute, Los Angeles.

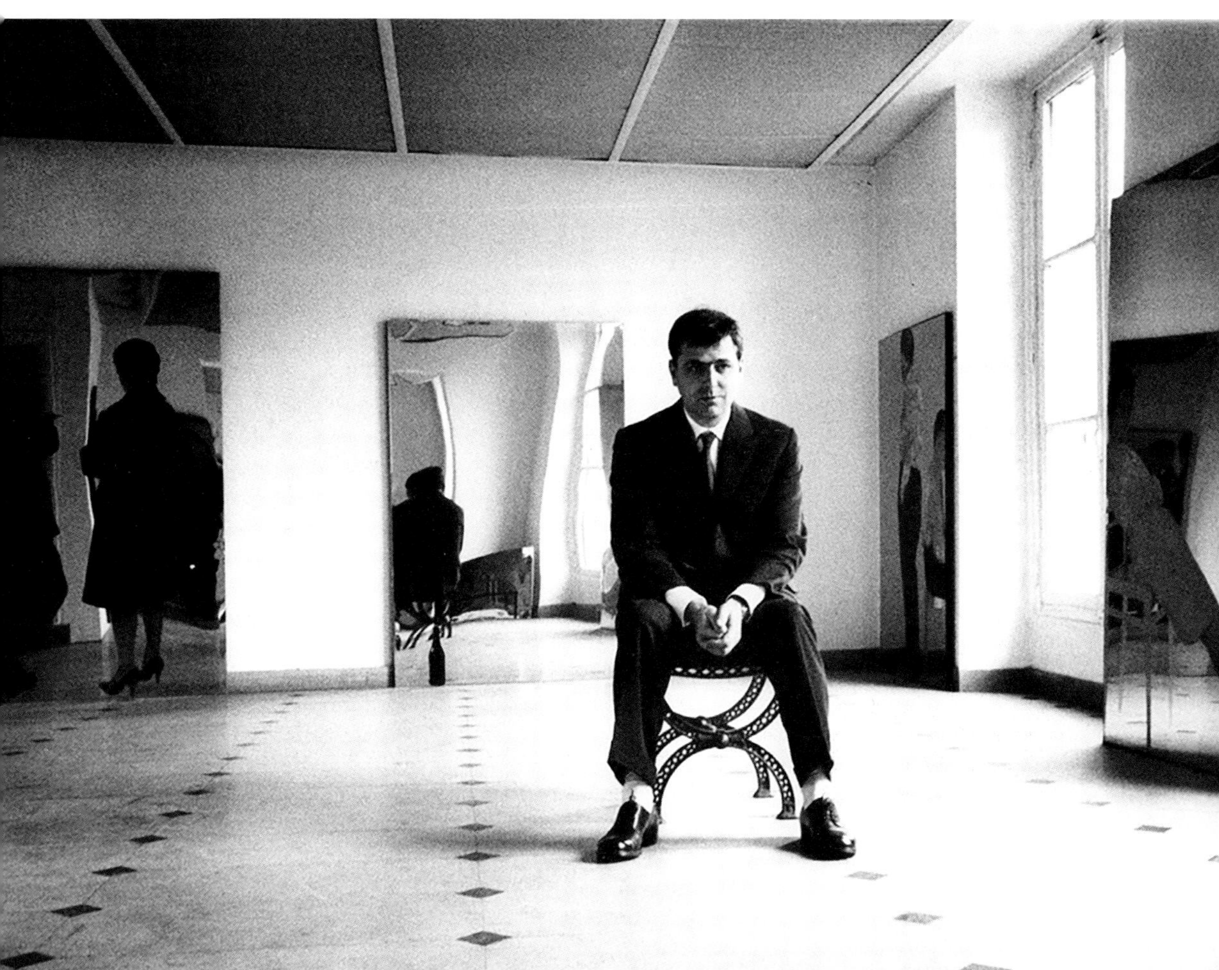

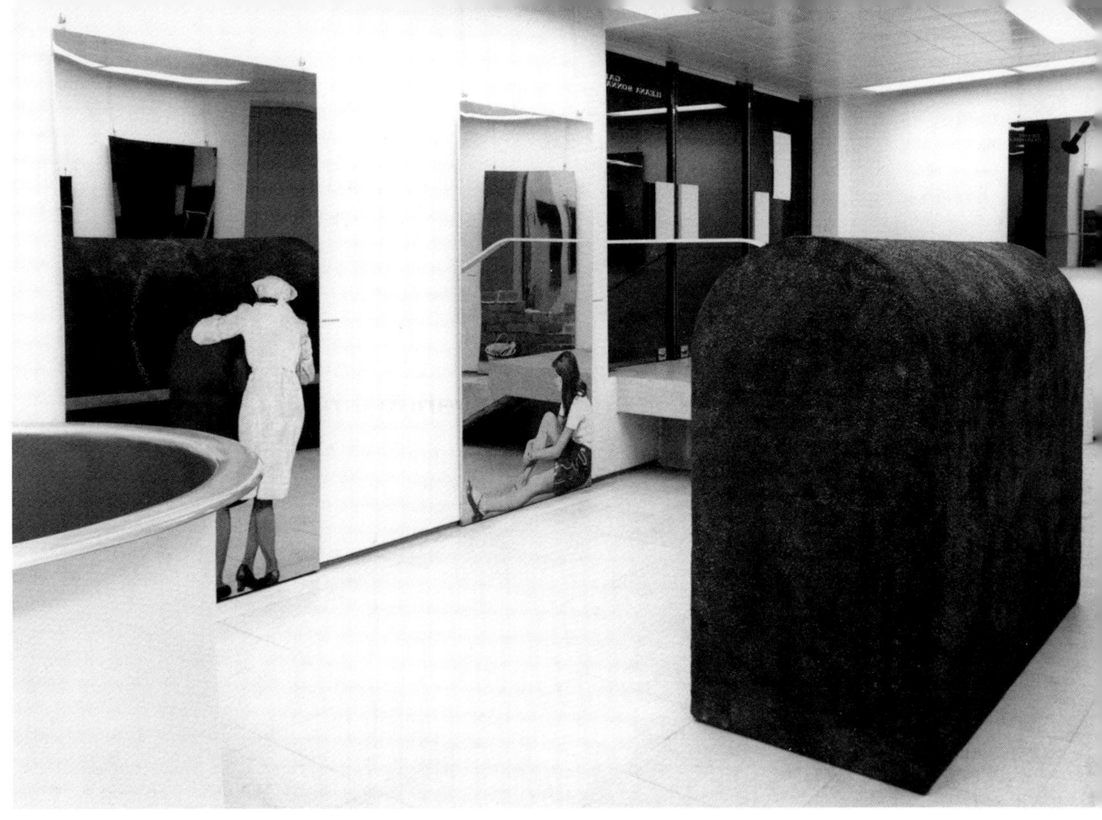

I met Ileana Sonnabend in '63 in Paris. It was by
chance. Someone told me about this gallery that
was opening just then in Paris showing works by
American artists. So, I stopped by; by chance, I had
in my car a small painting that was left over from an
exhibition I was opening in Turin at the same time.
After a week they called: 'We're coming to Turin to
see your exhibition'. They came and bought the
whole exhibition, all the works, and asked me to take
over the exclusive contract I had with this gallery.

(Michelangelo Pistoletto, in *Valicare i confini. Ileana Sonnabend e l'Arte povera*,
by Eleonora Angius, production 3D Produzioni, 2024)

Michelangelo Pistoletto, Galerie Ileana Sonnabend, 12 rue Mazarine, Paris, 12 dicembre / December 1967 - 13 gennaio /
January 1968: *Pozzo argento*, 1966 (*Oggetti in meno*, 1965-1966); *Infermiera e ragazza*, 1965; *Ragazza seduta per terra*,
1967; *Il muro*, 1967; *Sarcofago*, 1966 (*Oggetti in meno*, 1965-1966); *Faretto*, 1966.
Ph. André Morain, Paris. Courtesy The Sonnabend Collection Foundation.

pagine successive / following pages
Michelangelo Pistoletto, Galerie Ileana Sonnabend, 12 rue Mazarine, Paris, 12 dicembre / December 1967 - 13 gennaio /
January 1968: *Cane che sbadiglia*, 1967; *Lui e lei alla balconata*, 1966; *Uomo che si tocca un piede*, 1966; *Muro di mattoni*,
1967; *Ragazza che cammina*, 1966; *Scopa*, 1967.
Ph. André Morain, Paris. Courtesy The Sonnabend Collection Foundation.

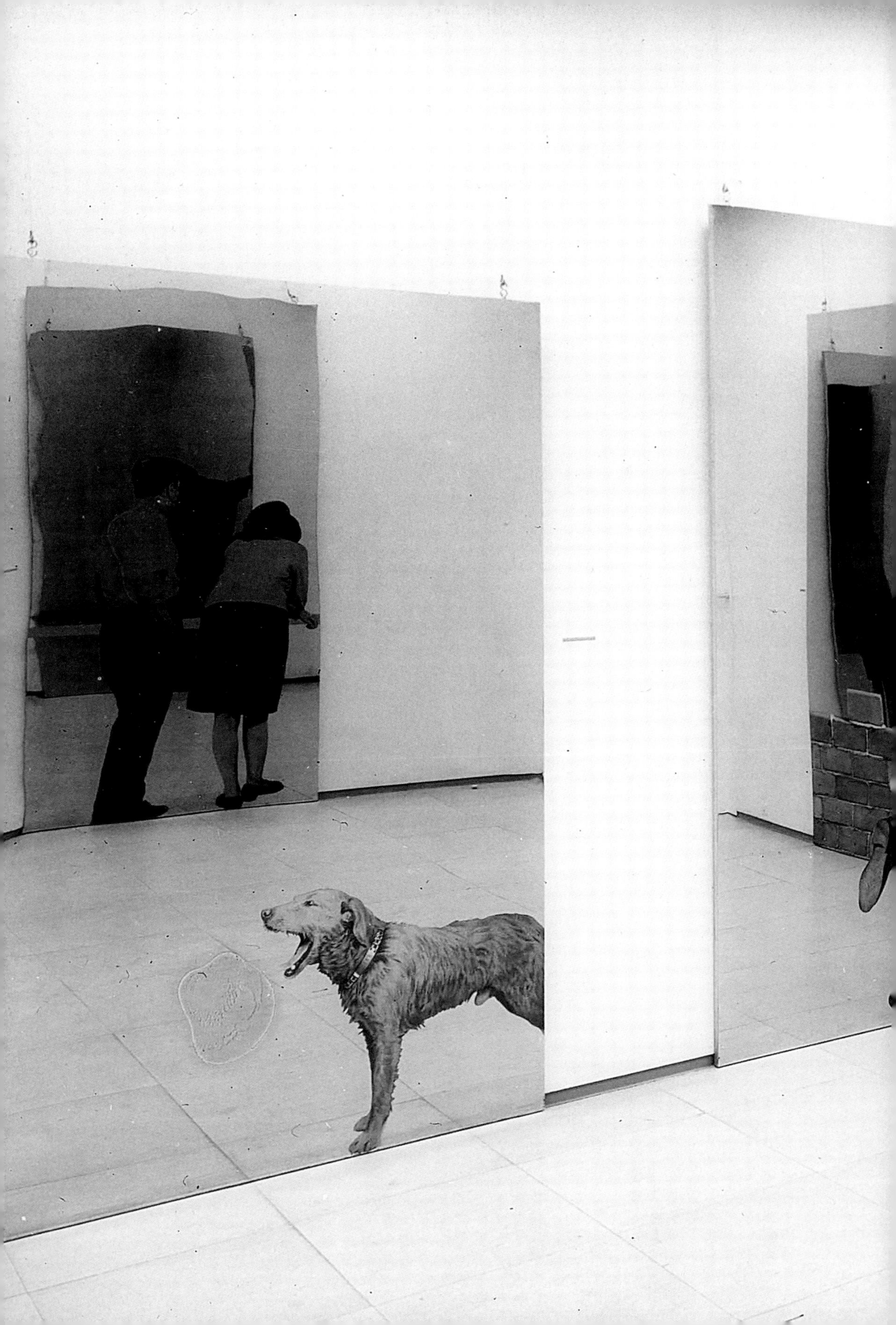

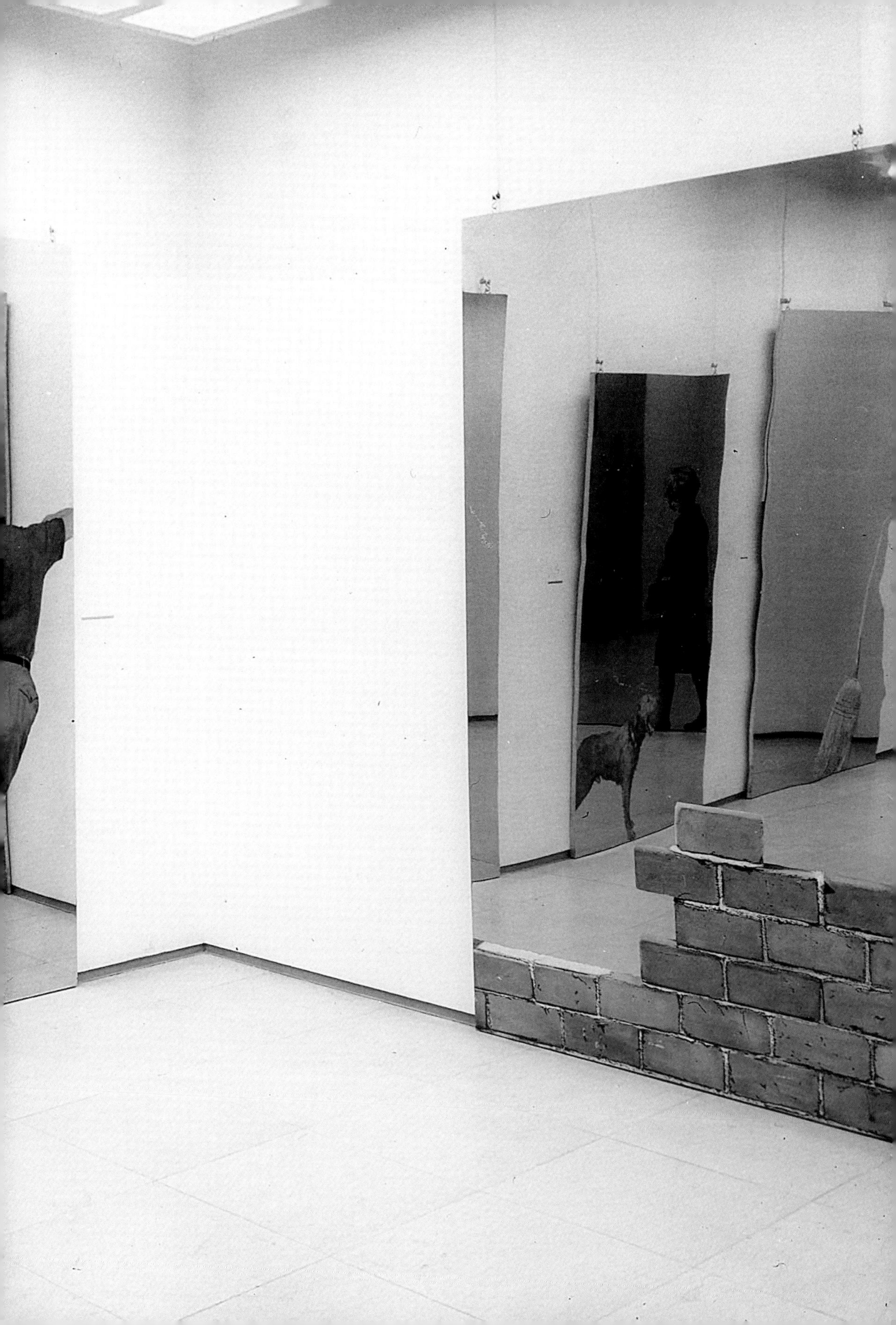

Gilberto Zorio

(Andorno Micca, 1944)

Fin dai suoi esordi Gilberto Zorio si focalizza sulle proprietà fisiche dei materiali e sull'energia a essi intrinseca che, in quanto tale, produce "movimento". Processi chimico-alchemici, stelle, incandescenze, canoe, viaggi e sculture di suono sono solo alcune delle tematiche ricorrenti nella sua ricerca. Affrontandole, egli supera la linearità del tempo e dello spazio, proponendo una degerarchizzazione delle tradizionali concezioni di passato/presente/futuro, memoria/attualità, vicino/lontano, centro/periferia, nonché di autore/spettatore. Innescando reazioni chimiche di cui prevede un risultato che però non può controllare del tutto, l'artista diviene infatti spettatore privilegiato della sua stessa creazione. Le sue opere, inoltre, innescano un viaggio metaforico – e al contempo reale – nei materiali e negli archetipi della memoria: la trasformazione dei materiali è effettiva, ma evoca parallelamente la memoria individuale e collettiva, generando un'osmosi tra il tempo dell'artista e il senza tempo della Storia.

Zorio conosce Ileana Sonnabend nel 1966 alla Galleria Sperone.
È presentato a Ileana e a Michael dallo stesso Sperone, prima, e poi dall'artista Piero Gilardi.
I Sonnabend visitano il suo studio e gli propongono di tenere una mostra personale a Parigi nel 1969. L'esposizione sarà strutturata in due tempi e darà il via a un'assidua collaborazione tra l'artista e la galleria, ritmata da ben altre cinque personali – questa volta nella sede di New York –, tenutesi rispettivamente negli anni 1981, 1988, 2004, 2005 e 2014.
Zorio e Giovanni Anselmo saranno anche gli unici artisti italiani inclusi nella mostra collettiva *Nine at Castelli*, tenutasi al Leo Castelli Warehouse di New York nel dicembre 1968.

Since his early days, Gilberto Zorio has focused on the physical properties of materials and the energy inherent in them, which produces "movement" in itself. Chemical-alchemical processes, stars, incandescence, canoes, travel and sound sculptures are some of the recurring themes of his research. In dealing with them, he transcends the linearity of time and space, proposing a degradation of traditional notions of past/present/future, memory/actuality, near/far, center/periphery, as well as author/spectator. By triggering chemical reactions, whose outcome he foresees but cannot fully control, the artist becomes a privileged spectator of his own creation. His works also trigger a metaphorical – yet real – journey into the materials and archetypes of memory: the transformation of materials is effective, but it evokes individual and collective memory in parallel, creating an osmosis between the artist's time and the timelessness of history.

Zorio met Ileana Sonnabend at the Galleria Sperone in 1966.
He was introduced to Ileana and Michael by Sperone and, then, by the artist Piero Gilardi. The Sonnabends visited his studio and suggested him to have a solo exhibition in Paris in 1969.
The exhibition was divided into two parts and it marked the beginning of a close collaboration between the artist and the gallerist, which was to be followed by no less than five further solo exhibitions, this time in New York, in 1981, 1988, 2004, 2005 and 2014.
Zorio and Giovanni Anselmo were also the only Italian artists included in the group exhibition *Nine at Castelli*, held at the Leo Castelli Warehouse in New York in December 1968.

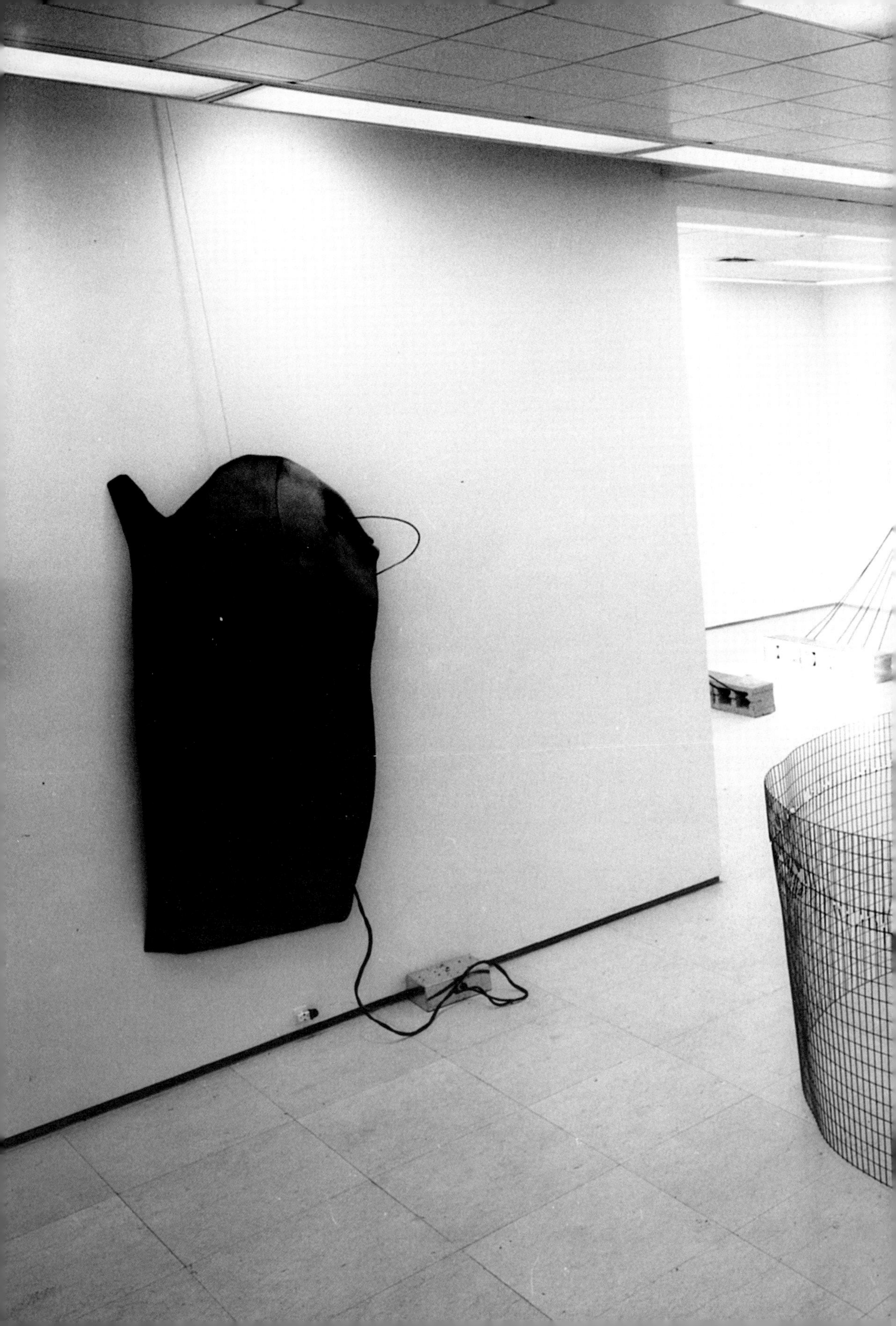

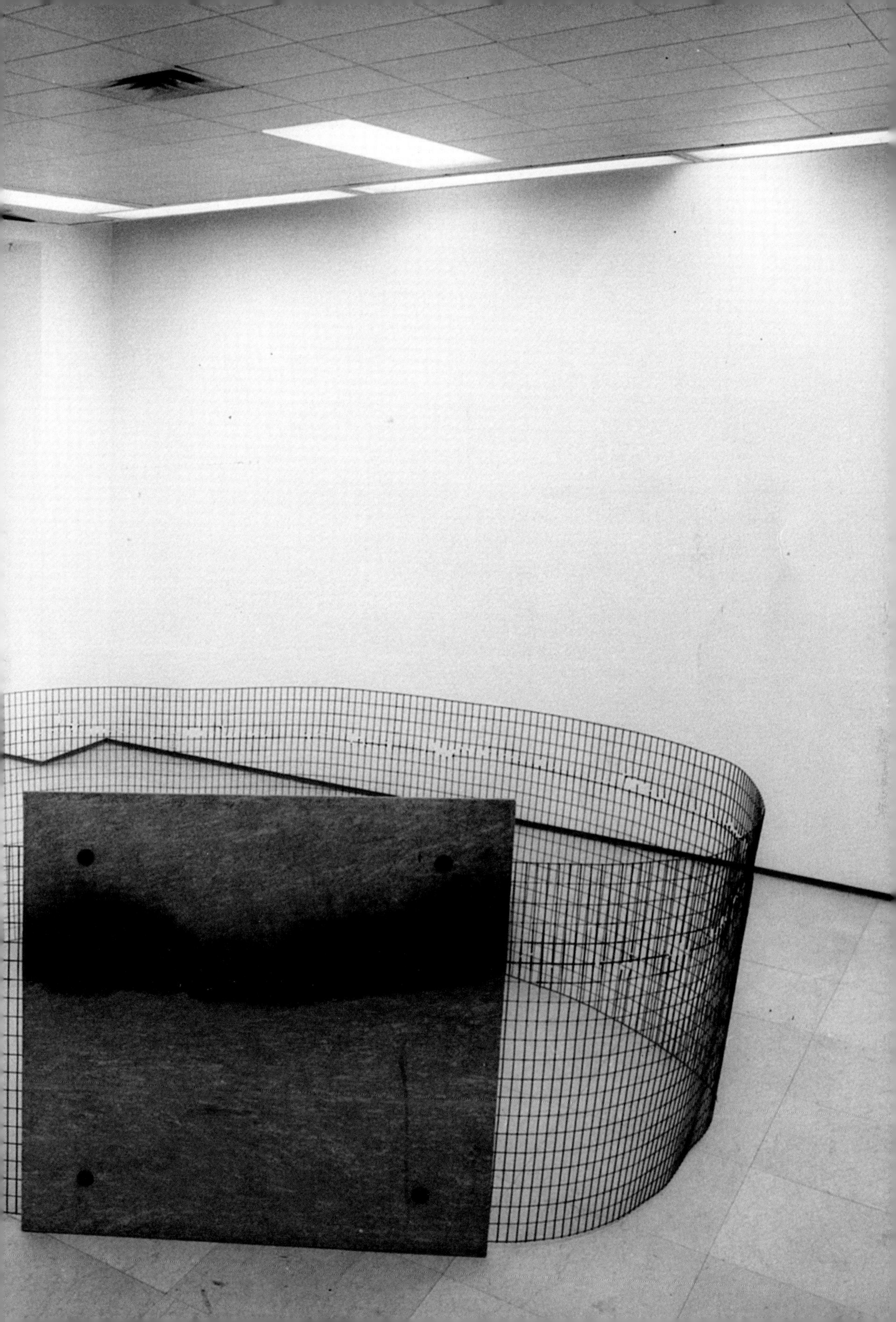

Ileana Sonnabend e il marito Michael Sonnabend
erano due personaggi molto interessanti.
Amavano l'arte.
Rimasero molto colpiti dal mio lavoro
e da quello degli artisti dell'Arte povera perché
ci differenziavamo l'uno dall'altro ma, per solidarietà,
ci cercavamo per collaborare.
Nel gennaio del '69 ho inaugurato la mostra alla
Sonnabend Gallery a Parigi. Durante il montaggio
Michael Sonnabend mi disse: 'Gilberto, la facciamo
in due tempi'. Poi, mi ha spiegato che lui avrebbe
fatto in una notte lo smontaggio della prima mostra
e il montaggio della seconda. In quegli anni eravamo
tutti talmente carichi di energie che si è potuto fare.
Chi altro c'era? Antonio Homem, che aveva appena
iniziato a lavorare in galleria.

Ileana Sonnabend and her husband Michael
Sonnabend were two very interesting characters.
They loved art.
They were very impressed by our work because
we were all very different from one another, but
strangely enough we sought each other out of
sympathy to collaborate.
In January '69 I opened the exhibition at the
Sonnabend Gallery in Paris. While we were mounting
it Michael Sonnabend told me 'Gilberto, we'll do it
in two times". Then, he added that, during the same
night, he would dismantle the exhibition and set-up
the other exhibition. In those years we were all so full
of energy that we were able to do it. Who else was
there? Antonio Homem, who had just started working
in the gallery.

(Gilberto Zorio in *Valicare i confini. Ileana Sonnabend e l'Arte povera*, di / by Eleonora Angius,
produzione / production 3D Produzioni, 2024)

pagine precedenti / previous pages
Gilberto Zorio, Galerie Ileana Sonnabend, 12 rue Mazarine, Paris, dal / from 23 Gennaio / January 1969
[prima parte / first part]: *Il fuoco è passato*, 1968; *Luci*, 1968; *Arco voltaico*, 1968.
Ph. André Morain, Paris. Courtesy The Sonnabend Collection Foundation.

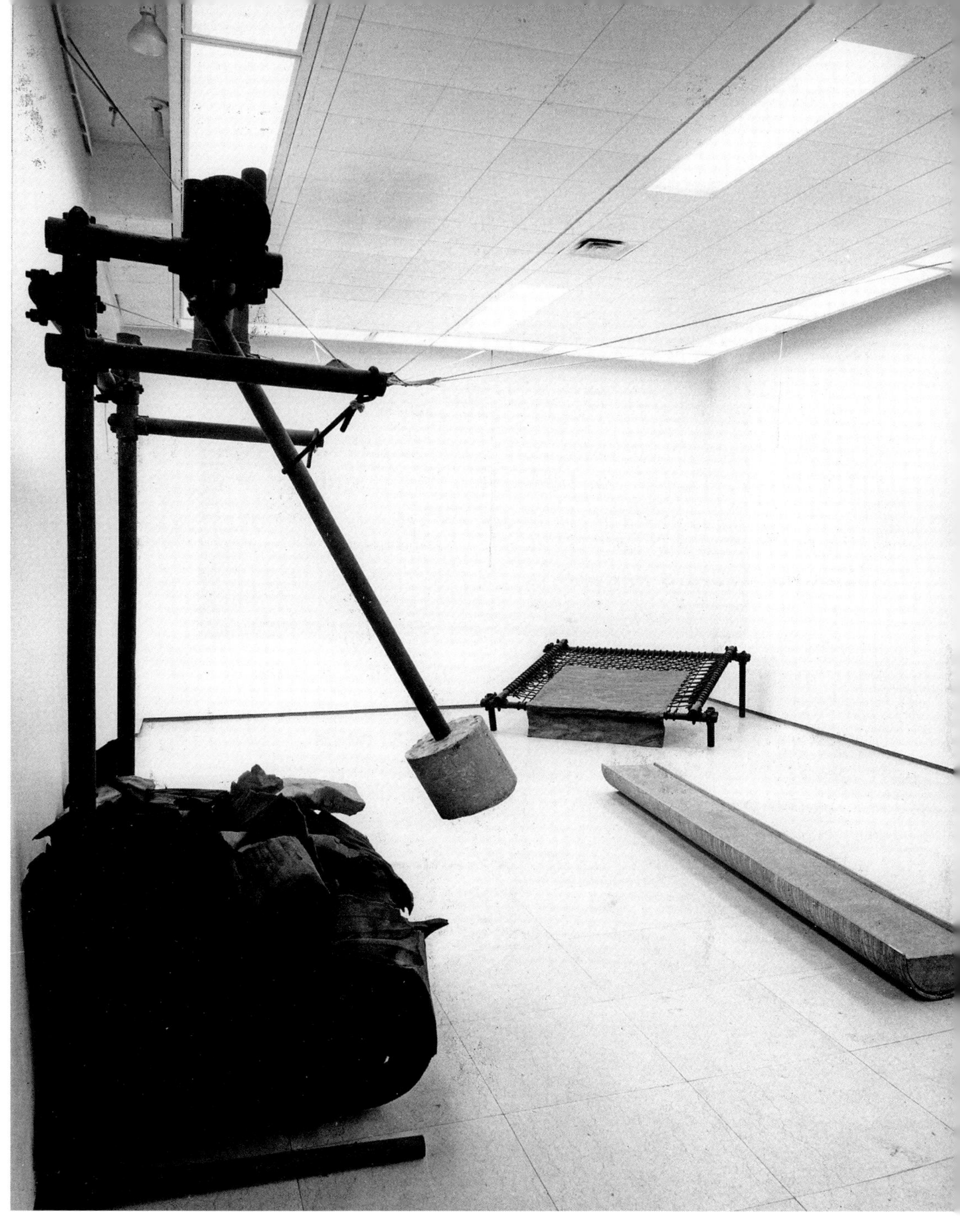

Gilberto Zorio, Galerie Ileana Sonnabend, 12 rue Mazarine, Paris, dal / from 23 gennaio / January 1969 [seconda parte / second part]: *Sedia*, 1966; *Macchia IV*, 1968; *Letto*, 1966; *Blu rosa blu*, 1967. Ph. André Morain, Paris. Courtesy The Sonnabend Collection Foundation.

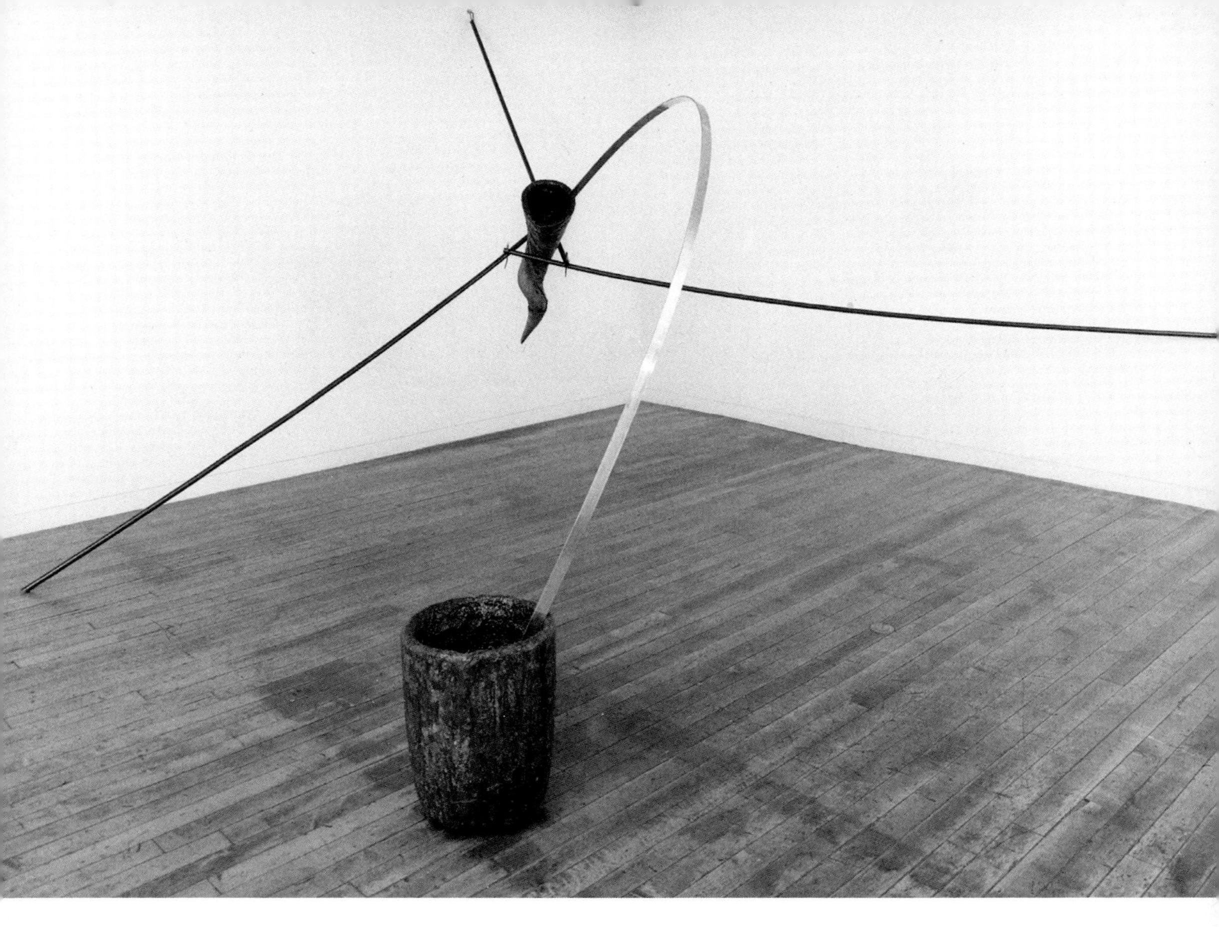

Gilberto Zorio, Sonnabend Gallery, 420 West Broadway, New York, 17 ottobre / October - 7 novembre / November 1981:
Sifnos-Stromboli, 1981.
Ph. Courtesy The Sonnabend Collection Foundation.

Gilberto Zorio, Sonnabend Gallery, 420 West Broadway, New York, 14 maggio / May - 4 giugno / June 1988:
Canoa, 1986-1988; *Stella di terracotta*, 1987.
Ph. Courtesy The Sonnabend Collection Foundation.

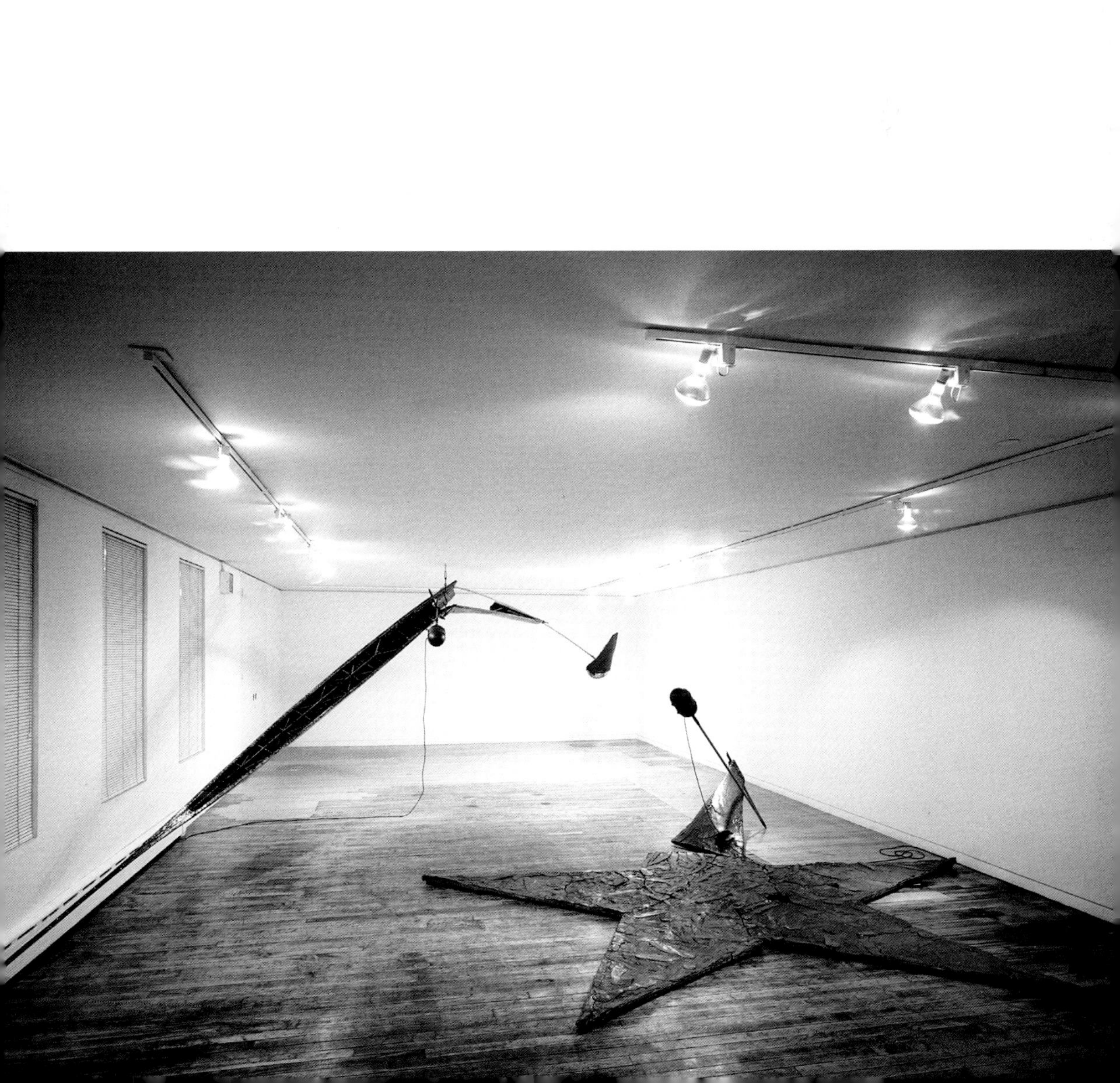

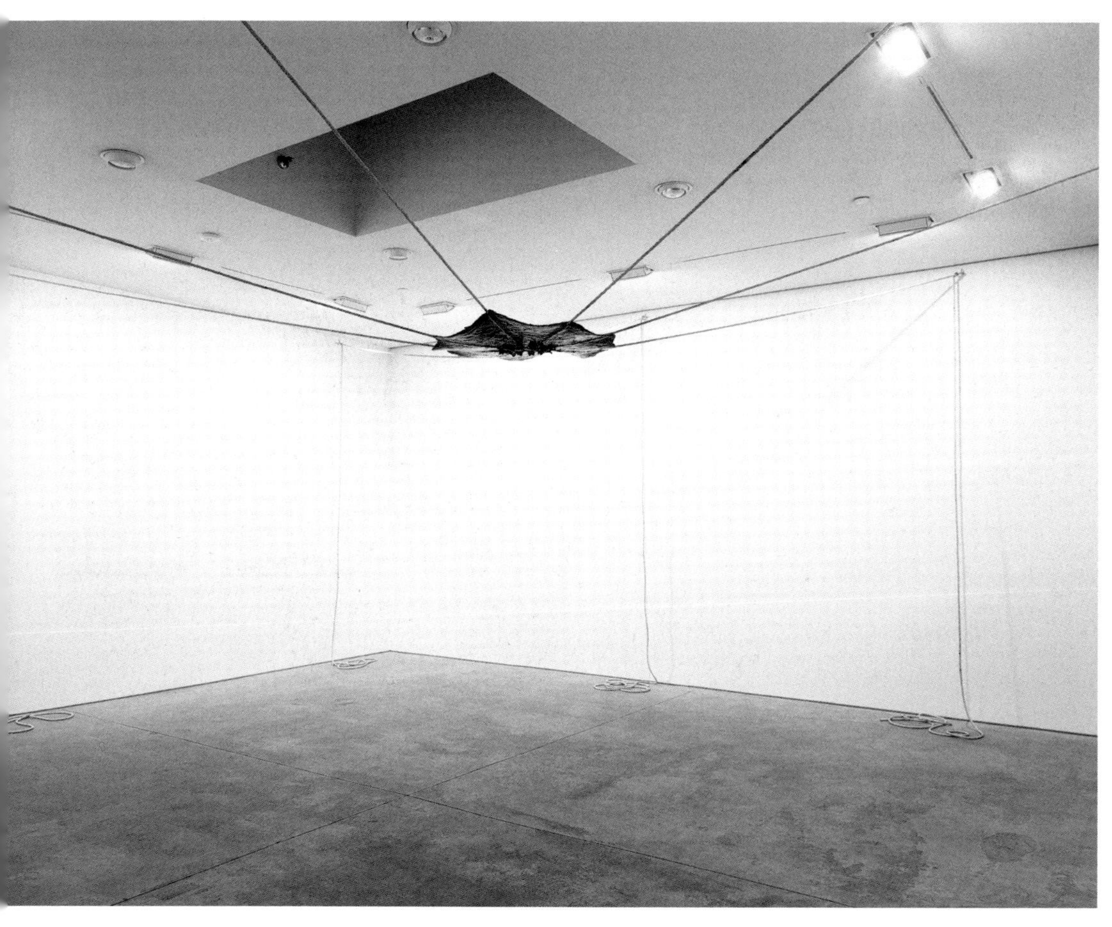

Gilberto Zorio, Sonnabend Gallery, 536 West 22nd Street, New York, 10 gennaio / January – 7 febbraio / February 2004:
Macchia IV, 1968.
Ph. Courtesy The Sonnabend Collection Foundation.

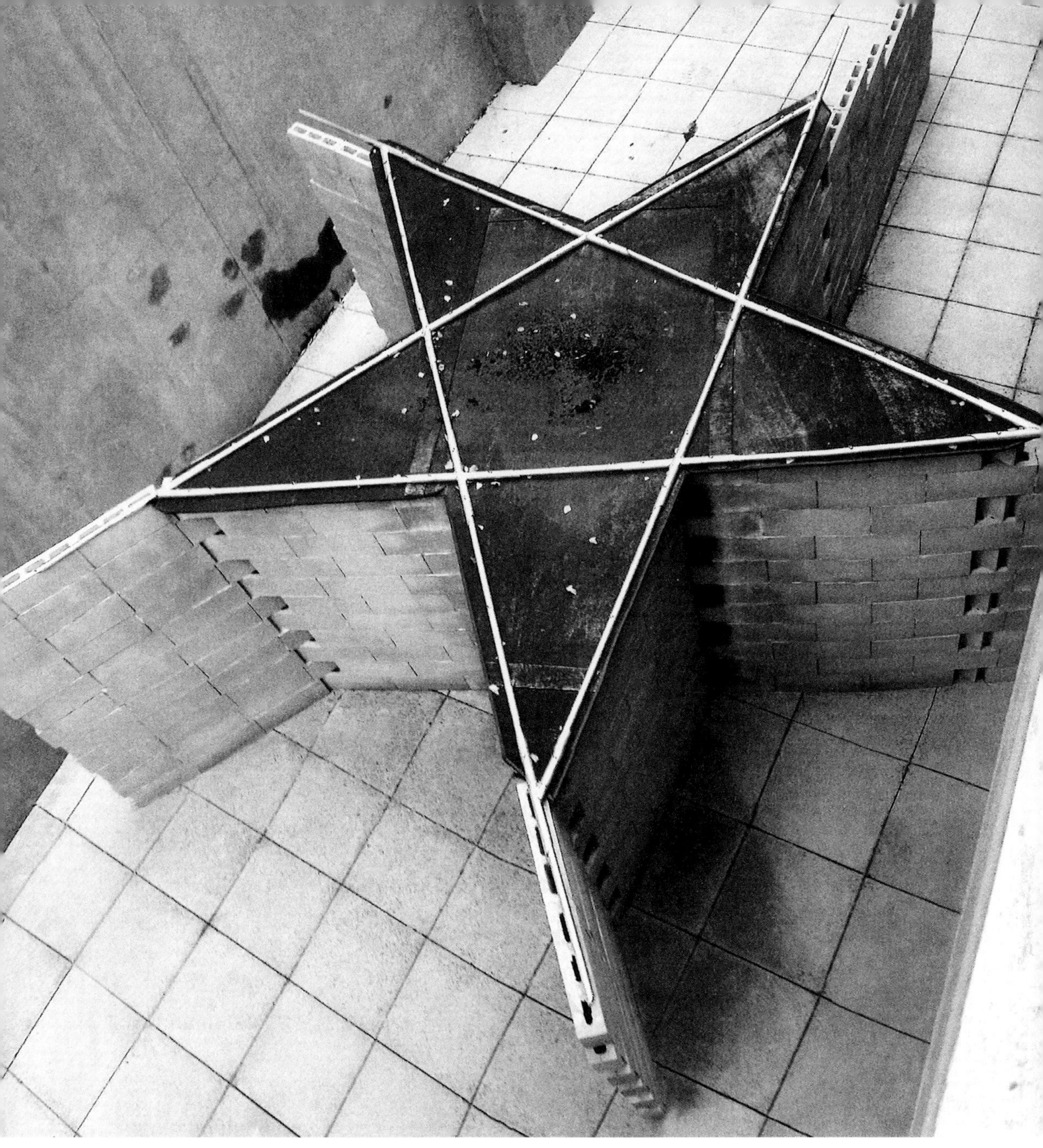

Gilberto Zorio, Sonnabend Gallery, 536 West 22nd Street, New York, 17 settembre / September – 29 ottobre / October 2005:
Torre Stella, 2005.
Ph. Courtesy The Sonnabend Collection Foundation.

pagine successive / following pages
Gilberto Zorio, Sonnabend Gallery, 536 West 22nd Street, New York, 3 maggio / May – 26 luglio / July 2014:
Stella di giavellotti, 2009; *Stella Marrano*, 1991; *Giunchi con arco voltaico*, 1969.
Ph. Courtesy The Sonnabend Collection Foundation.

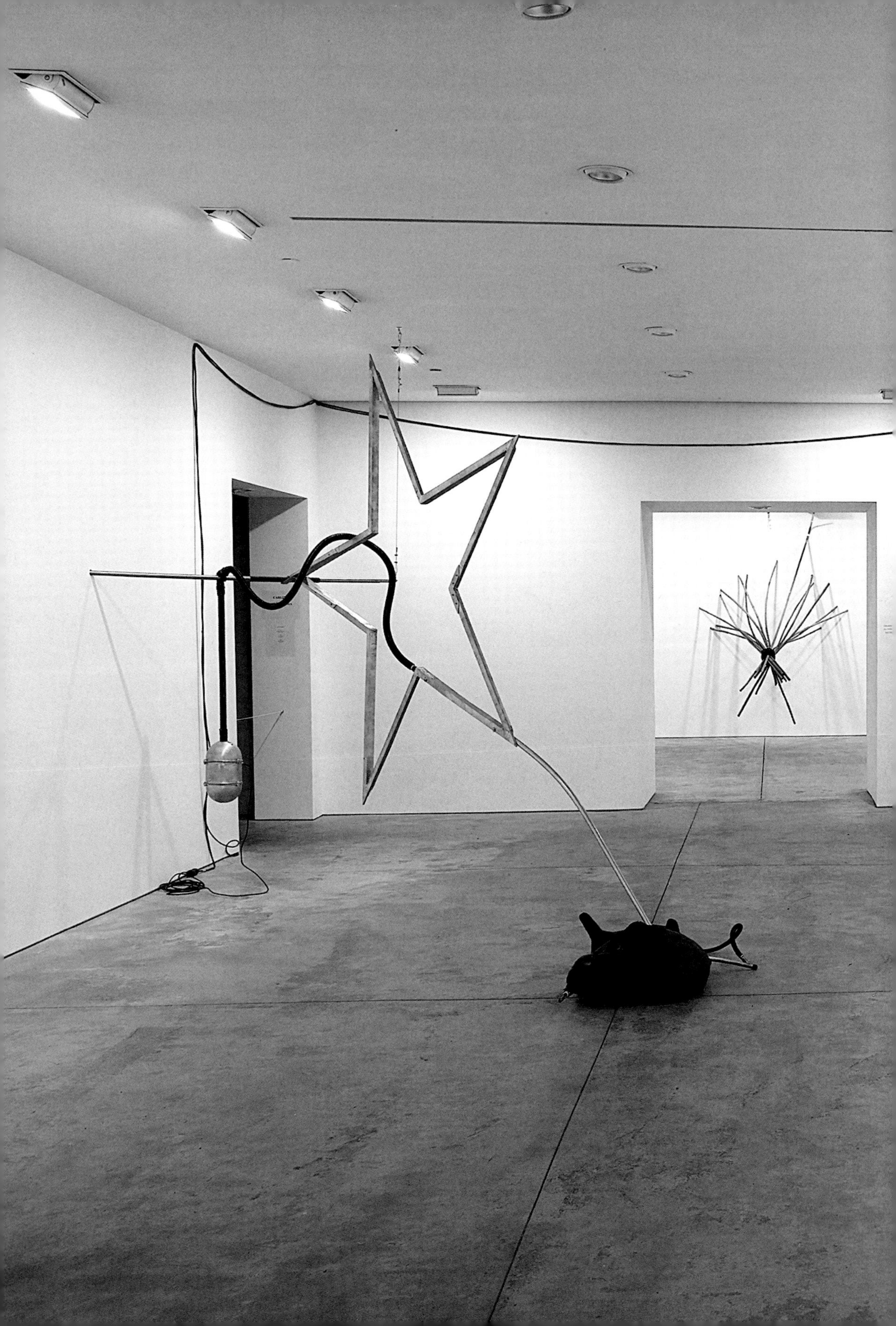

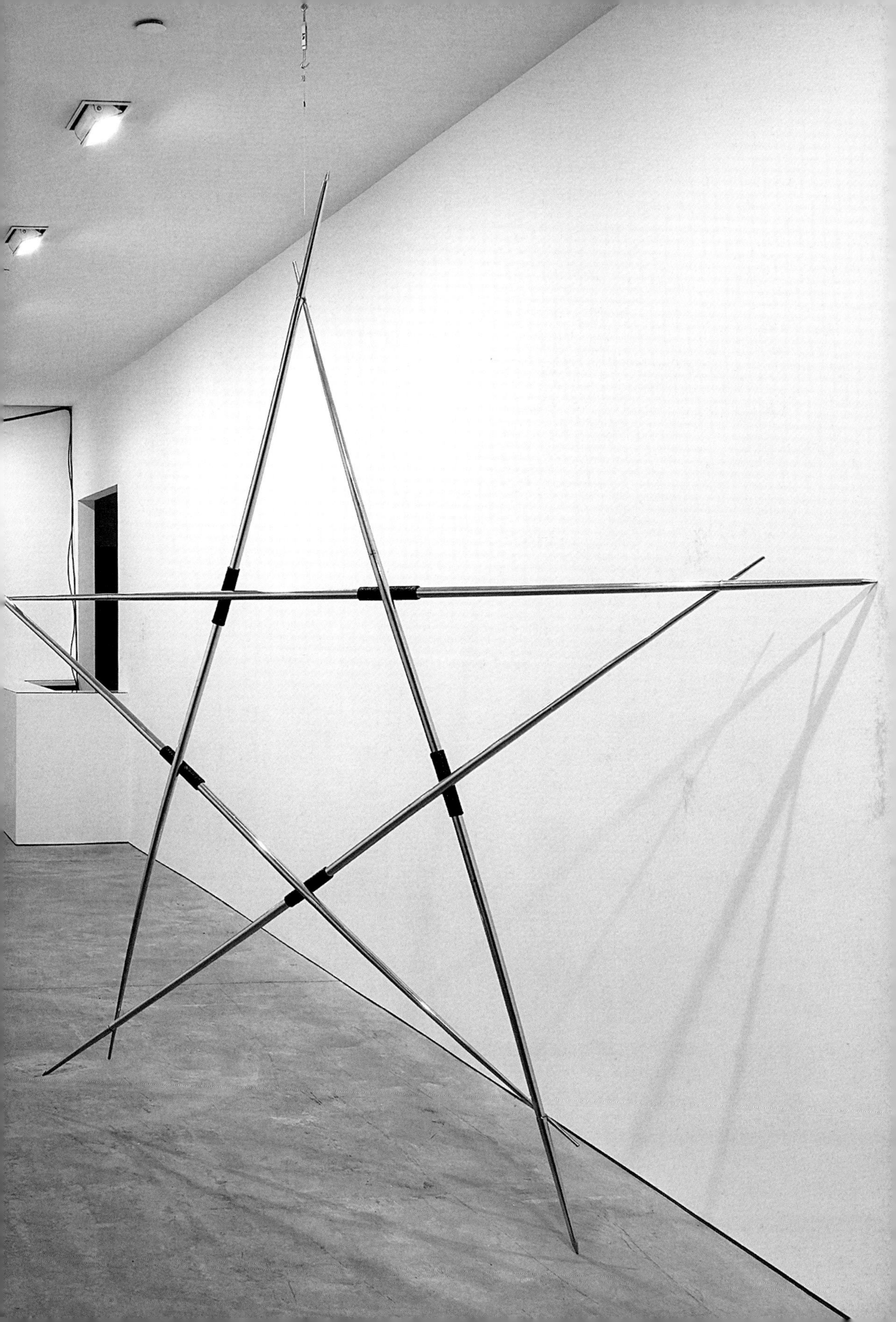

Mario Merz

(Milano, 1925 – Milano, 2003)

Dopo una prima fase legata alla pittura Informale, la ricerca di Mario Merz si sviluppa ed evolve verso una sperimentazione che lo porta a utilizzare oggetti comuni che si compenetrano, costruzioni di tele che inglobano *object trouvés*, materiali organici o industriali.
Nella seconda metà degli anni '60, sono oggetti d'uso quotidiano (il cestone, la pentola, l'impermeabile), reperti organici (le fascine, la cera d'api, la creta), materiali tecnici (il tondino di ferro, la rete metallica, il vetro, il neon) e scritte (parole e numeri) a manifestarsi come energie di uno spazio estetico nel quale gli igloo e i tavoli divengono le strutture primarie e archetipiche di riferimento, sottendenti al contempo dichiarazioni socio-politiche. Il lavoro di Merz si basa infatti su una commistione tra arte, storia e politica, volta a operare una contestazione contro l'atrofizzante sistema socio-politico e culturale coevo. Tema centrale è anche l'assenza di distinzione tra natura e cultura, così come la crescita organica, vero e proprio *leitmotiv* dell'intera attività dell'artista.

Tramite Gian Enzo Sperone, Merz conosce Ileana Sonnabend, nella cui galleria parigina tenne una personale nell'aprile del 1969 che corrisponde alla sua prima mostra personale all'estero.
Nel 1970, la Sonnabend Gallery organizza la sua seconda mostra, questa volta a New York. Per l'occasione viene utilizzata la sede newyorkese della galleria, ma anche lo studio di Cy Twombly, in quanto più adatto alle esposizioni delle opere dell'artista italiano. Nel dicembre del 1971, Ileana invita Merz a tenere la sua terza mostra personale in galleria, al 420 di West Broadway di New York.
Infine, nel 1972, Merz è incluso nella mostra tenutasi nella stessa sede di New York, dedicata ai 13 artisti scelti per Documenta.

After an initial phase linked to Informal painting, Mario Merz's research evolved and developed into an experimentation that led him to use everyday objects that penetrate each other, canvas constructions that incorporate *objets trouvés*, organic or industrial materials.

In the second half of the 1960s, everyday objects (the basket, the pot, the raincoat), organic relics (bundles, beeswax, clay), technical materials (the iron rod, the wire mesh, the glass, the neon) and writings (words and numbers) manifest themselves as the energies of an aesthetic space in which the igloos and the tables become the primary and archetypal reference structures while concealing socio-political statements at the same time. In fact, Merz's work is based on a mixture of art, history and politics, with the aim of operating a contestation against the atrophying contemporary socio-political and cultural system. A central theme is also the lack of distinction between nature and culture, as well as organic growth, the true leitmotif of the artist's entire activity.

It is through Gian Enzo Sperone that Merz met Ileana Sonnabend, at whose gallery in Paris he had a one-man show in April 1969, his first solo exhibition abroad.

In 1970, the Sonnabend Gallery organized Merz's second showing, this time in New York. For the occasion, the New York gallery's location was used, as well as Cy Twombly's studio, as it was more fit to exhibit the Italian artist's work. In December 1971, Ileana invited Merz to hold his third personal exhibition at the gallery on 420 West Broadway, New York. Finally, in 1972, Merz was included in the exhibition held at the very same New York location, dedicated to the 13 artists chosen for Documenta.

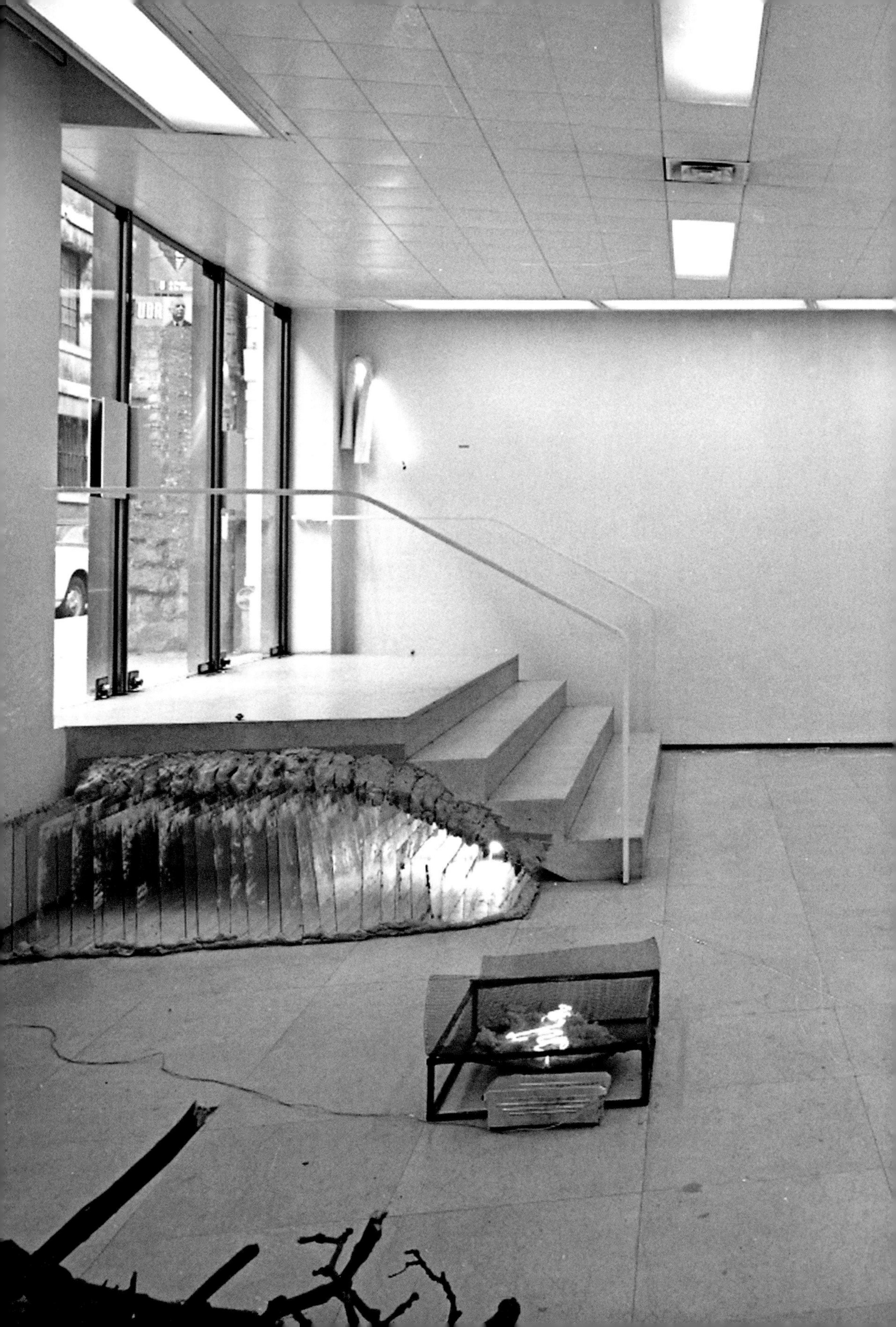

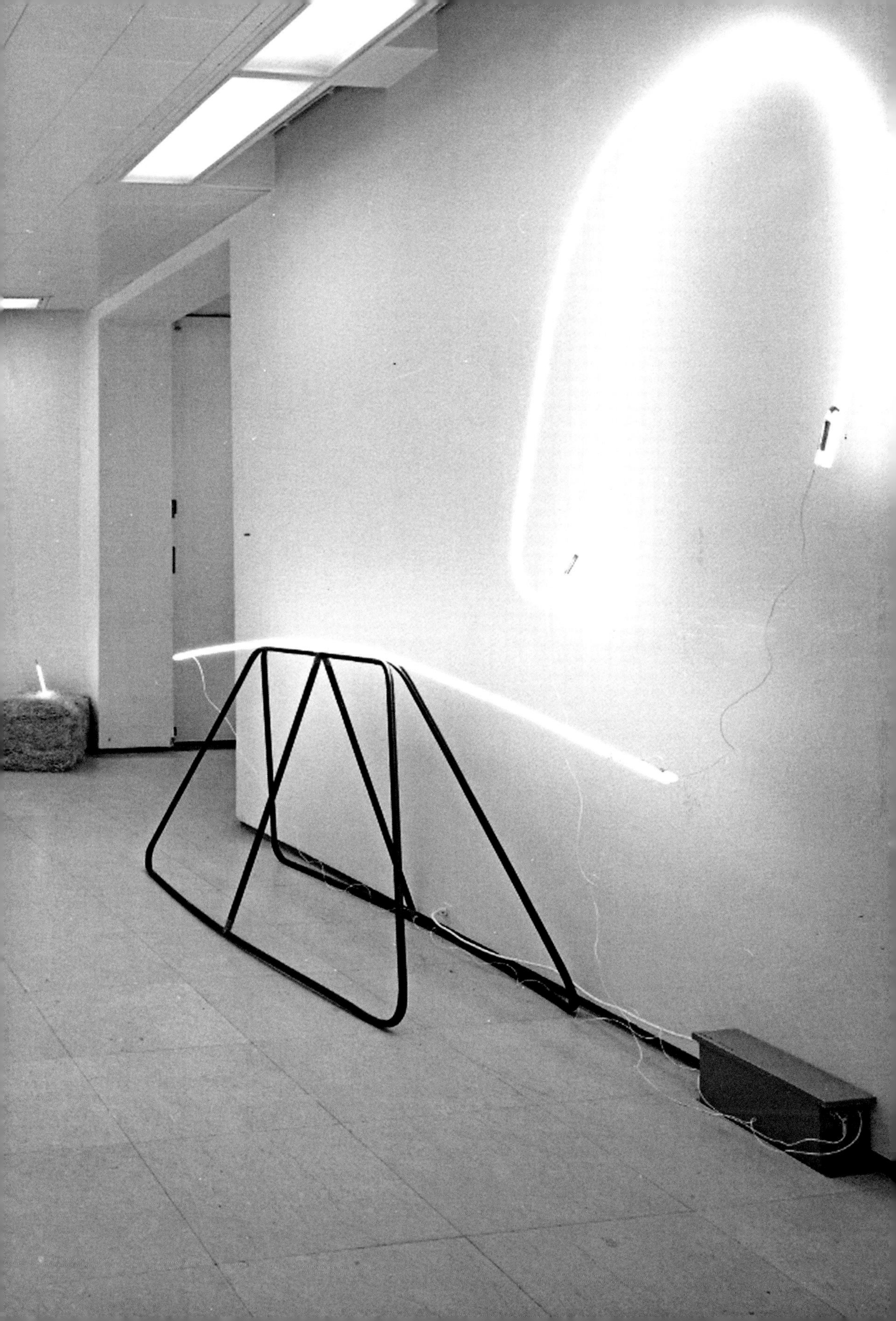

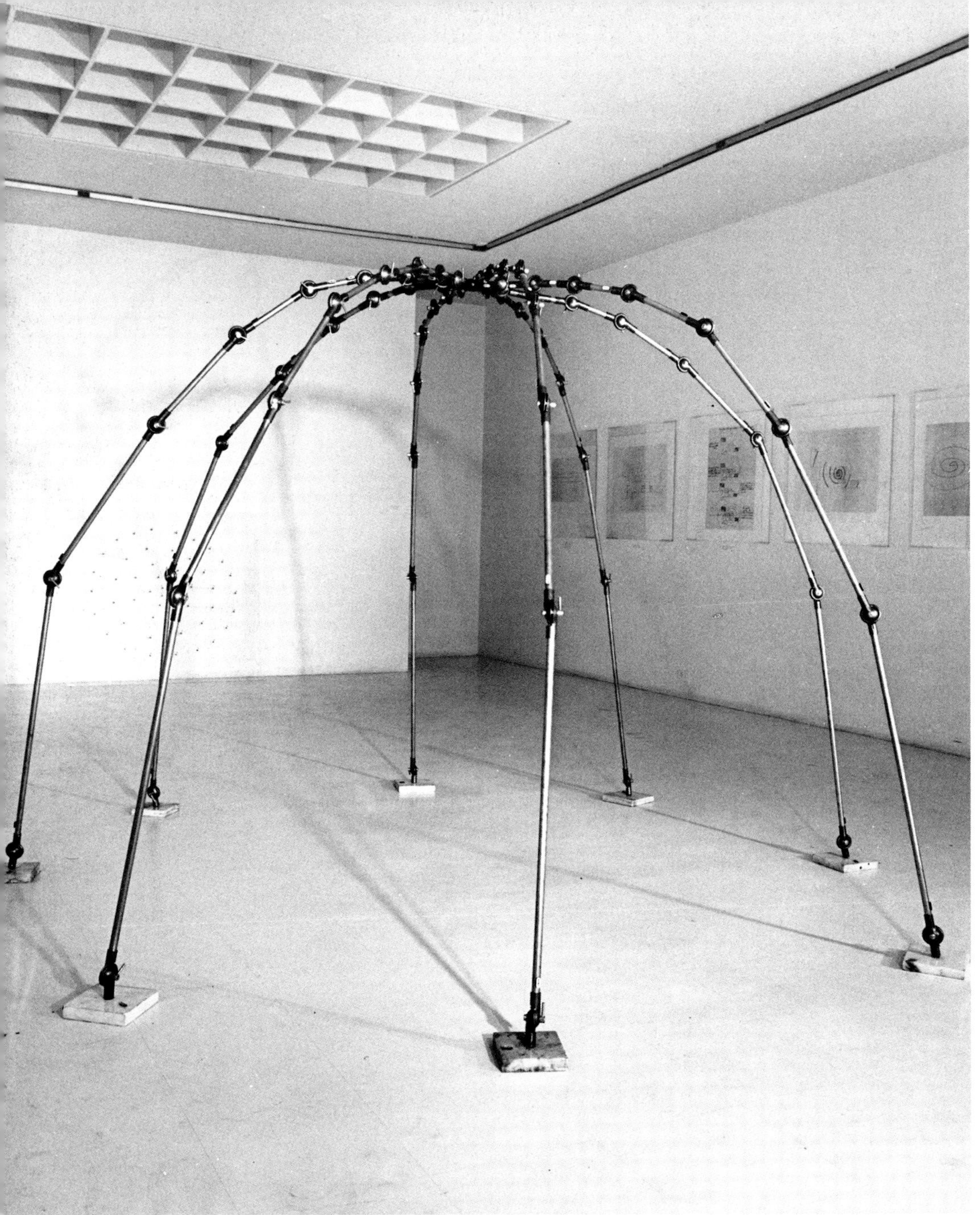

pagine precedenti / previous pages
Mario Merz, Galerie Ileana Sonnabend, 12 rue Mazarine, Paris, dal / from 22 aprile / April 1969: *Salamino*, 1966; *Trucioli*, 1967-1969; *Diga*, 1969; *Sitin*, 1968; *Teatro cavallo*, 1967.
Ph. André Morain, Paris. Courtesy The Sonnabend Collection Foundation.

Mario Merz, Sonnabend Gallery, 924 Madison Avenue, New York, 25 aprile / April - 14 maggio / May 1970: *Counting of the Pine Cone*, 1970; *Untitled* (disegni basati sulla serie di *Fibonacci* / drawings based on the *Fibonacci series*), 1969; *Fibonacci Unit*, 1968-1970.
Ph. Nick Sheidy, New York. Courtesy The Sonnabend Collection Foundation.

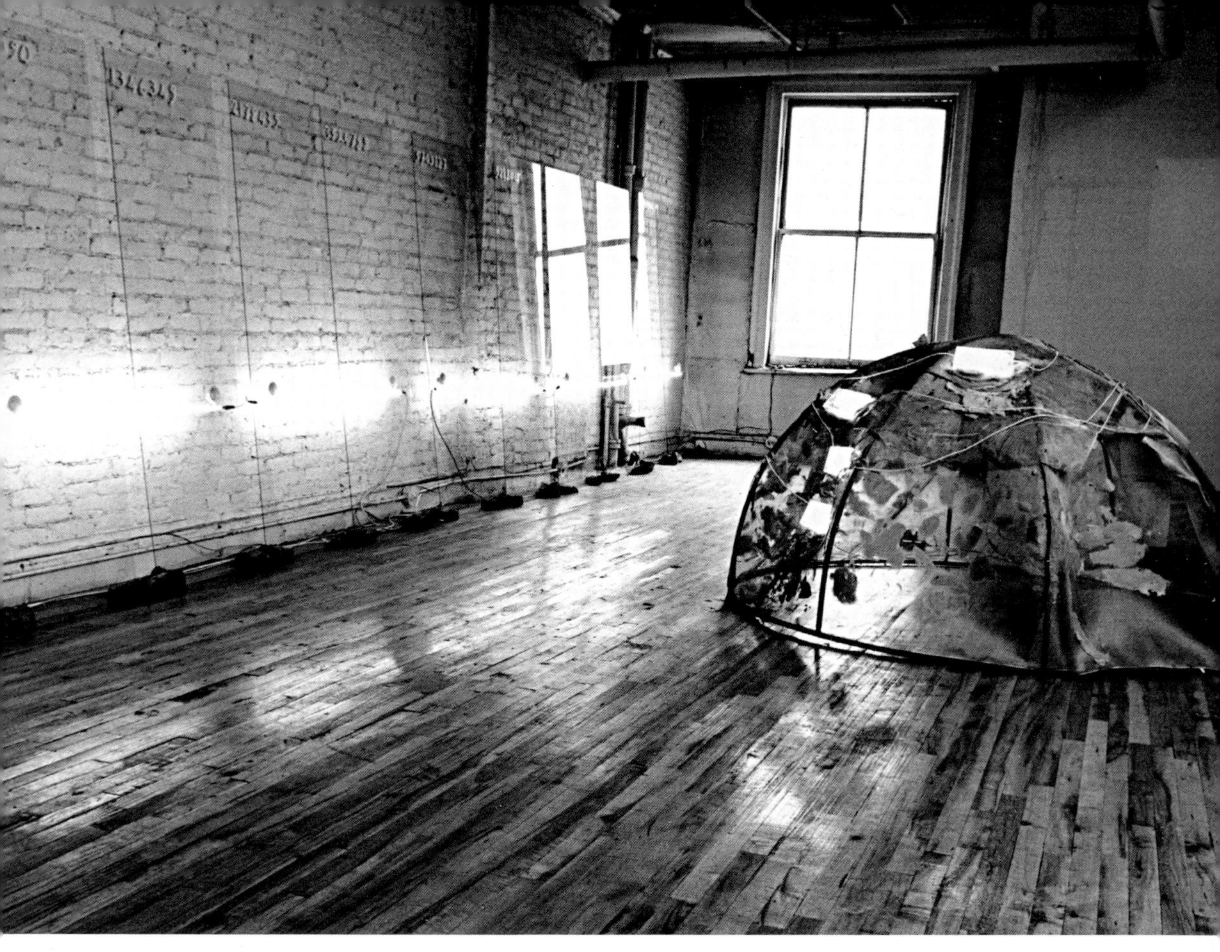

Mario Merz, Sonnabend Gallery e studio di Cy Twombly / and Cy Twombly's studio, New York, 25 aprile /
April – 14 maggio / May 1970: *The Space Is Not Practical*, 1970; *Canceled Numbers*, 1970.
Ph. Nick Sheidy, New York. Courtesy The Sonnabend Collection Foundation.

pagine successive / following pages
Mario Merz, Sonnabend Gallery, 420 West Broadway, New York, 11 – 31 dicembre / December 1971, con /
with John Weber Gallery: *Fibonacci di 5 = 5*, 1971.
Ph. Courtesy The Sonnabend Collection Foundation.

Giovanni Anselmo

(Borgofranco d'Ivrea, 1934 – Torino 2023)

La ricerca di Giovanni Anselmo prende avvio nel 1965 quando sul vulcano Stromboli, da una posizione ancor più elevata rispetto all'orizzonte, constata come la sua ombra sia diretta verso l'alto e come la sua persona sia piccolissima rispetto alla distanza tra la Terra e il Sole.
Da quel momento si occupa di far emergere, attraverso le sue opere, la presenza delle forze insite nell'universo, mettendo in dialogo materiali ed elementi iconografici di valenza contraria (tecnologici e naturali, pesanti e leggeri, organici e inorganici), così da ottenere la massima tensione dal contrasto fra i diversi elementi e, di conseguenza, facendo in modo di porre l'attenzione su fenomeni e concetti contrapposti (come finito e infinito, visibile e invisibile, vita e morte), nonché sul rapporto tra uomo e natura. Ogni suo lavoro è concepito come la fisicizzazione della forza di un'azione: l'essere umano e ogni elemento del mondo (opera d'arte inclusa) divengono situazioni di energia e, in quanto tali, vivono in connessione con il tempo e dunque in una condizione di precarietà.

Anselmo conosce Ileana tramite Sperone, che gli dedica una personale nell'aprile 1968.
In seguito, Ileana si reca nello studio dell'artista per vedere le sue opere e gli propone una collaborazione e una mostra che si tiene alla Galerie Sonnabend a Parigi nel 1969.
Tuttavia, già l'anno precedente, nel dicembre 1968, aveva suggerito a Robert Morris di includere un'opera di Anselmo nella collettiva *Nine at Castelli* tenutasi presso la Leo Castelli Warehouse di New York.

Giovanni Anselmo's research began in 1965 when, on Stromboli volcano, from a position even higher than the horizon, he noticed how his shadow was directed upwards and how tiny he was compared to the distance between the Earth and the sun.
From that moment on, his aim has been to bring out the presence of the forces inherent in the universe through his works, bringing into dialogue materials and iconographic elements of opposing values (technological and natural, heavy and light, organic and inorganic), in order to obtain maximum tension from the contrast between the different elements and, consequently, to draw attention to opposing phenomena and concepts (such as the finite and the infinite, the visible and the invisible, life and death), as well as to the relationship between men and nature. Each of his works is conceived as a physicalisation of the force of an action: the human being and every element of the world (including the work of art) become situations of energy and, as such, live in connection with time and therefore in a state of precariousness.

Anselmo met Ileana through Sperone, who dedicated a solo exhibition to him in April 1968.
After that, Ileana visited the artist's studio to see his work and she proposed a collaboration and an exhibition, which took place at the Galerie Sonnabend in Paris in 1969.
The previous year, however, Ileana had suggested Robert Morris to include a work by Anselmo in the group exhibition *Nine at Castelli*, held at the Leo Castelli Warehouse in New York in December 1968.

Conobbi Ileana tramite il gallerista
Gian Enzo Sperone. Arrivò nel mio studio in
modo semplice, desiderosa di vedere le opere.
Mi disse che la mia arte era davvero
interessante e mi diede la possibilità di iniziare
a esporre all'estero, a Düsseldorf,
a New York, a Parigi. Dava agli artisti libertà
nell'allestimento delle loro mostre, anche
se fu Ileana a proporre la mia opera che
fu selezionata per la mostra collettiva 9 at
Leo Castelli a New York, nel dicembre 1968.
Penso che fosse una buona donna d'affari,
naturalmente. Il nostro rapporto fu molto
positivo, reciprocamente cordiale.

I met Ileana through the dealer Gian Enzo
Sperone. She came to my studio in a simple
manner, with the wish to see the works.
She told me that my art was really interesting
and gave me the possibility to start to show
it abroad in Düsseldorf, in New York, in Paris.
She gave artists freedom in installing their
shows, although it was Ileana who proposed
the piece of mine that was selected for the
group exhibition 9 at Leo Castelli in New York,
in December 1968. I think that she was a good
businesswoman, of course. Our relationship
was very positive, reciprocally cordial.

(Giovanni Anselmo, in Ann Temkin, Claire Lehmann, *Ileana Sonnabend: Ambassador for the New*, The Museum of Modern Art, New York 2013, p. 83)

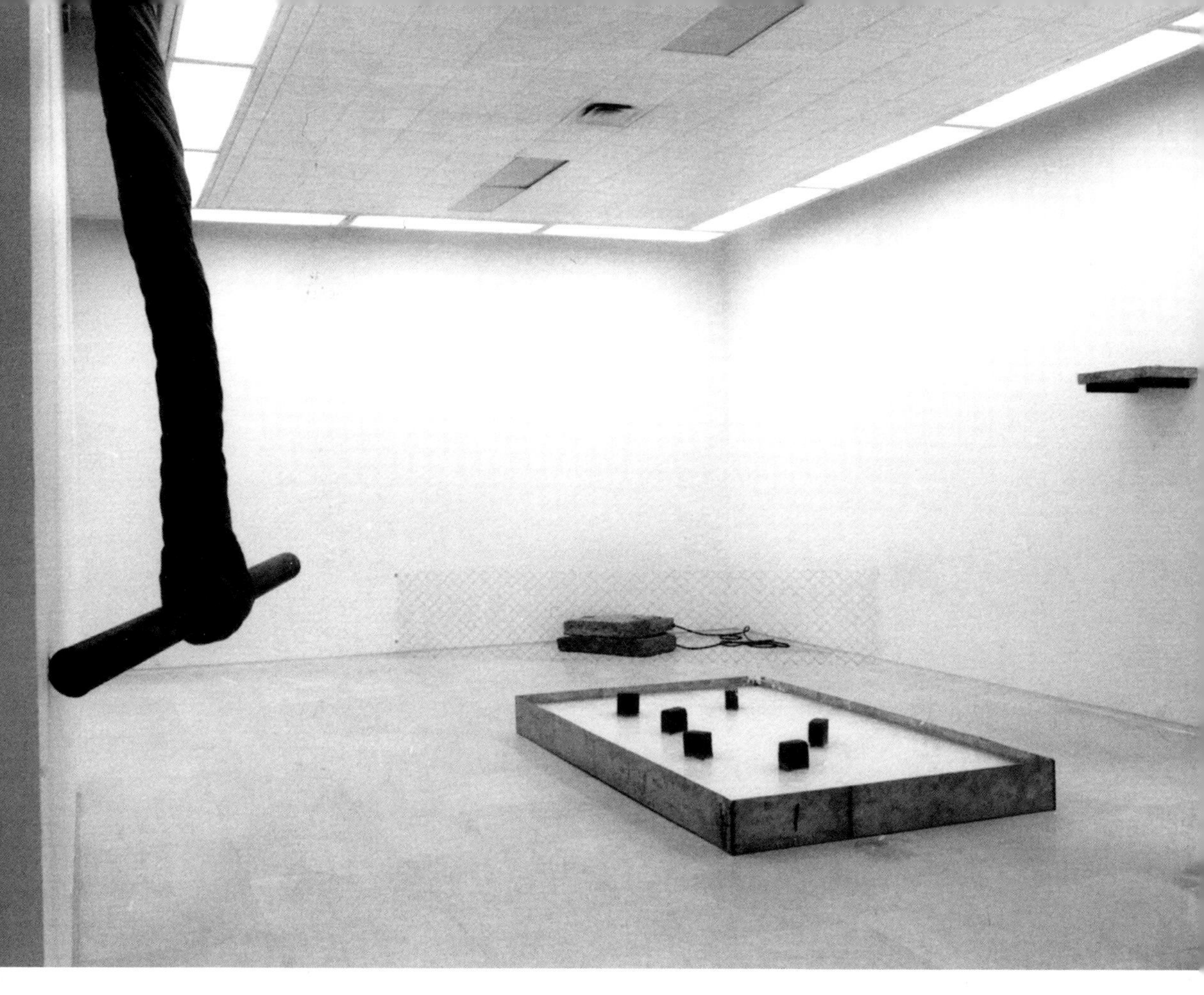

Giovanni Anselmo, Galerie Ileana Sonnabend, 12 rue Mazarine, Paris, dal / from 3 ottobre / October 1969:
Torsione n. 2, 1968; *Senza titolo n. 2*, 1968; *Senza titolo*, 1968-1969; *Trespolo*, 1969.
Ph. © Paolo Mussat Sartor. Courtesy Archivio Giovanni Anselmo ETS.

pagine successive / following pages
Giovanni Anselmo, Galerie Ileana Sonnabend, 12 rue Mazarine, Paris, dal / from 3 ottobre / October 1969:
Direzione, 1967-1968; *Per un'incisione di indefinite migliaia di anni*, 1969; *Torsione n. 3*, 1968.
Ph. © Paolo Mussat Sartor. Courtesy Archivio Giovanni Anselmo ETS.

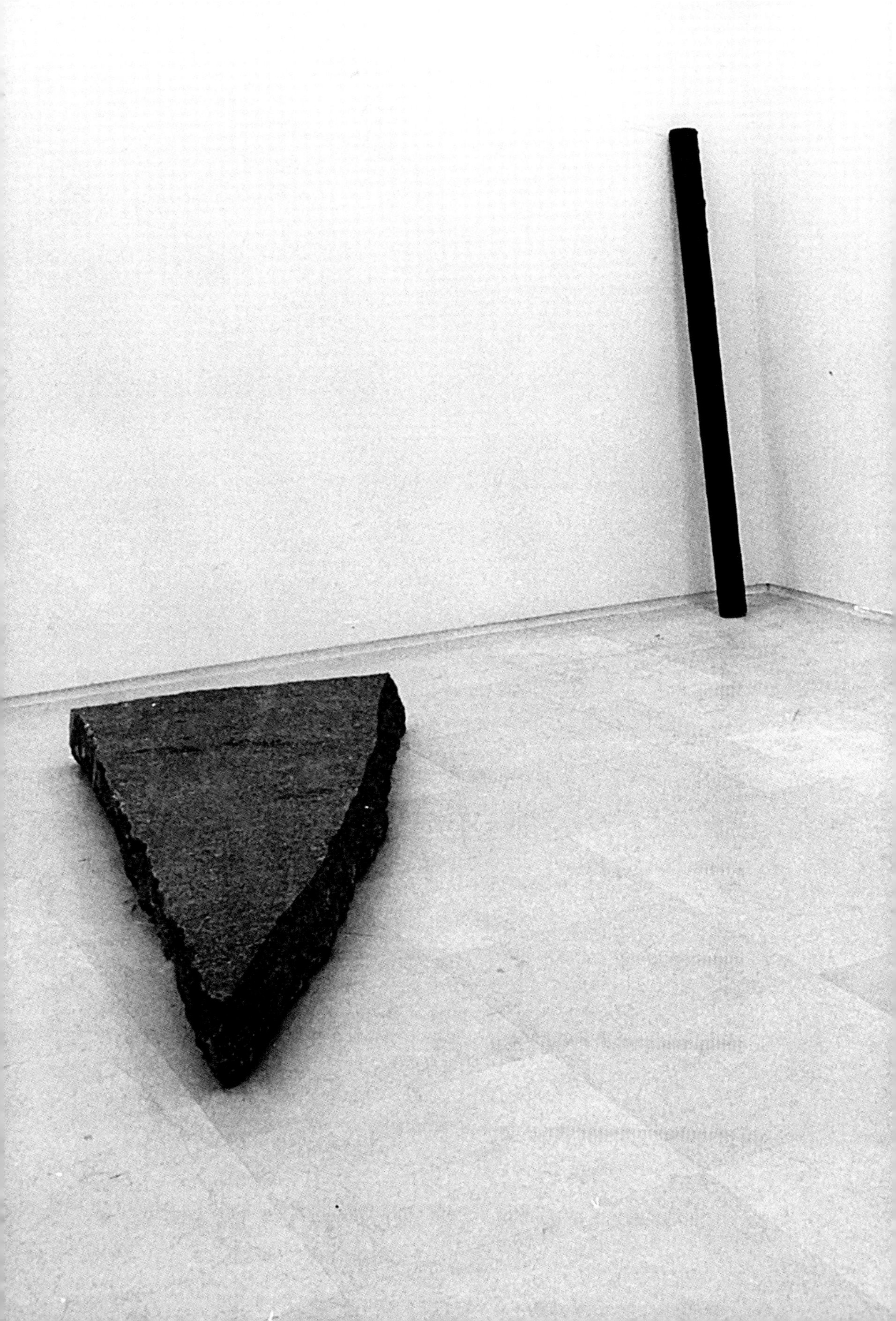

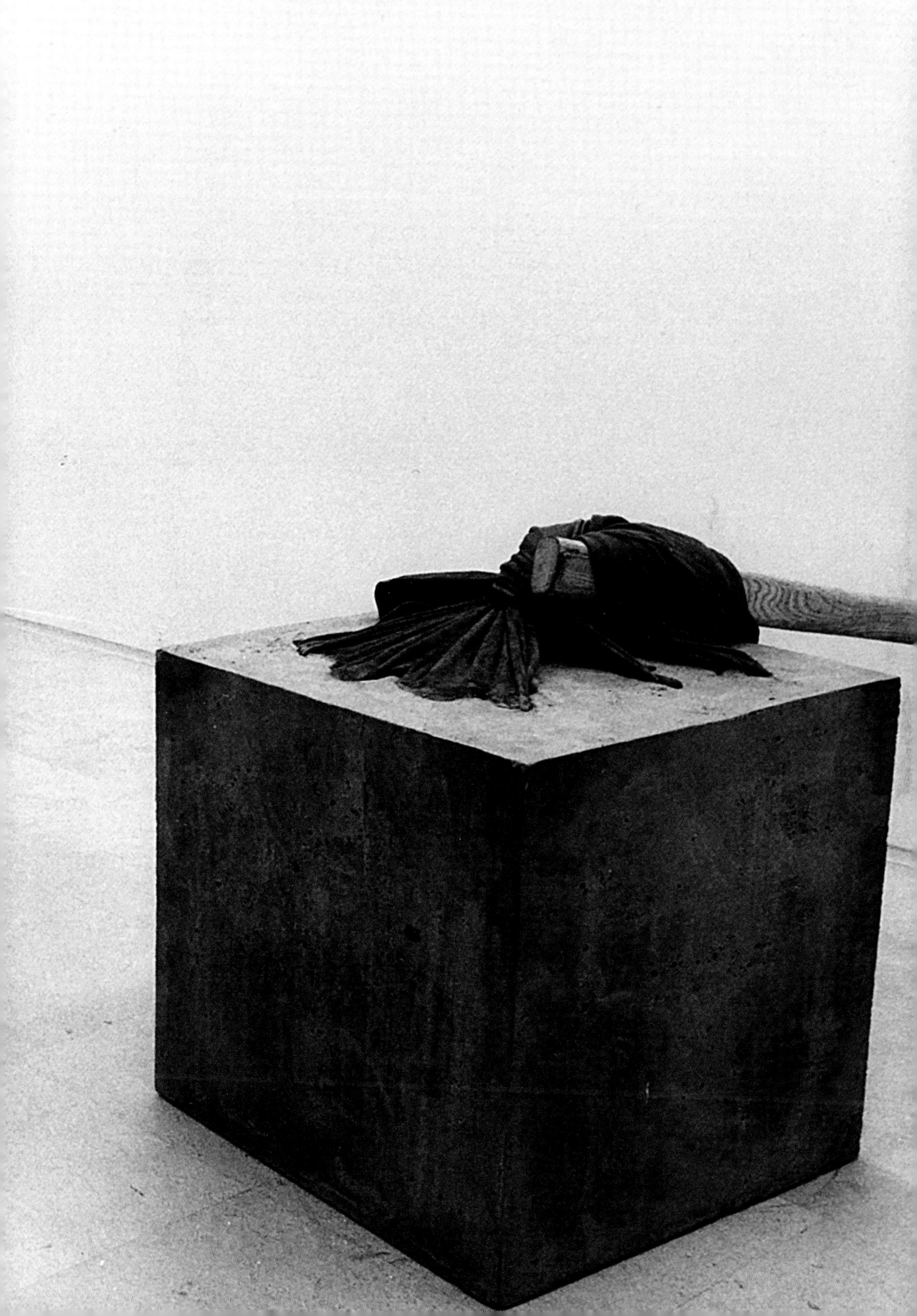

Pier Paolo Calzolari

(Bologna, 1943)

Cere, piume, neon, strutture ghiaccianti, foglie, muschio, candele, sale, rame, piombo, oro, stagno, ceramica, luce, fiamme, materiali elettrici e papier collé sono soltanto alcuni degli elementi che compongono l'universo espressivo di Pier Paolo Calzolari, il quale permette all'arte di farsi vita e viceversa. L'attitudine processuale, l'attenzione per gli elementi primari e per le loro caratteristiche fisiche, la tensione tra l'oggettività dei materiali e l'astrazione del concetto, svincolano ogni sua opera dalla fissità dell'oggetto per renderla un processo teso a esaltare la fisicità della materia e il suo potere simbolico.
Da qui la dimensione alchemica dei suoi lavori, che sfruttano i principi della fisica per creare un'estetica del quotidiano e del vivente. Attratto dal processo di formazione e trasformazione degli elementi, Calzolari mette in scena una materia viva che abbandona lo stato di inerzia e perde la condizione statica per delineare una nuova dimensione spazio-temporale che tende al sublime.

Calzolari conosce Ileana tramite Gian Enzo Sperone, che gli aveva dedicato una prima personale nel febbraio 1969 e una seconda nell'aprile del 1970. Colpita dal suo lavoro, la gallerista gli dedica tre mostre personali, la prima a Parigi nel 1970, e le altre due nel 1971, l'una a Parigi e l'altra a New York.
Nel 1972 Calzolari viene inoltre incluso nella mostra tenutasi nella stessa sede di New York, dedicata ai 13 artisti scelti per Documenta.

Wax, feathers, neon, icy structures, leaves, moss, candles, salt, copper, lead, gold, tin, ceramics, light, flames, electrical materials and papier collé are some of the elements that make up Pier Paolo Calzolari's expressive universe, which allows art to become life and vice versa. The processual attitude, the attention to the primary elements and to their physical characteristics, the tension between the objectivity of the materials and the abstraction of the concept, free each of his works from the fixity of the object, making it a process aimed at enhancing the physicality of the material and its symbolic power. Hence, the alchemical dimension of his works, which use the principles of physics to create an aesthetic of the everyday and the living. Attracted by the process of formation and transformation of the elements, Calzolari stages a living matter that leaves its state of inertia and loses its static condition to delineate a new space-time dimension tending towards the sublime.

Calzolari met Ileana through Gian Enzo Sperone, who dedicated a solo exhibition to him in February 1969 and a second in April 1970.
Impressed by his work, the gallery owner dedicated three solo exhibitions to him, the first one in Paris in 1970 and the other two in 1971, one in Paris and the other in New York. Finally, in 1972, Calzolari was included in the exhibition held at the very same New York location, dedicated to the 13 artists chosen for Documenta.

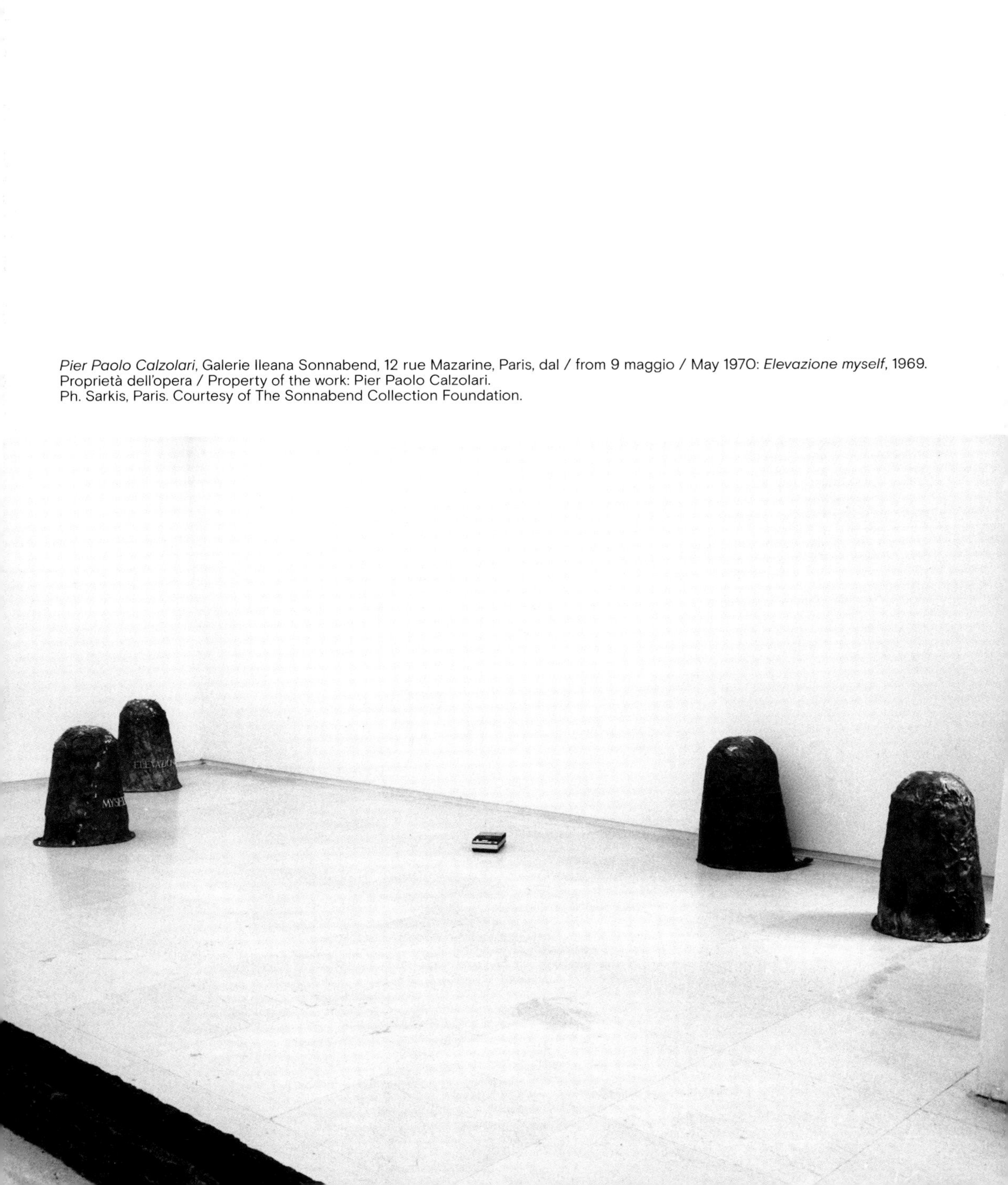

Pier Paolo Calzolari, Galerie Ileana Sonnabend, 12 rue Mazarine, Paris, dal / from 9 maggio / May 1970: *Elevazione myself*, 1969.
Proprietà dell'opera / Property of the work: Pier Paolo Calzolari.
Ph. Sarkis, Paris. Courtesy of The Sonnabend Collection Foundation.

Pier Paolo Calzolari, Galerie Ileana Sonnabend, 12 rue Mazarine, Paris, dal / from 18 settembre / September 1971:
Untitled, 1970.
Proprietà dell'opera / Property of the work: Collezione / Collection Peppino Di Bennardo.
© Pier Paolo Calzolari, by SIAE 2024

pagine successive / following pages
Pier Paolo Calzolari, Sonnabend Gallery, 420 West Broadway, New York, 13 novembre / November - 4 dicembre /
December 1971: *Zerorose*, 1970; *Untitled* (AVID, PRESENT, NEBOLOUS, ELASTIC/CLOSED, GRASPED, ENCIRCLED,
LOCKED-IN/FLUTTERING, MERCURIAL, DENSE, INTENSE), 1970-1971; *Gesti Variazione II*, 1968.
Proprietà delle opere / Works property: Pier Paolo Calzolari (*Zerorose*), The Guggenheim Museum, New York
(*Gesti Variazione II*), Centre Pompidou (*Untitled*).
Ph. Shunk-Kender, © Paul Getty Trust. Getty Research Institute, Los Angeles.
© Pier Paolo Calzolari, by SIAE 2024

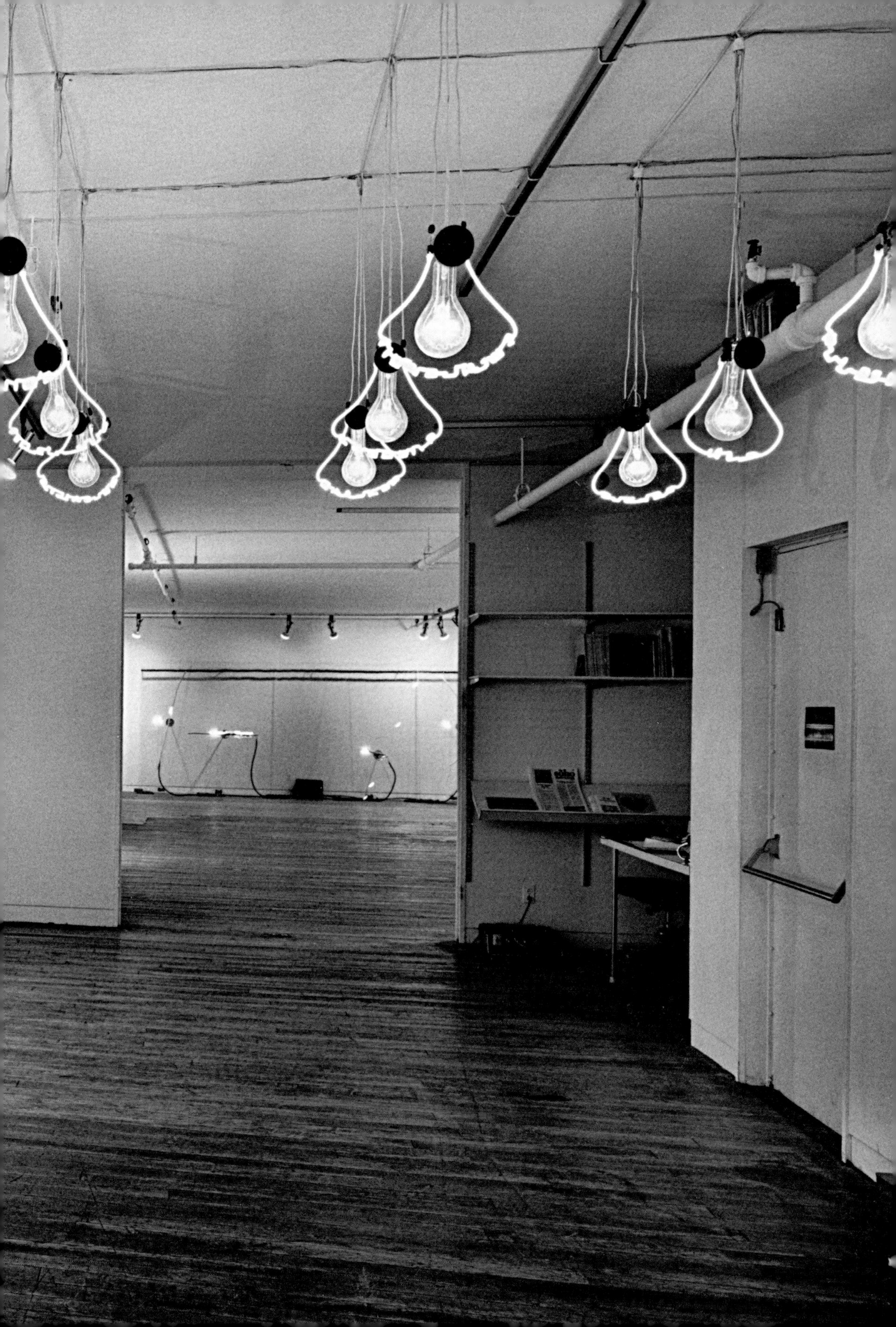

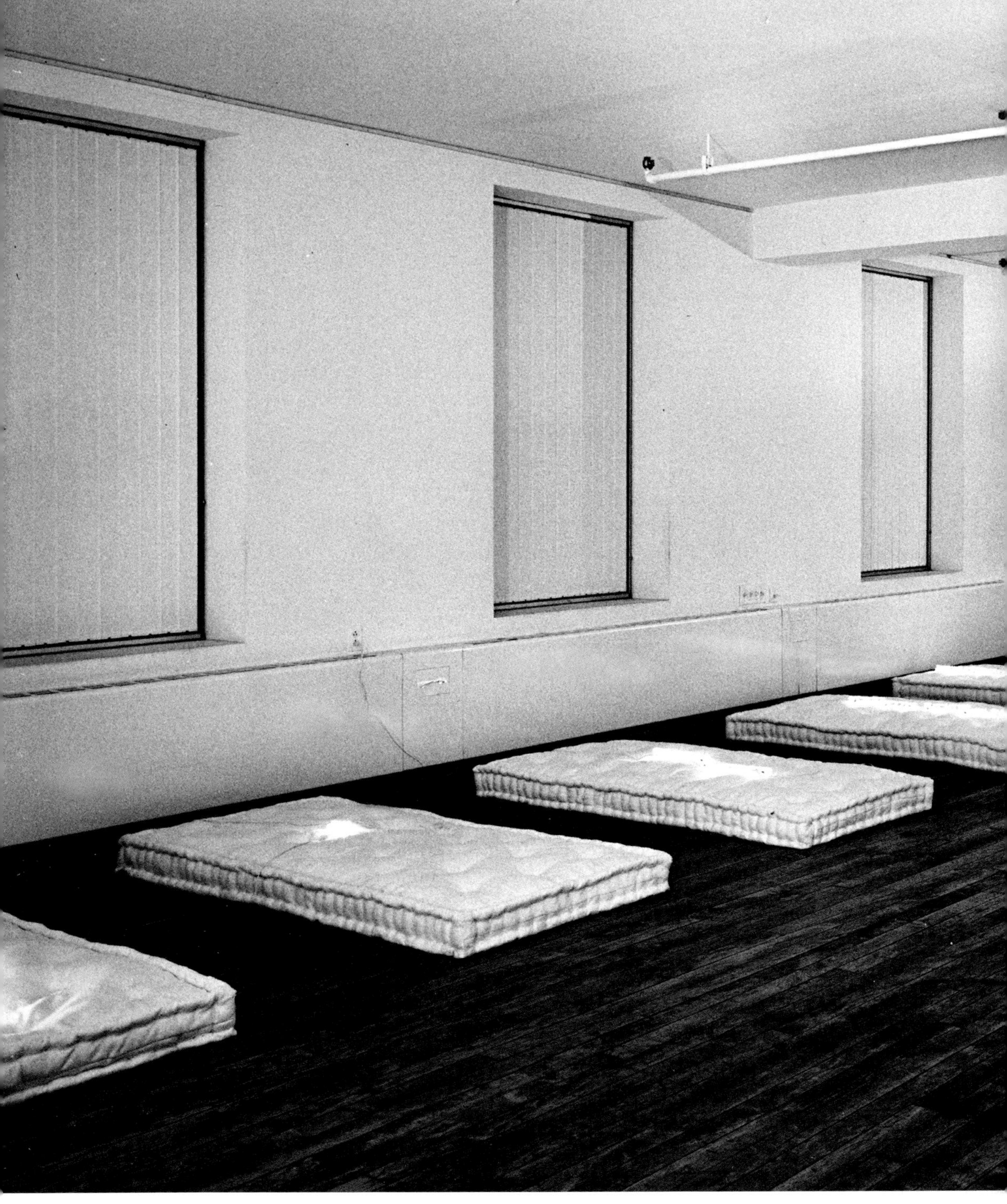

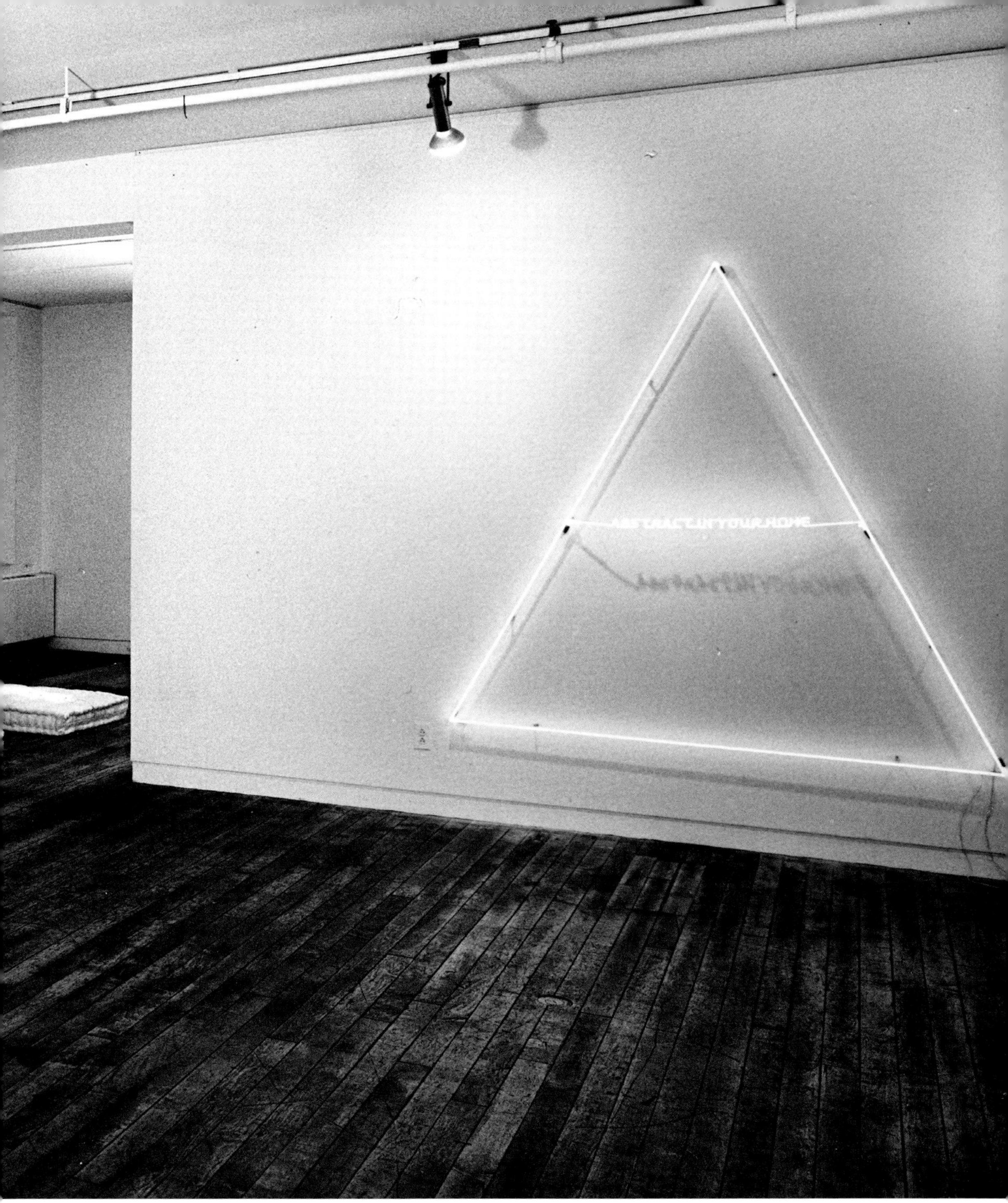

Pier Paolo Calzolari, Sonnabend Gallery, 420 West Broadway, New York, 13 novembre / November - 4 dicembre / December 1971: *Untitled* (…MY OBSTINATE WORK OF ART/AVID/MY OWN HAND MY FREE ONE/THE AIR HUMS WITH THE BUZZ OF INSECTS/WITHOUT OTHER TROUBLES THAN MY OWN OTHER RUMBLINGS THAN MINE), 1970-1971; *Abstract In Your Home*, 1970.
Proprietà delle opere / Works property: Fondo Calzolari (*Untitled*); Levy Gorvy, New York (*Abstract In Your Home*).
Ph. Shunk-Kender, © Paul Getty Trust. Getty Research Institute, Los Angeles.
© Pier Paolo Calzolari, by SIAE 2024.

Jannis Kounellis

(Pireo, 1936 – Roma, 2017)

Trasferitosi in Italia dalla Grecia nel 1956, fin dagli esordi Jannis Kounellis utilizza materiali non-artistici, industriali, oggetti appartenenti al quotidiano (incluse persone e animali vivi; si pensi ai 12 cavalli vivi presentati alla Galleria L'Attico di Roma nel 1969), mettendo in dialogo elementi inorganici con presenze organiche. Costanti sono altresì i riferimenti alla cultura antica o alla storia dell'arte, sottendenti al dramma di una sintesi ormai perduta che l'artista cerca di ricomporre nel presente. Tutto il suo lavoro è infatti guidato da una rivendicazione della componente drammatica, tragica, epica del reale. Se la realtà ci allontana dalla morte fingendo la sua inesistenza, le sue opere perseguono l'obiettivo di rendere possibile l'incontro con lei.

Per Kounellis l'artista deve intervenire sulla superficie stratificata della storia: il suo alfabeto è dunque scarno, essenziale, primario, fatto di pochi elementi (legni, ferri, bulloni, stracci; il nero, l'asimmetria, il frammento, la nudità dell'oggetto, l'ombra) densi di memorie e saturi di esperienze.

Dopo aver visto l'esposizione di Kounellis alla Galleria L'Attico di Roma nel 1972, Ileana propone all'artista una mostra da presentare alla galleria di New York nel 1972. È l'inizio di una lunga collaborazione tra i due, che vede altre sei mostre personali: a Parigi nel 1973 e a New York nel 1975, 1980, 1983, 1984 e 1987.

Jannis Kounellis, who moved from Greece to Italy in 1956, has always – from the very beginning – used non-artistic industrial materials and everyday objects (including people and living animals, such as the 12 alive horses presented at L'Attico in Rome in 1969), placing inorganic elements in dialogue with organic presences. Also constant are the references to ancient culture or art history which underlie the drama of a now lost synthesis that the artist seeks to recompose in the present. In fact, all his work is guided by a claim to the dramatic, tragic, epic component of reality. If reality distances us from death by pretending that it does not exist, his works aim to make possible an encounter with it.
For Kounellis, the artist must intervene in the layered surface of history: his alphabet is therefore meagre, essential, primary, made up of a few elements (wood, iron, screws, rags, black, asymmetry, fragment, the nakedness of the object, shadow), but still dense with memories and saturated with experience.

Having seen Kounellis' show at the Galleria L'Attico in Rome in 1972, Ileana asked the artist for a show that was presented in the New York gallery in 1972. It was the start of a long collaboration with six further solo exhibitions: in Paris in 1973, and in New York in 1975, 1980, 1983, 1984 and 1987.

pagine successive / following pages
Jannis Kounellis, Sonnabend Gallery, 420 West Broadway, New York, 7-21 ottobre / October 1972: *Da inventare sul posto*, 1972.
Ph. Courtesy The Sonnabend Collection Foundation.

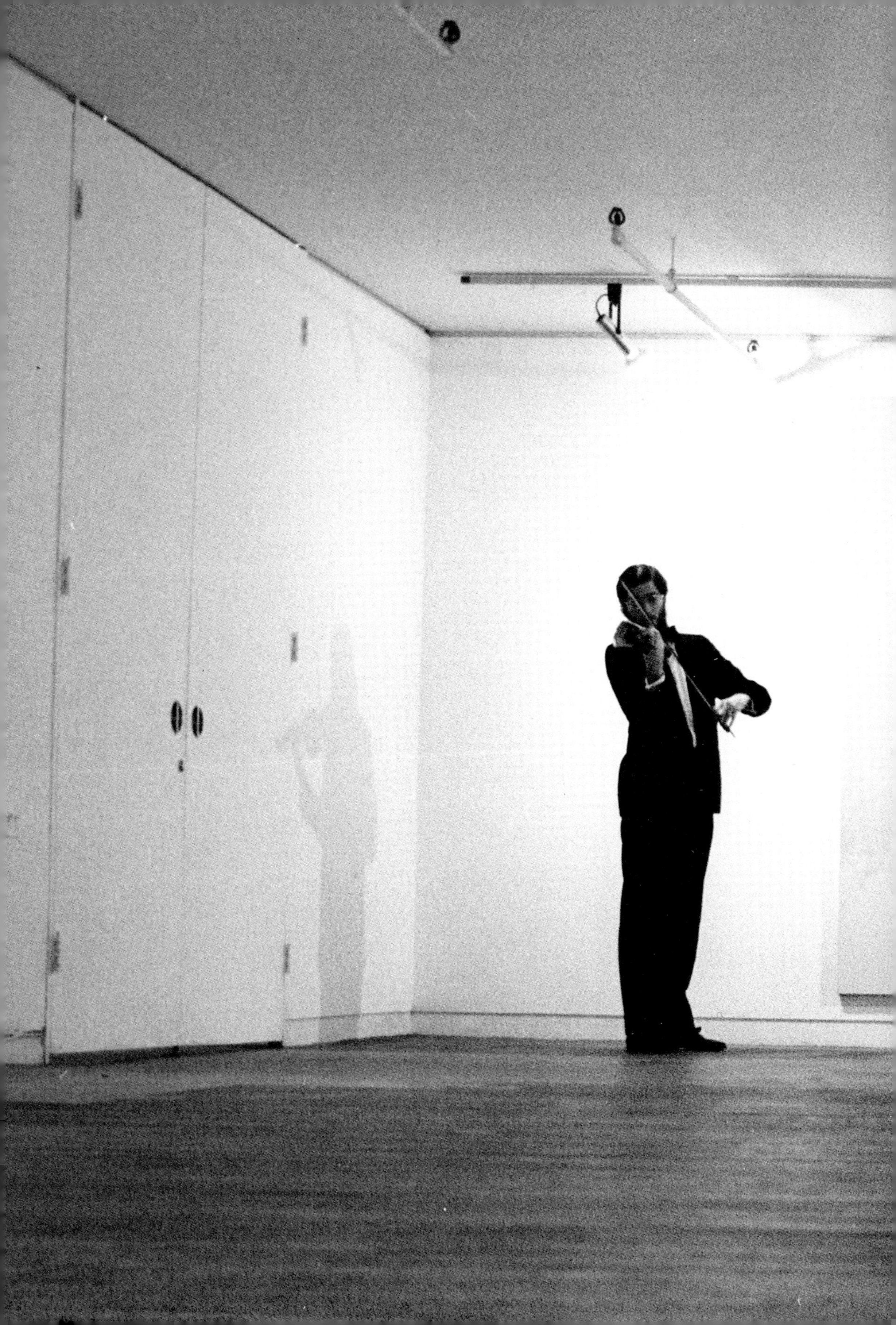

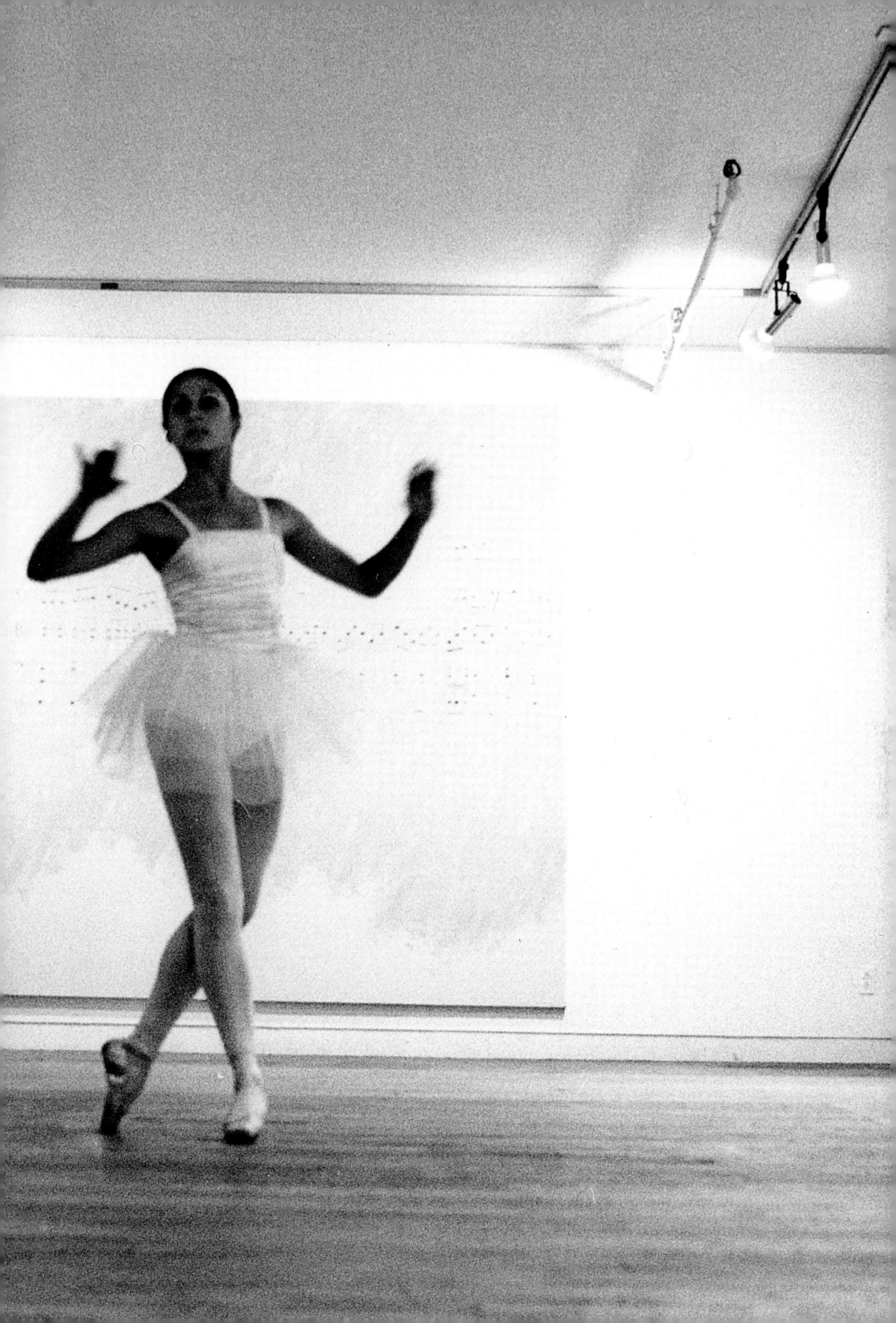

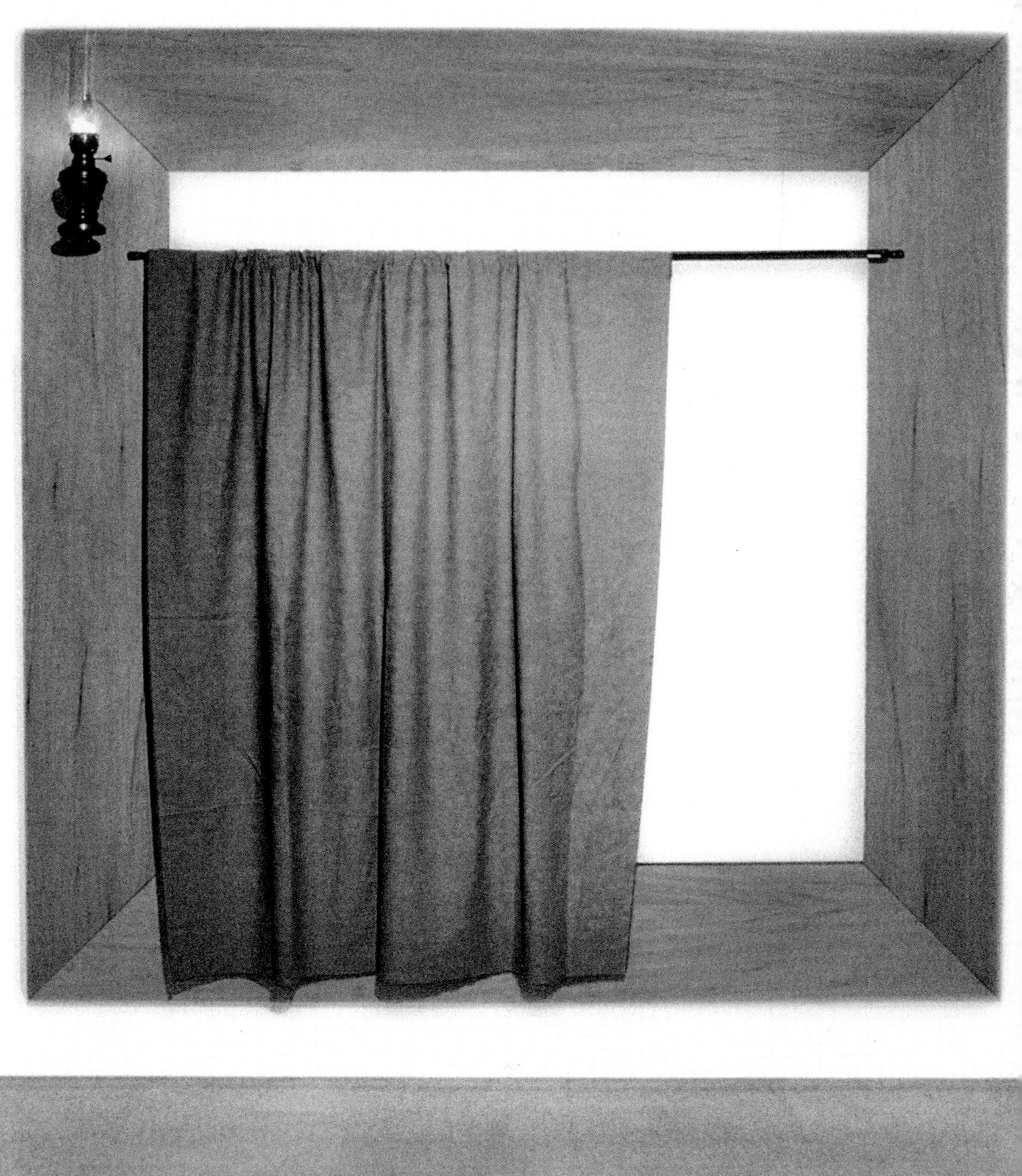

Jannis Kounellis, Galerie Ileana Sonnabend, 12 rue Mazarine, Paris, dal / from 10 ottobre / October 1973: *Untitled*, 1973.
Ph. Courtesy The Sonnabend Collection Foundation.

Conobbi Ileana a Roma nel 1960, subito dopo la
mia prima mostra alla Galleria La Tartaruga. Plinio
de Martiis, il titolare della galleria, la portò nel mio
studio insieme a Leo Castelli e Michael Sonnabend.
All'epoca frequentavo ancora l'accademia. Lei [Ileana]
era interessata al processo del fare arte e faceva
domande, cercando di scoprire la logica e il significato
nascosto di un'opera e forse di indovinarne lo sviluppo
futuro. Lei [Ileana] lasciava agli artisti libertà nel fare
mostre, e questo era significativo. Ileana non ha mai
interferito. La sua galleria a New York era un punto
di riferimento che dava importanza a una mostra.
Ebbe anche un'influenza sulle grandi mostre collettive
di quel periodo in Francia e in Germania.
Sicuramente la rispettavo e sentivo che c'era
una sorta di complicità mai esplicita.

(Jannis Kounellis in *Ileana Sonnabend: Ambassador for the New*, di Ann Temkin, Claire Lehmann,
The Museum of Modern Art, New York 2013, p. 119)

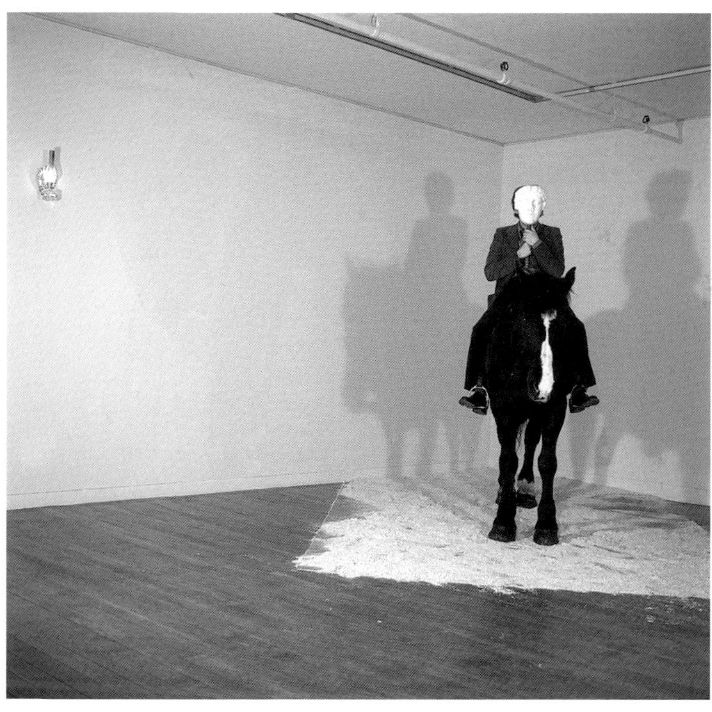

Jannis Kounellis, Sonnabend Gallery, 420 West Broadway, New York, aprile / April 1975: *Untitled,*1972.
Ph. Courtesy The Sonnabend Collection Foundation.

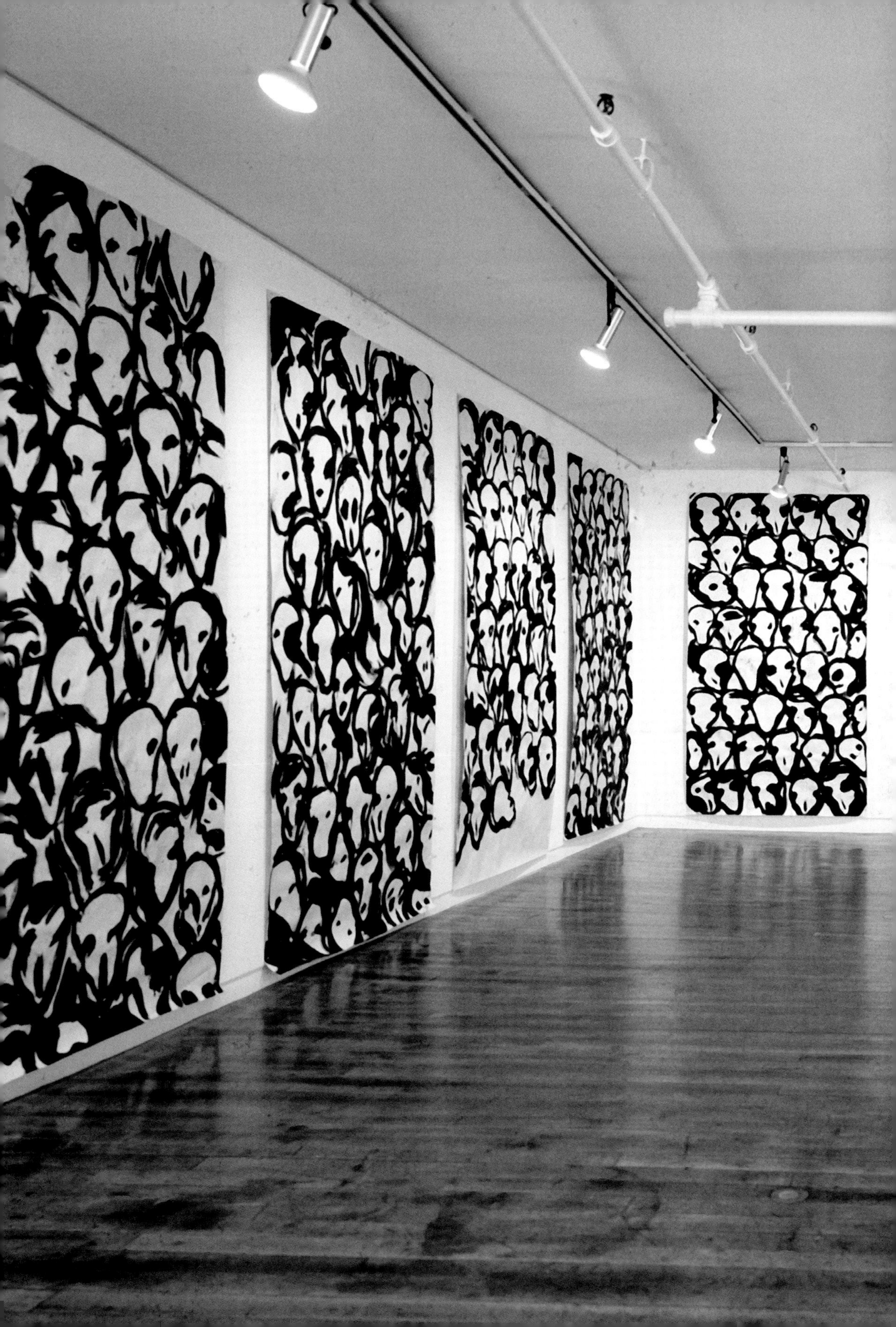

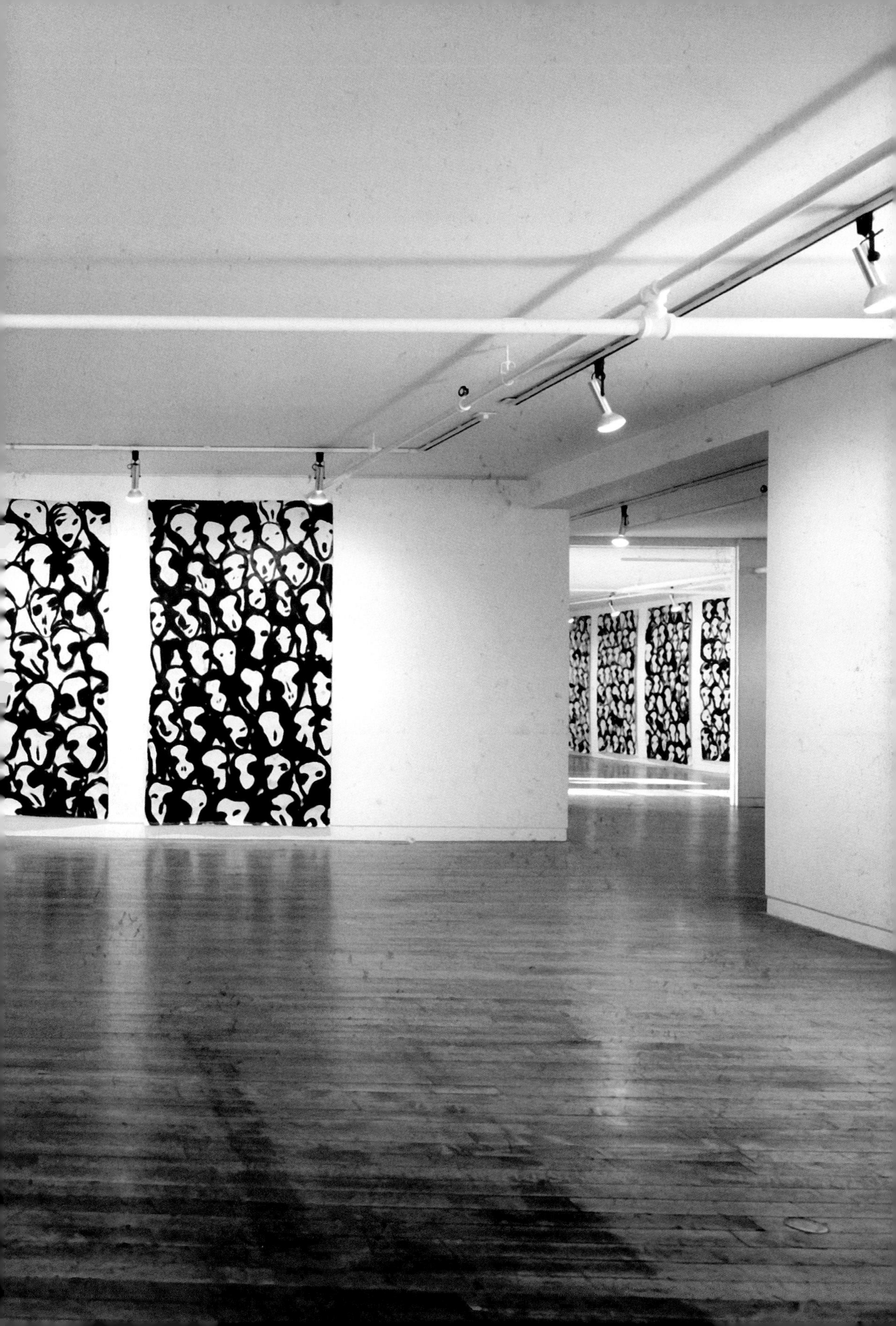

I met Ileana in Rome in 1960, just after my first exhibition
at La Tartaruga Gallery. Plinio de Martiis, the owner of the
gallery, brought her to my studio with Leo Castelli and Michael
Sonnabend. I was still going to the academy at that time.
She [Ileana] was interested in the process of making art and asked
questions, trying to discover the logic and the hidden significance
of a work and maybe to guess its future development.
She [Ileana] allowed artists freedom in making exhibitions,
and this was significant. Ileana never interfered. Her gallery in New
York was a reference point that gave importance to an exhibition.
She also had an influence on the big group shows of that period
in France and Germany.
I respected her, for sure, and felt we had a never-explicit sort
of complicity.

(Jannis Kounellis in Ann Temkin, Claire Lehmann, *Ileana Sonnabend: Ambassador for the New*, The Museum of Modern Art, New York 2013, p. 119)

pagine precedenti / previous pages
Jannis Kounellis, Sonnabend Gallery, 420 West Broadway, New York, 15 novembre / November – 20 dicembre / December 1980: *Untitled*, 1980.
Ph. Courtesy The Sonnabend Collection Foundation.

Jannis Kounellis, Sonnabend Gallery, 420 West Broadway, New York, 12 febbraio / February – 5 marzo / March 1983: *Untitled*, 1982.
Ph. Courtesy The Sonnabend Collection Foundation.

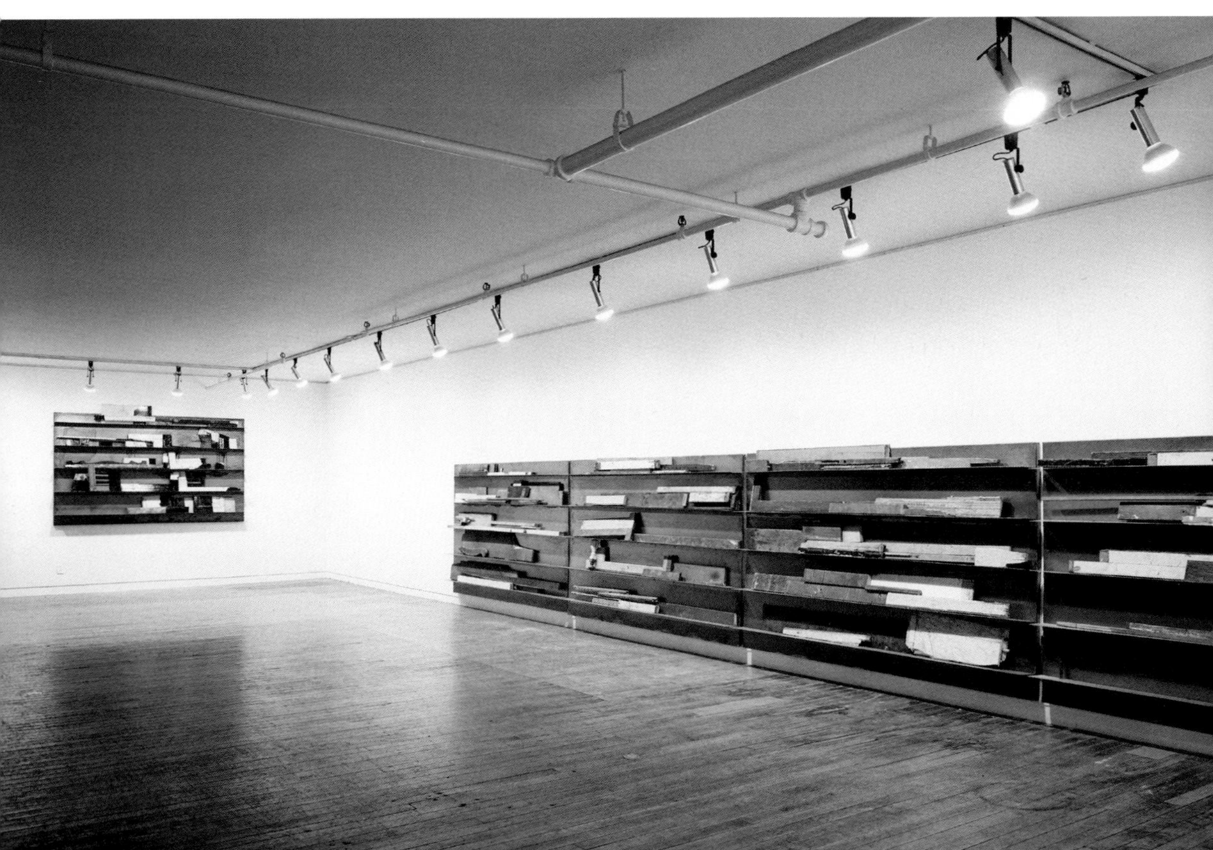

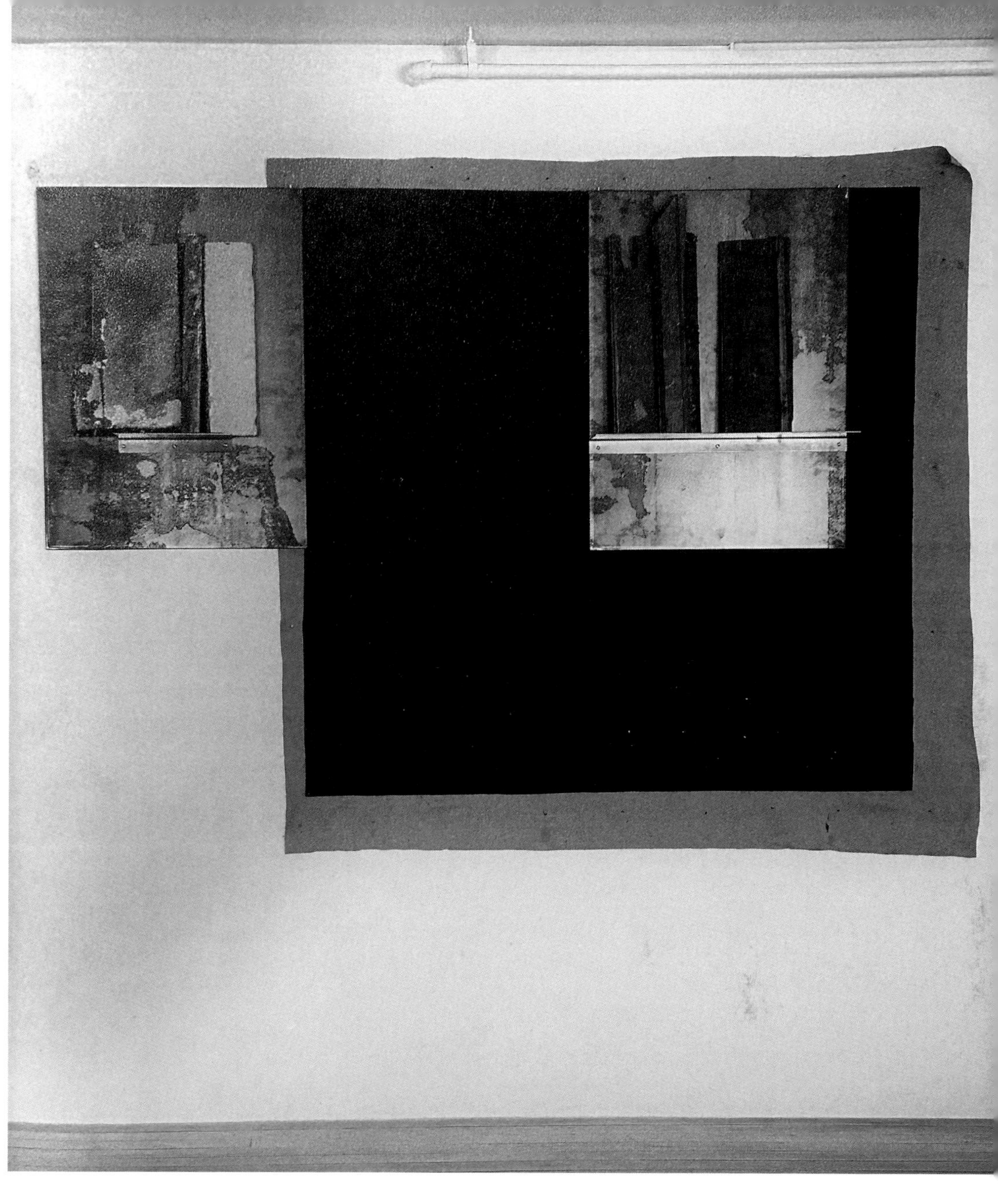

Jannis Kounellis, Sonnabend Gallery, 420 West Broadway, New York, 5 maggio / May 1984: *Untitled*, 1982.
Ph. Jon Abbott. Courtesy The Sonnabend Collection Foundation.

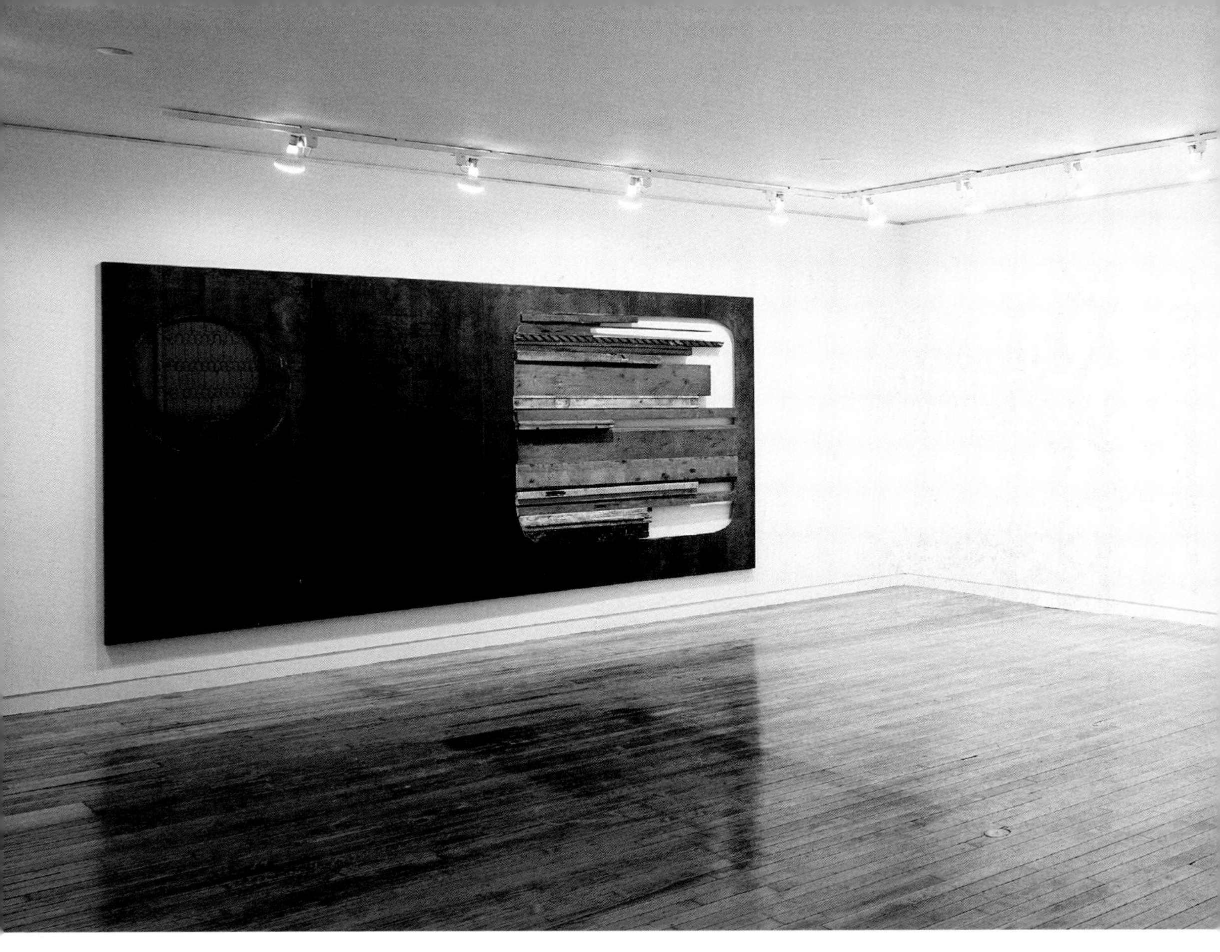

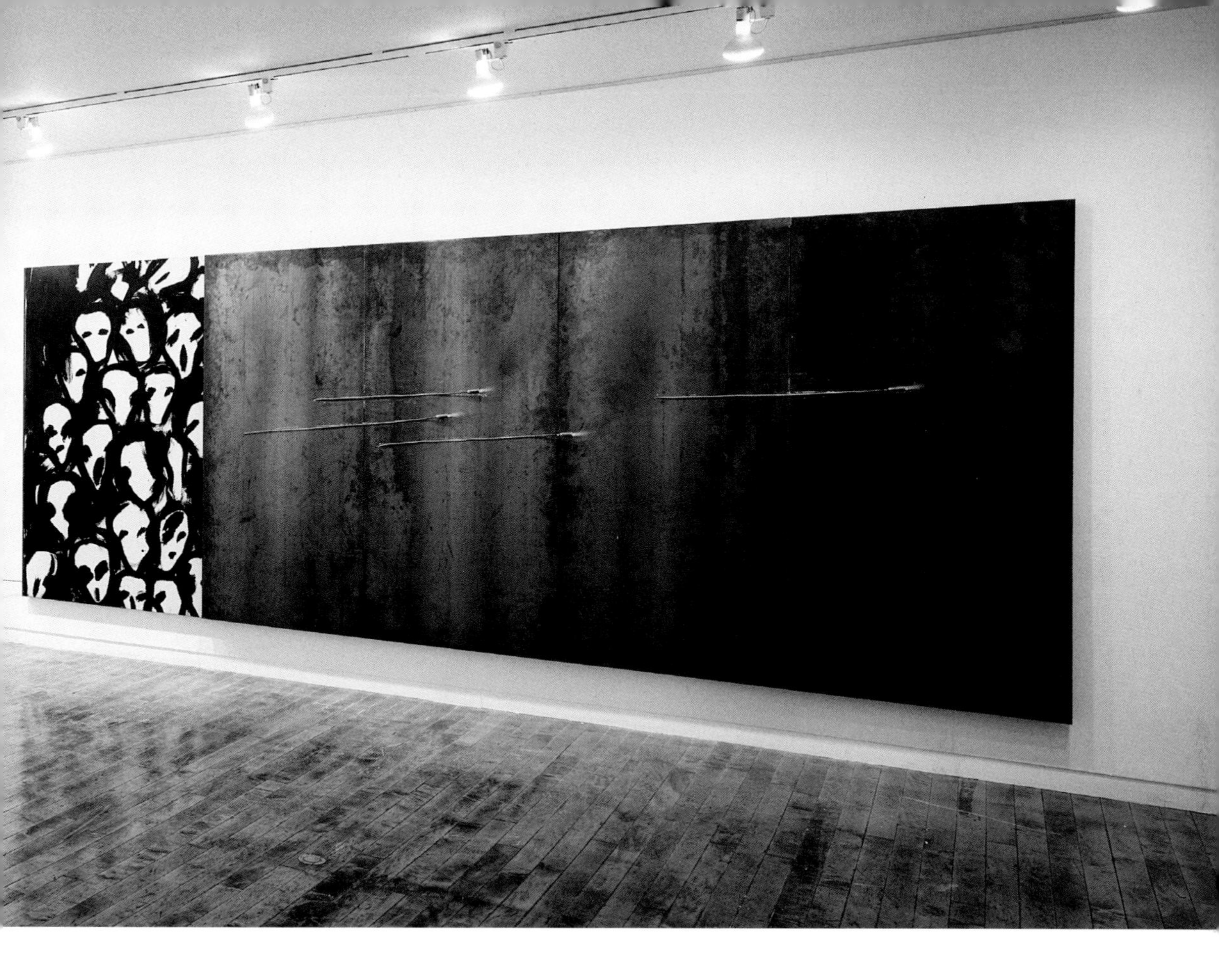

Jannis Kounellis, Sonnabend Gallery, 420 West Broadway, New York, 15 gennaio / January – 7 febbraio / February 1987:
Untitled, 1986; *Untitled*, 1986.
Ph. Courtesy The Sonnabend Collection Foundation.

Giulio Paolini

(Genova, 1940)

Fin dalla sua prima opera, *Disegno geometrico* (1960), Giulio Paolini si concentra sugli elementi costitutivi dello spazio della rappresentazione (la squadratura, le cornici vuote, i telai, le matite, le squadre...), rivelando l'infinità potenziale dell'area circoscritta dai margini di una tela o di un foglio da disegno. Ulteriore tema cardine della sua ricerca è il rapporto tra l'opera e lo spettatore (in *Giovane che guarda Lorenzo Lotto*, 1967, allo spettatore è data la possibilità di trovarsi nella posizione di Lorenzo Lotto mentre ritrae quel giovane nel 1505).

Per Paolini, l'autore è sempre spettatore: è veicolo muto del manifestarsi di un'opera che gli preesiste e che lo trascende; egli ha il compito di accoglierla, predisponendo la scena al possibile manifestarsi di un'immagine che non potrà mai essere fissata una volta per tutte.

Da qui, l'utilizzo ricorrente della lacerazione – sia di calchi in gesso sia di riproduzioni tratte dalla storia dell'arte – che nelle sue opere suggerisce l'idea di un'irrimediabile distanza dell'immagine dal suo modello ideale.

Ileana conosce Paolini a Torino nel 1971, quando con il marito si reca allo studio dell'artista in Via Cernaia 1.

I Sonnabend propongono a Paolini di tenere la sua prima mostra personale a New York l'anno successivo. L'artista sceglie di concepire una mostra con un approccio retrospettivo che accoglie subito l'interesse di Michael e Ileana.

Intanto, Germano Celant è incaricato da Ileana di realizzare presso la sua galleria newyorkese la prima mostra negli Stati Uniti di Piero Manzoni e una serie di volumi da pubblicare come Sonnabend Press: il primo è dedicato a Manzoni, il secondo proprio a Paolini.

Inoltre, nel 1972 Paolini è incluso nella mostra tenutasi nella stessa sede di New York, dedicata ai 13 artisti scelti per Documenta e, nel 1973, nella mostra collettiva organizzata da Ileana al Palais Galliera a Parigi.

Since his first work, *Disegno geometrico* (1960), Giulio Paolini has focused on the constituent elements of the space of representation (the square, empty frames, pencils, squares...), revealing the potential infinity of the surface circumscribed by the edges of a canvas or drawing paper. Another central theme of his research is the relationship between the work and the viewer (in *Giovane che guarda Lorenzo Lotto*, 1967, the viewer is given the opportunity to put himself in the position of Lorenzo Lotto, who painted this young man in 1505).

For Paolini, the author is always a spectator: he is a mute vehicle for the manifestation of a work that pre-exists and transcends him; he has the task of receiving it, of preparing the scene for the possible manifestation of an image that can never be fixed once and for all.

Hence, the recurrent use of the rupture, whether of plaster casts or reproductions taken from art history which, in his works, suggests the idea of an irreparable distance of the image from its ideal model.

Ileana met Paolini in Turin in 1971, when she goes together with her husband to the artist's studio in Via Cernaia 1. The Sonnabends proposed Paolini to hold his first solo exhibition in New York the following year, and Paolini chose to do an exhibition with a retrospective approach, which was of great interest to Michael and Ileana.

Meanwhile, Germano Celant was commissioned by Ileana to produce in her New York gallery the first exhibition of Piero Manzoni in the United States and to publish a series of volumes under the name of Sonnabend Press: the first one dedicated to Manzoni, the second one to Paolini. Moreover, in 1972, Paolini was included in the exhibition held at the very same New York location, dedicated to the 13 artists chosen for Documenta and, in 1973, in the group show organized by Ileana at the Palais Galliera in Paris.

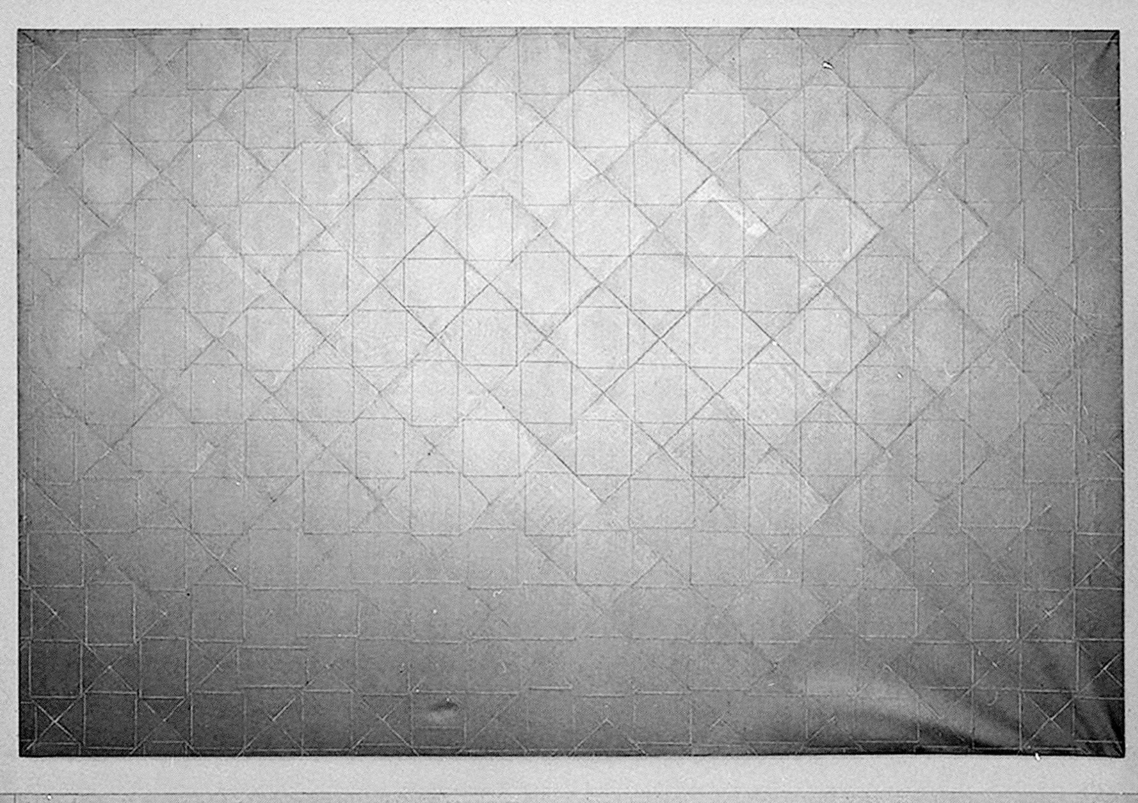

pagine precedenti / previous pages
Giulio Paolini, Sonnabend Gallery, 420 West Broadway, New York, 25 novembre / November – 16 dicembre / December 1972: Indice delle opere inscritto in un motivo decorativo, 1972.
Ph. Courtesy The Sonnabend Collection Foundation.

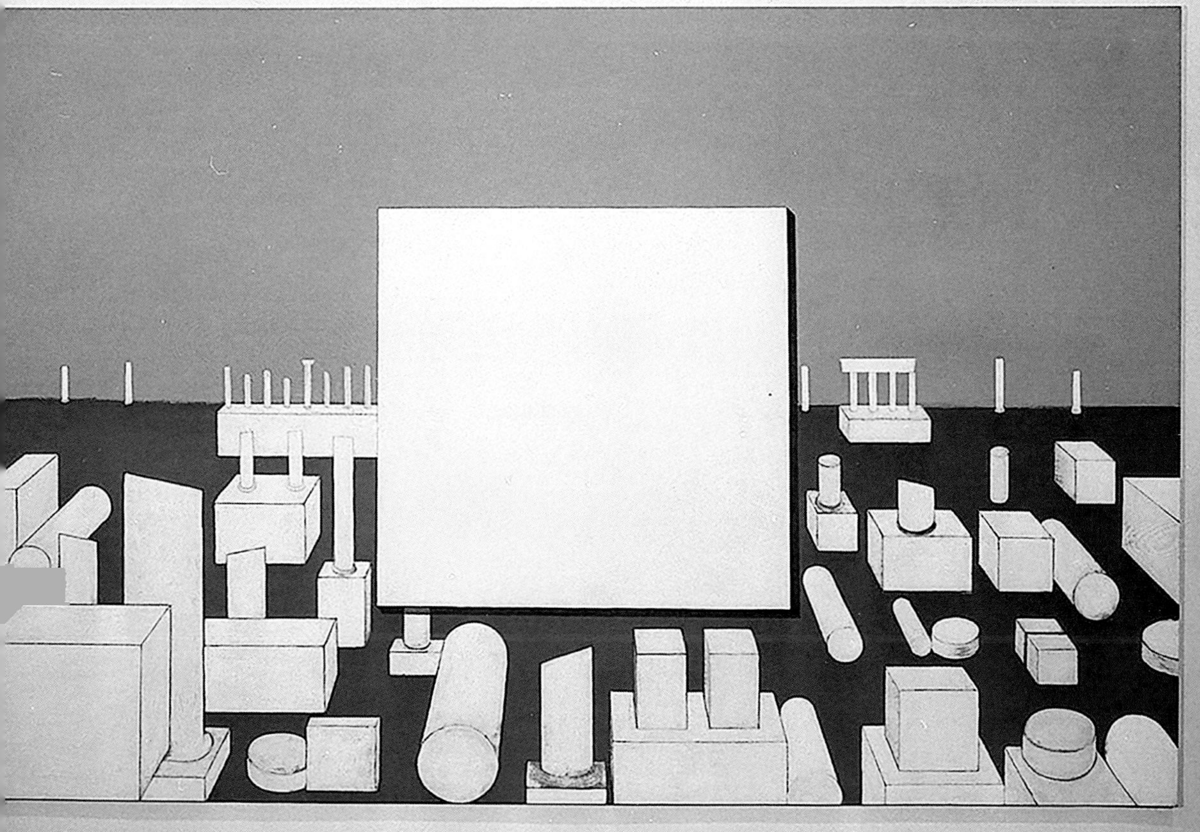

Giulio Paolini, Sonnabend Gallery, 420 West Broadway, New York, 25 novembre / November – 16 dicembre / December 1972: *"Senza titolo" (1965) su sfondo di rovine classiche*, 1972.
Ph. Courtesy The Sonnabend Collection Foundation.

CRONOLOGIA DELLE MOSTRE ALLA SONNABEND GALLERY

CHRONOLOGY OF THE EXHIBITIONS AT THE SONNABEND GALLERY

Nella cronologia i riquadri neri segnalano le mostre, personali o collettive, con opere degli artisti dell'Arte povera.

In the chronology, black boxes mark the solo or group exhibitions including works of Arte Povera artists.

Ileana Sonnabend in occasione della mostra di Giovanni Anselmo, Parigi 1969 / Ileana Sonnabend on the occasion of the exhibition by Giovanni Anselmo, Parigi 1969. Ph. © Paolo Mussat Sartor. Courtesy Archivio Giovanni Anselmo ETS.

1962

15 novembre / November-dicembre / December
Jasper Johns
Galerie Ileana Sonnabend, 37 quai des Grands-Augustins, Parigi / Paris

1963

1-16 febbraio / February
Rauschenberg: Première Exposition (Oeuvres de 1954-1961)
Galerie Ileana Sonnabend, 37 quai des Grands-Augustins, Parigi / Paris

20 febbraio / February-9 marzo / March
Rauschenberg: Seconde Exposition (Oeuvres 1962-1963)
Galerie Ileana Sonnabend, 37 quai des Grands-Augustins, Parigi / Paris

14 marzo / March-aprile / April
Jim Dine
Galerie Ileana Sonnabend, 37 quai des Grands-Augustins, Parigi / Paris

Dal / From 25 aprile / April
Mario Schifano
Galerie Ileana Sonnabend, 37 quai des Grands-Augustins, Parigi / Paris

Maggio / May
Pop Art Américain
Galerie Ileana Sonnabend, 37 quai des Grands-Augustins, Parigi / Paris
Artisti / Artists: Lee Bontecou, John Chamberlain, Claes Oldenburg, James Rosenquist, Andy Warhol, Tom Wesselmann

5-30 giugno / June
Roy Lichtenstein
Galerie Ileana Sonnabend, 37 quai des Grands-Augustins, Parigi / Paris
Itinerante presso / Traveled to Galleria Il Punto Arte Moderna, Torino, 23 dicembre / December 1963-23 gennaio / January 1964

Ottobre / October-novembre / November
George Segal
Galerie Ileana Sonnabend, 37 quai des Grands-Augustins, Parigi / Paris

Dall' / From 11 dicembre / December
Dessins
Galerie Ileana Sonnabend, 37 quai des Grands-Augustins, Parigi / Paris
Artisti / Artists: Lee Bontecou, Jim Dine, Jasper Johns, Roy Lichtenstein, Claes Oldenburg, Michelangelo Pistoletto, Robert Rauschenberg, George Segal, Andy Warhol

1964

14 gennaio / January-febbraio / February
Andy Warhol
Galerie Ileana Sonnabend, 37 quai des Grands-Augustins, Parigi / Paris

Dal / From 4 marzo / March
Michelangelo Pistoletto
Galerie Ileana Sonnabend, 37 quai des Grands-Augustins, Parigi / Paris

John Chamberlain
Galerie Ileana Sonnabend, 37 quai des Grands-Augustins, Parigi / Paris

14 maggio / May-1 giugno / June
Robert Rauschenberg
Galerie Ileana Sonnabend, 37 quai des Grands.Augustins, Parigi / Paris

Giugno / June
James Rosenquist (ou Le Roman de la Rose)
Galerie Ileana Sonnabend, 37 quai des Grands-Augustins, Parigi / Paris

ottobre / October
Claes Oldenburg
Galerie Ileana Sonnabend, 37 quai des Grands-Augustins, Parigi / Paris

dicembre / December 1964-13 gennaio / January 1965
Robert Rauschenberg: Untitled 1953-1954 and Thrity-Four Dante Drawings
Galerie Ileana Sonnabend, 37 quai des Grands-Augustins, Parigi / Paris

1965

Gennaio / January-febbraio / February
Allan D'Arcangelo
Galerie Ileana Sonnabend, 37 quai des Grands-Augustins, Parigi / Paris

febbraio / February
Konrad Klapheck
Galerie Ileana Sonnabend, 37 quai des Grands-Augustins, Parigi / Paris

Aprile / April
Lee Bontecou
Galerie Ileana Sonnabend, 37 quai des Grands-Augustins, Parigi / Paris

Dal / From 12 maggio / May
Andy Warhol: Flowers
Galerie Ileana Sonnabend, 37 quai des Grands-Augustins, Parigi / Paris

1-30 giugno / June
Roy Lichtenstein: Landscapes
Galerie Ileana Sonnabend, 37 quai des Grands-Augustins, Parigi / Paris

James Rosenquist
Galerie Ileana Sonnabend, 37 quai des Grands-Augustins, Parigi / Paris

1966

6 maggio / May-giugno / June
Electric Art
Galerie Ileana Sonnabend, 12 rue Mazarine, Parigi / Paris
Artisti / Artists: Billy Apple, Dan Flavin, Jasper Johns, Lloyds, Liliane Lijn, Robert Morris, Leo Rabkin, Robert Rauschenberg, James Rosenquist, George Segal, Daniel Smerck, Takis, Robert Watts, Tom Wesselmann, Robert Whitman

Novembre / November
Tom Wesselmann
Galerie Ileana Sonnabend, 12 rue Mazarine, Parigi / Paris

Jasper Johns, Robert Rauschenberg, Roy Lichtenstein
Galerie Ileana Sonnabend, 12 rue Mazarine, Parigi / Paris

1967

Dal / From 5 gennaio / January

Piero Gilardi
Galerie Ileana Sonnabend, 12 rue Mazarine, Parigi / Paris

26 febbraio / February-7 maggio / May
Andy Warhol: 13 Most Wanted Men
Galerie Ileana Sonnabend, 12 rue Mazarine, Parigi / Paris

Dal / From 9 marzo / March
Arman
Galerie Ileana Sonnabend, 12 rue Mazarine, Parigi / Paris

Novembre / November
Larry Bell
Galerie Ileana Sonnabend, 12 rue Mazarine, Parigi / Paris

12 dicembre / December 1967-13 gennaio / January 1968
Michelangelo Pistoletto
Galerie Ileana Sonnabend, 12 rue Mazarine, Parigi / Paris

Nicolas Krushenick
Galerie Ileana Sonnabend, 12 rue Mazarine, Parigi / Paris

1968

Dal / From 20 febbraio / February
Robert Morris: Fiberglass Sleeves
Galerie Ileana Sonnabend, 12 rue Mazarine, Parigi / Paris

Dal / From 25 aprile / April
James Rosenquist
Galerie Ileana Sonnabend, 12 rue Mazarine, Parigi / Paris

3 ottobre / October-metà novembre / mid-November
Robert Rauschenberg: 25 Dessins 1968
Galerie Ileana Sonnabend, 12 rue Mazarine, Parigi / Paris

Novembre / November
Robert Morris: Felt Pieces
Galerie Ileana Sonnabend, 12 rue Mazarine, Parigi / Paris

Lars Englund
Galerie Ileana Sonnabend, 12 rue Mazarine, Parigi / Paris

Pavlos
Galerie Ileana Sonnabend, 12 rue Mazarine, Parigi / Paris

1969

Dal / From 23 gennaio / January
Gilberto Zorio
Galerie Ileana Sonnabend, 12 rue Mazarine, Parigi / Paris

Dal / From 13 febbraio / February
Arman
Galerie Ileana Sonnabend, 12 rue Mazarine, Parigi / Paris

Marzo / March
John McCracken
Galerie Ileana Sonnabend, 12 rue Mazarine, Parigi / Paris

Dal / From 22 aprile / April
Mario Merz
Galerie Ileana Sonnabend, 12 rue Mazarine, Parigi / Paris

6-29 maggio / May
Don Judd: Structures
Galerie Ileana Sonnabend,
12 rue Mazarine, Parigi / Paris

Dal / From 3 ottobre / October
Giovanni Anselmo
Galerie Ileana Sonnabend,
12 rue Mazarine, Parigi / Paris

Dal / From 2 dicembre / December
Bruce Nauman
Galerie Ileana Sonnabend,
12 rue Mazarine, Parigi / Paris

Jim Dine
Galerie Ileana Sonnabend,
12 rue Mazarine, Parigi / Paris

Jean Dupuy
Galerie Ileana Sonnabend,
12 rue Mazarine, Parigi / Paris

1970

24 gennaio / January-21 febbraio /
February
David Prentice
Sonnabend Gallery, 924 Madison
Avenue, New York

28 febbraio / February-28 marzo /
March
Jim Dine
Sonnabend Gallery, 924 Madison
Avenue, New York

28 febbraio / February-28 marzo /
March
Jim Dine
Galerie Ileana Sonnabend,
12 rue Mazarine, Parigi / Paris

Febbraio / February
Costas Tsoclis
Galerie Ileana Sonnabend,
12 rue Mazarine, Parigi / Paris

4-23 aprile / April
Giorgio Griffa
Sonnabend Gallery, 924 Madison
Avenue, New York

Dal / From 14 aprile / April
Sarkis, Mecano + Goudron
Galerie Ileana Sonnabend,
12 rue Mazarine, Parigi / Paris

25 aprile / April-14 maggio / May
Mario Merz
Sonnabend Gallery, 924 Madison
Avenue, e / and Cy Twombly's studio,
New York

Dal / From 28 aprile / April
Yuhara
Galerie Ileana Sonnabend,
12 rue Mazarine, Parigi / Paris

16 maggio / May-13 giugno / June
John McCracken
Sonnabend Gallery, 924 Madison
Avenue, New York

Dal / From 9 maggio / May
Pier Paolo Calzolari
Galerie Ileana Sonnabend,
12 rue Mazarine, Parigi / Paris

17 ottobre / October-12 novembre /
November
James De France

Sonnabend Gallery, 924 Madison
Avenue, New York

Ottobre / October
Dan Flavin
Galerie Ileana Sonnabend,
12 rue Mazarine, Parigi / Paris

12 novembre / November-6 dicembre
/ December
Major Works in Black and White
Sonnabend Gallery, 924 Madison
Avenue, New York
Artisti / Artists: Arman, Jim Dine,
Jasper Johns, Ellsworth Kelly, Roy
Lichtenstein, John McCraken, Robert
Rauschenberg, Ad Reinhardt, Frank
Stella, Andy Warhol, Tom Wesselmann

8 dicembre / December 1970-13
gennaio / January 1971
Erté
Sonnabend Gallery, 924 Madison
Avenue, New York

Dal / From 17 dicembre / December
Andy Warhol
Galerie Ileana Sonnabend,
12 rue Mazarine, Parigi / Paris

Roy Lichtenstein: Sculptures
Galerie Ileana Sonnabend,
12 rue Mazarine, Parigi / Paris

**Bernard Borgeaud: Information
Photographique**
Galerie Ileana Sonnabend,
12 rue Mazarine, Parigi / Paris

Giorgio Griffa
Galerie Ileana Sonnabend,
12 rue Mazarine, Parigi / Paris

Arman
Galerie Ileana Sonnabend,
12 rue Mazarine, Parigi / Paris

1971

Gennaio / January
Robert Rauschenberg: Currents
Galerie Ileana Sonnabend,
12 rue Mazarine, Parigi / Paris

Febbraio / February
Pavlos
Galerie Ileana Sonnabend,
12 rue Mazarine, Parigi / Paris

Dal / From 2 marzo / March
Bruce Nauman
Galerie Ileana Sonnabend,
12 rue Mazarine, Parigi / Paris

Marzo / March
Laddie John Dill
Sonnabend Gallery, 924 Madison
Avenue, New York

Dal / From 23 marzo / March
Christian Boltanski
Galerie Ileana Sonnabend,
12 rue Mazarine, Parigi / Paris

Aprile / April
Jim Dine
Sonnabend Gallery, 924 Madison
Avenue, New York

Dal / From 18 settembre / September
Pier Paolo Calzolari
Galerie Ileana Sonnabend,
12 rue Mazarine, Parigi / Paris

Dal / From 23 settembre / September
**Gilbert & George: The Singing
Sculpture and The Descriptive Works**
Sonnabend Gallery, 420 West
Broadway, New York

13 novembre / November-4 dicembre
/ December
Pier Paolo Calzolari
Sonnabend Gallery, 420 West
Broadway, New York

18-30 novembre / November
**Sarkis: Le IIIème Reich, des origines
à la chute**
Galerie Ileana Sonnabend,
12 rue Mazarine, Parigi / Paris

Dal / From 2 dicembre / December
William Wegman
Galerie Ileana Sonnabend,
12 rue Mazarine, Parigi / Paris

11-31 dicembre / December
Mario Merz
Sonnabend Gallery, 420 West
Broadway, New York
Con / With John Weber Gallery

Dicembre / December 1971-8 gennaio
/ January 1972
Camille Fauré
Sonnabend Gallery, 924 Madison
Avenue, New York

Jean Dupuy
Galerie Ileana Sonnabend, 12
rue Mazarine, Parigi / Paris

Dorothea Rockburne
Galerie Ileana Sonnabend, 12
rue Mazarine, Parigi / Paris

Alan Shields
Galerie Ileana Sonnabend, 12
rue Mazarine, Parigi / Paris

Robert Morris
Galerie Ileana Sonnabend, 12
rue Mazarine, Parigi / Paris

Robert Rauschenberg
Galerie Ileana Sonnabend, 12
rue Mazarine, Parigi / Paris

Larry Bell
Galerie Ileana Sonnabend, 12
rue Mazarine, Parigi / Paris

**Christian Boltanski:
L'album photographique
de la famille D.**
Galerie Ileana Sonnabend, 12
rue Mazarine, Parigi / Paris

Robert Graham
Sonnabend Gallery, 924 Madison
Avenue, New York

N.E. Thing Company
Sonnabend Gallery, 420 West
Broadway, New York

Baxter
Sonnabend Gallery, 420 West
Broadway, New York

1972

15-29 gennaio / January
**Vito Acconci: Seedbed, Supply Room,
Transference Zone**

Sonnabend Gallery, 420 West
Broadway, New York

5-19 febbraio / February
Mel Bochner: 7 Properties of Between
Sonnabend Gallery, 420 West
Broadway, New York

26 febbraio / February-18 marzo /
March
Bernd and Hilla Becher
Sonnabend Gallery, 420 West
Broadway, New York

Dal / From 26 febbraio / February
Marcel Coard
Sonnabend Gallery, 924 Madison
Avenue, New York

Dal / From 23 marzo / March
Robert Irwin
Galerie Ileana Sonnabend,
12 rue Mazarine, Parigi / Paris

25 marzo / March-22 aprile / April
Piero Manzoni
Sonnabend Gallery, 420 West
Broadway, New York

Aprile / April
René Lalique
Sonnabend Gallery, 924 Madison
Avenue, New York

29 aprile / April-20 maggio / May
Laddie John Dill
Sonnabend Gallery, 420 West
Broadway, New York

Maggio / May
Robert Rauschenberg: Cardboards
Galerie Ileana Sonnabend,
12 rue Mazarine, Parigi / Paris

Giugno / June
Jean Puiforcat
Sonnabend Gallery, 924 Madison
Avenue, New York

Dal / From 26 ottobre / October
Sarkis: Suite de l'Opération Organe
Galerie Ileana Sonnabend,
12 rue Mazarine, Parigi / Paris

31 ottobre / October-18 novembre /
November
William Wegman
Sonnabend Gallery, 420 West
Broadway, New York

4-25 novembre / November
**Benefit Exhibition of the New York
Collection for Stockholm**
Sonnabend Gallery, 420 West
Broadway, New York
Con / With Leo Castelli Gallery e / and
John Weber Gallery

novembre / November
August Sander
Sonnabend Gallery, 924 Madison
Avenue, New York

novembre / November
Vito Acconci
Galerie Ileana Sonnabend,
12 rue Mazarine, Parigi / Paris

Dal / From 5 dicembre / December
Alain Kirili: A partir d'une ligne
Galerie Ileana Sonnabend,
12 rue Mazarine, Parigi / Paris

**Mel Bochner: Axiom of Exhaustion,
The Wittgenstein Illustrations**
Galerie Ileana Sonnabend,
12 rue Mazarine, Parigi / Paris

5 x 3 = 15
Galerie Ileana Sonnabend,
12 rue Mazarine, Parigi / Paris
Artisti / Artists: Jean-Marie Bertholin,
Jean-Pierre Bertrand, Laurent
Sauerwein, Bruno Stevens, François
Tesseraud

Joel Fisher
Galerie Ileana Sonnabend,
12 rue Mazarine, Parigi / Paris

Jim Dine
Galerie Ileana Sonnabend,
12 rue Mazarine, Parigi / Paris

Roy Lichtenstein
Galerie Ileana Sonnabend,
12 rue Mazarine, Parigi / Paris

Terry Fox
Galerie Ileana Sonnabend,
12 rue Mazarine, Parigi / Paris

1973

6-20 gennaio / January
Dennis Oppenheim
Sonnabend Gallery, 420 West
Broadway, New York

Gennaio / January-17 febbraio /
February
Marc du Plantier
Sonnabend Gallery, 924 Madison
Avenue, New York

9 gennaio / January
Gilbert & George: Any Port in a Storm
Galerie Ileana Sonnabend,
12 rue Mazarine, Parigi / Paris

Febbraio / February-20 marzo / March
**Art Deco Rugs by Da Silva Bruhns,
Eugene Printz, Fernand Windels**
Sonnabend Gallery, 924 Madison
Avenue, New York

24 febbraio / February-24 marzo /
March
Jim Dine
Sonnabend Gallery, 420 West
Broadway, New York

28 aprile / April-12 maggio / May
John Baldessari
Sonnabend Gallery, 420 West
Broadway, New York

Aprile / April
**Mel Bochner: Number Drawings,
1966-1973**
Galerie Ileana Sonnabend,
12 rue Mazarine, Parigi / Paris

Aprile / April
**Cecil Beaton: First 10 Years:
1922-1932**
Sonnabend Gallery, 924 Madison
Avenue, New York

23 maggio / May-giugno / June
John Baldessari
Galerie Ileana Sonnabend,
12 rue Mazarine, Parigi / Paris

29 settembre / September-20 ottobre
/ October
**Mel Bochner: Non Verbal Structure:
RYB**
Sonnabend Gallery, 420 West
Broadway, New York

27 ottobre / October-10 novembre /
November
Christian Boltanski
Sonnabend Gallery, 420 West
Broadway, New York

Ottobre / October
László Moholy-Nagy
Sonnabend Gallery, 924 Madison
Avenue, New York

Autunno / Autumn
Gilbert & George: Modern Rubbish
Sonnabend Gallery, 420 West
Broadway, New York

Dall' / From 8 novembre /
November
**Anne and Patrick Poirier:
Isola Sacra**
Galerie Ileana Sonnabend,
12 rue Mazarine, Parigi / Paris

Dicembre / December
Eugene Printz
Sonnabend Gallery, 924 Madison
Avenue, New York

Robert Morris: Felt Pieces
Galerie Ileana Sonnabend,
12 rue Mazarine, Parigi / Paris

Bernd and Hilla Becher
Galerie Ileana Sonnabend,
12 rue Mazarine, Parigi / Paris

Roger Welch
Galerie Ileana Sonnabend,
12 rue Mazarine, Parigi / Paris

Dennis Oppenheim
Galerie Ileana Sonnabend,
12 rue Mazarine, Parigi / Paris

Robert Petersen
Galerie Ileana Sonnabend,
12 rue Mazarine, Parigi / Paris

Mel Bochner: Axiom of indifference to
count: Transitive
Sonnabend Gallery, 420 West
Broadway, New York

Vito Acconci: Air Time
Sonnabend Gallery, 420 West
Broadway, New York

1974

8-12 gennaio / January
Films: Vito Acconci, John Baldessari,
David Haxton, David Shulman
Galerie Ileana Sonnabend,
12 rue Mazarine, Parigi / Paris

19 gennaio / January-2 febbraio /
February
Anne and Patrick Poirier
Sonnabend Gallery, 420 West
Broadway, New York

Febbraio / February
Art Deco Furniture
Sonnabend Gallery, 924 Madison
Avenue, New York

23 febbraio / February-marzo / March
Andy Warhol: Portraits
Galerie Ileana Sonnabend,
12 rue Mazarine, Parigi / Paris

Dal / From 2 aprile / April
Robert Rauschenberg: Hoarfrosts
Galerie Sonnabend, 14 rue Etienne
Dumont, Ginevra / Geneva

20 aprile / April-31 maggio / May
Photographs: Beaton, Horst,
Hoyningen-Huene, Nadar: Original
Prints
Sonnabend Gallery, 420 West
Broadway, New York

4-25 maggio / May
Marcia Hafif
Sonnabend Gallery, 420 West
Broadway, New York

Dal / From 17 settembre / September
Sarkis: Gun Metal
Galerie Ileana Sonnabend,
12 rue Mazarine, Parigi / Paris

5 ottobre / October-9 novembre /
November
Jim Dine: Drawings
Sonnabend Gallery, 420 West
Broadway, New York

Dall' / From 11 ottobre / October
Projets pour la Défense
Galerie Ileana Sonnabend,
12 rue Mazarine, Parigi / Paris
Artisti / Artists: Larry Bell, Frank O.
Gehrt, Newton Harrison, Robert Irwin,
Dr. Ed Wortz, Joshua Young

Ottobre / October
Alain Kirili: peintures, dessins,
sculptures, gravures
Galerie Ileana Sonnabend,
12 rue Mazarine, Parigi / Paris

Dal / From 16 novembre / November
Hanne Darboven
Sonnabend Gallery, 420 West
Broadway, New York
Con / With Leo Castelli Gallery

7-28 dicembre / December
Robert Rauschenberg: Hoarfrosts
Sonnabend Gallery, 420 West
Broadway, New York
Con / With Leo Castelli Gallery

James Rosenquist
Galerie Ileana Sonnabend,
12 rue Mazarine, Parigi / Paris

Bruce Nauman
Galerie Ileana Sonnabend,
12 rue Mazarine, Parigi / Paris

Carlo Alfano: Fragments d'un
autoportrait anonyme
Galerie Ileana Sonnabend,
12 rue Mazarine, Parigi / Paris

Christian Boltanski: Description des
34 règles et techniques utilisées en
juin 1972 par un enfant de 9 ans
Galerie Ileana Sonnabend,
12 rue Mazarine, Parigi / Paris

Mel Bochner: Bind, Five Drawings
Galerie Ileana Sonnabend,
12 rue Mazarine, Parigi / Paris

Richard Nicolas
Galerie Ileana Sonnabend,
12 rue Mazarine, Parigi / Paris

Joel Fisher
Galerie Ileana Sonnabend,
12 rue Mazarine, Parigi / Paris

Christian Boltanski: Saynètes
comiques
Galerie Ileana Sonnabend,
12 rue Mazarine, Parigi / Paris

Charlemagne Palestine: Continuous
Sound Form
Sonnabend Gallery, 420 West
Broadway, New York

Films: Acconci, Baldessari, Haxton,
Shulman
Sonnabend Gallery, 420 West
Broadway, New York

Bernd and Hilla Becher
Sonnabend Gallery, 420 West
Broadway, New York

Robert Morris: Voice-Labyrinth-Blind
Time
Sonnabend Gallery, 420 West
Broadway, New York
Con / With Leo Castelli Gallery

Video Exhibition
Sonnabend Gallery, 420 West
Broadway, New York

Group Show
Sonnabend Gallery, 420 West
Broadway, New York

Anne and Patrick Poirier
Galerie Sonnabend, 14 rue Etienne
Dumont, Ginevra / Geneva

Jim Dine
Galerie Sonnabend, 14 rue Etienne
Dumont, Ginevra / Geneva

Andy Warhol: Portraits
Galerie Sonnabend, 14 rue Etienne
Dumont, Ginevra / Geneva

Alain Kirili
Galerie Sonnabend, 14 rue Etienne
Dumont, Ginevra / Geneva

Richard Artschwager
Galerie Sonnabend, 14 rue Etienne
Dumont, Ginevra / Geneva

1975

4-25 gennaio / January
Bruce Boice
Sonnabend Gallery, 420 West
Broadway, New York

1-22 febbraio / February
Vito Acconci: Leveling
Sonnabend Gallery, 420 West
Broadway, New York

Dal / From 25 febbraio / February
Bernd and Hilla Becher
Galerie Ileana Sonnabend,
12 rue Mazarine, Parigi / Paris

1-22 marzo / March
Mel Bochner
Sonnabend Gallery, 420 West
Broadway, New York

Dal / From 18 marzo / March
Gilbert & George: Bloody Life
Galerie Ileana Sonnabend,
12 rue Mazarine, Parigi / Paris

Aprile / April
Jannis Kounellis
Sonnabend Gallery, 420 West
Broadway, New York

Dal / From 15 maggio / May
Robert Rauschenberg: Hoarfrosts
Galerie Ileana Sonnabend,
12 rue Mazarine, Parigi / Paris

6-27 settembre / September
Fall Group Exhibition
Sonnabend Gallery, 420 West
Broadway, New York
Artisti / Artists: Vito Acconci, Bernd
e / and Hilla Becher, Mel Bochner,
Bruce Boice, Christian Boltanski, Jim
Dine, Jannis Kounellis, Charlemagne
Palestine, Anne e / and Patrick Poirier,
William Wegman

Dal / From 18 settembre / September
Marcia Hafif
Galerie Ileana Sonnabend,
12 rue Mazarine, Parigi / Paris

4-25 ottobre / October
John Baldessari
Sonnabend Gallery, 420 West
Broadway, New York

27 novembre / November-dicembre /
December
John Baldessari
Galerie Ileana Sonnabend,
12 rue Mazarine, Parigi / Paris

6 dicembre / December 1975-
3 gennaio / January 1976
Christian Boltanski
Sonnabend Gallery, 420 West
Broadway, New York

Anne and Patrick Poirier: Les
Paysages révolus
Galerie Ileana Sonnabend,
12 rue Mazarine, Parigi / Paris

Roy Lichtenstein
Galerie Ileana Sonnabend,
12 rue Mazarine, Parigi / Paris

Charlemagne Palestine
Galerie Ileana Sonnabend,
12 rue Mazarine, Parigi / Paris

Jim Dine
Galerie Ileana Sonnabend,
12 rue Mazarine, Parigi / Paris

Vincenzo Agnetti
Galerie Ileana Sonnabend,
12 rue Mazarine, Parigi / Paris

Hanne Darboven
Galerie Ileana Sonnabend,
12 rue Mazarine, Parigi / Paris

Sarkis: Blackout-Bureau
Galerie Ileana Sonnabend,
12 rue Mazarine, Parigi / Paris

William Wegman
Galerie Ileana Sonnabend,
12 rue Mazarine, Parigi / Paris

Richard Artschwager
Galerie Ileana Sonnabend,
12 rue Mazarine, Parigi / Paris

Marcia Hafif
Sonnabend Gallery, 430 West
Broadway, New York

Robert Petersen
Sonnabend Gallery, 420 West
Broadway, New York

Cecil Beaton
Galerie Sonnabend, 14 rue Etienne
Dumont, Ginevra / Geneva

Bruce Boice
Galerie Sonnabend, 14 rue Etienne
Dumont, Ginevra / Geneva

Gilbert & George: Bloody Life
Galerie Sonnabend, 14 rue Etienne
Dumont, Ginevra / Geneva

Robert Morris
Galerie Sonnabend, 14 rue Etienne
Dumont, Ginevra / Geneva

Robert Petersen
Galerie Sonnabend, 14 rue Etienne
Dumont, Ginevra / Geneva

Hanne Darboven
Galerie Sonnabend, 14 rue Etienne
Dumont, Ginevra / Geneva

Bernd and Hilla Becher
Galerie Sonnabend, 14 rue Etienne
Dumont, Ginevra / Geneva

1976

10-31 gennaio / January
Barry Le Va
Sonnabend Gallery, 420 West
Broadway, New York

7-28 febbraio / February
Mel Bochner: Drawings 1973-1975

Sonnabend Gallery, 420 West
Broadway, New York

6-13 marzo / March
**Charlemagne Palestine: Wallpieces
and Books**
Sonnabend Gallery, 420 West
Broadway, New York

20 marzo / March-10 maggio / May
Gilbert & George: Dead Boards
Sonnabend Gallery, 420 West
Broadway, New York

15 maggio / May-12 giugno / June
Horst P. Horst: Fashion Photographs
Sonnabend Gallery, 420 West
Broadway, New York

9-30 ottobre / October
Bruce Boice
Sonnabend Gallery, 420 West
Broadway, New York

Inverno / Winter
**Bruce Nauman: The Consummate
Mask of Rock**
Sonnabend Gallery, 420 West
Broadway, New York
Con / With Leo Castelli Gallery e / and
Sperone-Westwater-Fischer

1-18 dicembre / December
**Vito Acconci: Where are we now (who
are we anyway)?**
Sonnabend Gallery, 420 West
Broadway, NewYork

1-18 dicembre / December
**David Hockney: Twenty Photographic
Pictures**
Sonnabend Gallery, 42 West Broadway,
New York

Dicembre / December
**David Hockney: Twenty Photographic
Pictures**
Galerie Ileana Sonnabend,
12 rue Mazarine, Parigi / Paris

**Sarkis: Formes élémentaires en
qualités militaires**
Galerie Ileana Sonnabend,
12 rue Mazarine, Parigi / Paris

Christian Boltanski: Photographies
Galerie Ileana Sonnabend,
12 rue Mazarine, Parigi / Paris

Bruce Boice
Galerie Ileana Sonnabend,
12 rue Mazarine, Parigi / Paris

Barry Le Va
Galerie Ileana Sonnabend,
12 rue Mazarine, Parigi / Paris

Robert Petersen
Galerie Ileana Sonnabend,
12 rue Mazarine, Parigi / Paris

Luigi Ontani
Galerie Ileana Sonnabend,
12 rue Mazarine, Parigi / Paris

Group Show
Galerie Ileana Sonnabend,
12 rue Mazarine, Parigi / Paris

Alain Kirili
Galerie Ileana Sonnabend,
12 rue Mazarine, Parigi / Paris

Robert Petersen
Galerie Ileana Sonnabend,
12 rue Mazarine, Parigi / Paris

Charlemagne Palestine: Performance
Sonnabend Gallert, 420 West
Broadway, New York

Robert Morris
Sonnabend Gallery, 420 West
Broadway, New York
Con / Whit Leo Castelli Gallery

Group Show
Sonnabend Gallery, 420 West
Broadway, New York

Marcia Hafif: Drawings
Sonnabend Gallery, 420 West
Broadway, New York

1977

8-29 gennaio / January
Jan Groover
Sonnabend Gallery, 420 West
Broadway, New York

Dal / From 2 febbraio / February
Robert Rauschenberg: Jammers
Galerie Ileana Sonnabend,
12 rue Mazarine, Parigi / Paris

5-26 febbraio / February
**Bernd and Hilla Becher: Preparation
Plants**
Sonnabend Gallery, 420 West
Broadway, New York

5-26 marzo / March
William Wegman
Sonnabend Gallery, 420 West
Broadway, New York

23 aprile / April-14 maggio / May
**Robert Rauschenberg: Spreads,
Scales**
Sonnabend Gallery, 420 West
Broadway, New York
Con / With Leo Castelli Gallery

18 maggio / May-11 giugno / June
Deborah Turbeville: Photographs
Sonnabend Gallery, 420 West
Broadway, New York

Dal / From 20 maggio / May
Sylvia Whitman: Passing Through
Sonnabend Gallery, 420 West
Broadway, New York

11 giugno / June-29 luglio / July
Group Show
Sonnabend Gallery, 420 West
Broadway, New York
Artisti / Artists: John Baldessari, Bernd
e / and Hilla Becher, Mel Bochner,
Robert Boice, Jan Groover, Marcia
Hafif, Barry Le Va, Alain Kirili, Robert
Petersen, Robert Rauschenberg, Andy
Warhol, William Wegman

8-22 ottobre / October
**3 Installations (Acconci, Bochner,
Le Va)**
Sonnabend Gallery, 420 West
Broadway, New York

5-26 novembre / November
Bruce Boice
Sonnabend Gallery, 420 West
Broadway, New York

9-26 novembre / November
George Hoyningen-Huene
Sonnabend Gallery, 420 West
Broadway, New York

3-17 dicembre / December
Hamish Fulton / Jack Delano
Sonnabend Gallery, 420 West
Broadway, New York

Anne and Patrick Poirier: Petits plans et écrits ruinés
Galerie Ileana Sonnabend,
12 rue Mazarine, Parigi / Paris

Gilbert & George: Dark Shadow
Galerie Ileana Sonnabend,
12 rue Mazarine, Parigi / Paris

Marcia Hafif
Galerie Ileana Sonnabend,
12 rue Mazarine, Parigi / Paris

Peter Mauss: Silver and Palladium Photographs
Galerie Ileana Sonnabend,
12 rue Mazarine, Parigi / Paris

Jan Groover
Galerie Ileana Sonnabend,
12 rue Mazarine, Parigi / Paris

Robert Morris
Galerie Ileana Sonnabend,
12 rue Mazarine, Parigi / Paris

Alain Kirili: Sculpture
Galerie Ileana Sonnabend,
12 rue Mazarine, Parigi / Paris

Christian Boltanski
Galerie Ileana Sonnabend,
12 rue Mazarine, Parigi / Paris

Vito Acconci
Galerie Ileana Sonnabend,
12 rue Mazarine, Parigi / Paris

Morris, Nauman, Sarkis, Serra, Sonnier
Galerie Ileana Sonnabend,
12 rue Mazarine, Parigi / Paris

Works from the Collection of Change, Inc.
Sonnabend Gallery, 420 West
Broadway, New York
Con / With Leo Castelli Gallery

George Platt Lynes
Sonnabend Gallery, 420 West
Broadway, New York

Gilbert & George: Dark Shadow, a Book
Sonnabend Gallery, 420 West
Broadway, New York

Luigi Ontani: Medici Prince
Sonnabend Gallery, 420 West
Broadway, New York

1978

7 gennaio / January-4 febbraio /
February
Mel Bochner
Sonnabend Gallery, 420 West
Broadway, New York

11-25 febbraio / February
Bevan Davies

Sonnabend Gallery, 420 West
Broadway, New York

11-28 febbraio / February
Marcia Hafif: Neutral-Mix Painting
Sonnabend Gallery, 420 West
Broadway, New York

Dall' / From 11 marzo / March
Gilbert & George: New Photo Pieces
Sonnabend Gallery, 420 West
Broadway, New York

8-29 aprile / April
Barry Le Va: Accumulated Vision: Blocked
Sonnabend Gallery, 420 West
Broadway, New York

23 settembre / September-14 ottobre
/ October
John Baldessari: Recent Work: Blasted Allegories (Colorful Sentences)
Sonnabend Gallery, 420 West
Broadway, New York

11-23 ottobre / October
Poirier, Kounellis, Boltanski, Dunoyer
Galerie Ileana Sonnabend,
12 rue Mazarine, Parigi / Paris

18 novembre / November-16 dicembre
/ December
Bernd and Hilla Becher
Sonnabend Gallery, 420 West
Broadway, New York

29 novembre / November-16 dicembre
/ December
Deborah Turbeville
Sonnabend Gallery, 420 West
Broadway, New York

Anne and Patrick Poirier: Petites récréations ou Herbiers romains, Compositions maniéristes, Villa Adriana
Galerie Ileana Sonnabend,
12 rue Mazarine, Parigi / Paris

David Haxton
Galerie Ileana Sonnabend,
12 rue Mazarine, Parigi / Paris

Robert Rauschenberg: Collages
Galerie Ileana Sonnabend,
12 rue Mazarine, Parigi / Paris

Horst P. Horst
Galerie Ileana Sonnabend,
12 rue Mazarine, Parigi / Paris

Mel Bochner: Recent Wall Paintings
Galerie Ileana Sonnabend,
12 rue Mazarine, Parigi / Paris

Michael Goldberg: Stride
Galerie Ileana Sonnabend,
12 rue Mazarine, Parigi / Paris

Kenneth Snelson: Photographies Panoramiques
Galerie Ileana Sonnabend,
12 rue Mazarine, Parigi / Paris

Richard Nicolas
Galerie Ileana Sonnabend,
12 rue Mazarine, Parigi / Paris

Nadar
Galerie Ileana Sonnabend,
12 rue Mazarine, Parigi / Paris

Alain Kirili
Sonnabend Gallery, 420 West
Broadway, New York

Group Show
Sonnabend Gallery, 420 West
Broadway, New York

Jan Groover
Sonnabend Gallery, 420 West
Broadway, New York

1979

6-27 gennaio / January
David Haxton
Sonnabend Gallery, 420 West
Broadway, New York

13 gennaio / January-10 febbraio /
February
Robert Rauschenberg
Sonnabend Gallery, 420 West
Broadway, New York

Febbraio / February-3 marzo / March
Kenneth Snelson
Sonnabend Gallery, 420 West
Broadway, New York

3-24 marzo / March
Robert Morris: In the Realm of Carceral
Sonnabend Gallery, 420 West
Broadway, New York
Con / With Leo Castelli Gallery

10-31 marzo / March
Christian Boltanski
Sonnabend Gallery, 420 West
Broadway, New York

31 marzo / March-28 aprile / April
Vito Acconci: The People Machine
Sonnabend Gallery, 420 West
Broadway, New York

7 aprile / April-5 maggio / May
Bruce Boice
Sonnabend Gallery, 420 West
Broadway, New York

5-26 maggio / May
Boyd Webb
Sonnabend Gallery, 420 West
Broadway, New York

Dal / From 2 giugno / June
Mary Lloyd Estrin
Sonnabend Gallery, 420 West
Broadway, New York

Dal / From 2 giugno / June
Group Exhibition of Gallery Artisti / Artists
Sonnabend Gallery, 420 West
Broadway, New York
Artisti / Artists: Vito Acconci, John Baldessari, Bernd e / and Hilla Becher, Mel Bochner, Bruce Boice, Michael Goldberg, Jan Groover, Marcia Hafif, George Hoyningen-Huene, Horst P. Horst, Alain Kirili, Erica Lennard, Barry Le Va, Robert Petersen, Robert Morris, Robert Rauschenberg, Katleen Seltzer, Kenneth Snelson

29 settembre / September-20 ottobre
/ October
E. O. Hoppè: Industrial Photographs 1928
Sonnabend Gallery, 420 West
Broadway, New York

29 settembre / September-20 ottobre
/ October
Robert Rauschenberg: Slides
Sonnabend Gallery, 420 West
Broadway, New York
Con / With Leo Castello Gallery

27 ottobre / October-17 novembre /
November
Bevan Davies
Sonnabend Gallery, 420 West
Broadway, New York

27 ottobre / October-17 novembre /
November
Barry Le Va
Sonnabend Gallery, 420 West
Broadway, New York

27 novembre / November-22 dicembre
/ December
Alain Kirili: A.M.D.G.
Sonnabend Gallery, 420 West
Broadway, New York

27 novembre / November-22 dicembre
/ December
Erica Lennard
Sonnabend Gallery, 420 West
Broadway, New York

Sarkis: Crise, en rouge et vert
Galerie Ileana Sonnabend,
12 rue Mazarine, Parigi / Paris

Alain Kirili: Via di Levare
Galerie Ileana Sonnabend,
12 rue Mazarine, Parigi / Paris

Bernd and Hilla Becher
Galerie Ileana Sonnabend,
12 rue Mazarine, Parigi / Paris

Pierre Dunoyer: 6 tableaux
Galerie Ileana Sonnabend,
12 rue Mazarine, Parigi / Paris

**Boltanski, Kirili, Poirier, Dunoyer,
Sarkis, Nicolas**
Galerie Ileana Sonnabend,
12 rue Mazarine, Parigi / Paris

**Anne and Patrick Poirier: Equilibre
instable et chaos organisé**
Galerie Ileana Sonnabend,
12 rue Mazarine, Parigi / Paris

Robert Morris
Galerie Ileana Sonnabend,
12 rue Mazarine, Parigi / Paris

Jan Groover
Galerie Ileana Sonnabend,
12 rue Mazarine, Parigi / Paris

Becher, Groover, Haxton, Snelson
Galerie Ileana Sonnabend,
12 rue Mazarine, Parigi / Paris

Vito Acconci
Galerie Ileana Sonnabend,
12 rue Mazarine, Parigi / Paris

Boyd Webb
Galerie Ileana Sonnabend,
12 rue Mazarine, Parigi / Paris

Michael Goldberg: New Painting
Sonnabend Gallery, 420 West
Broadway, New York

**Joan Jonas: Upside Down and
Backwards**

Sonnabend Gallery, 420 West
Broadway, New York

Alain Kirili: 3 Clay Pieces
Sonnabend Gallery, 420 West
Broadway, New York

1980

5-26 gennaio / January
Mel Bochner
Sonnabend Gallery, 420 West
Broadway, New York

2-23 febbraio / February
Jan Groover
Sonnabend Gallery, 420 West
Broadway, New York

2-23 febbraio / February
Michael Goldberg: Four New Paintings
Sonnabend Gallery, 420 West
Broadway, New York

1-22 marzo / March
**3 Installations (Acconci, Morris,
Oppenheim)**
Sonnabend Gallery, 420 West
Broadway, New York

24 marzo / March-30 aprile / April
**Robert Rauschenberg: A Portfolio of
Twelve Photographs**
Galerie Ileana Sonnabend,
12 rue Mazarine, Parigi / Paris

5-26 aprile / April
David Haxton: Photographs
Sonnabend Gallery, 420 West
Broadway, New York

5-26 aprile / April
**Kenneth Snelson: Photographic
Works**
Sonnabend Gallery, 420 West
Broadway, New York

1-24 maggio / May
Gilbert & George: Photo Pieces 1980
Sonnabend Gallery, 420 West
Broadway, New York

Dal / From 7 giugno / June
Horst P. Horst
Sonnabend Gallery, 420 West
Broadway, New York

Estate / Summer
Summer Group Show 1980
Sonnabend Gallery, 420 West
Broadway, New York
Artisti / Artists: Vito Acconci, John
Baldessari, Bernd e / and Hilla
Becher, Mel Bochner, Bruce Boice,
Michael Goldberg, Jan Groover,
Marcia Hafif, David Haxton, Alain Kirili,
Barry Le Va, Robert Morris, Dennis
Oppenheim, Robert Petersen, Robert
Rauschenberg, Boyd Webb

20 settembre / September-11 ottobre
/ October
**Anne and Patrick Poirier: Lost
Archetypes**
Sonnabend Gallery, 420 West
Broadway, New York

20 settembre / September-11 ottobre
/ October
Kathleen Seltzer: Photographs
Sonnabend Gallery, 420 West
Broadway, New York

18 ottobre / October-8 novembre /
November
John Baldessari: Fugitive Essays
Sonnabend Gallery, 420 West
Broadway, New York

18 ottobre / October-8 novembre /
November
**Albert Renger-Patzsch: Architectural
Photographs**
Sonnabend Gallery, 420 West
Broadway, New York

15 novembre / November-
20 dicembre / December
Jannis Kounellis
Sonnabend Gallery, 420 West
Broadway, New York

Erica Lennard
Galerie Ileana Sonnabend,
12 rue Mazarine, Parigi / Paris

Christian Boltanski
Galerie Ileana Sonnabend,
12 rue Mazarine, Parigi / Paris

Pierre Dunoyer
Galerie Ileana Sonnabend,
12 rue Mazarine, Parigi / Paris

**Sarkis: Le rêve du jour et de la nuit du
peintre en bâtiment**
Galerie Ileana Sonnabend,
12 rue Mazarine, Parigi / Paris

1981

3-24 gennaio / January
Bernd and Hilla Becher
Sonnabend Gallery, 420 West
Broadway, New York

3-24 gennaio / January
Alain Kirili: Statues, A.M.D.G.
Sonnabend Gallery, 420 West
Broadway, New York

31 gennaio / January-21 febbraio /
February
**Dennis Hoppenheim: Life Support
System for a Premature By-Product,
(From a Long Distance)**
Sonnabend Gallery, 420 West
Broadway, New York

31 gennaio / January-21 febbraio /
February
Hiroshi Sugimoto: Movie Theaters
Sonnabend Gallery, 420 West
Broadway, New York

28 febbraio / February-21 marzo /
March
Barry Le Va: Drawings and Installation
Sonnabend Gallery, 420 West
Broadway, New York

28 febbraio / February-21 marzo /
March
Elliot Schwartz: Photographs
Sonnabend Gallery, 420 West
Broadway, New York

28 marzo / March-25 aprile / April
**Robert Rauschenberg: Photems,
Series 1**
Sonnabend Gallery, 420 West
Broadway, New York

28 marzo / March-25 aprile / April
Marcia Hafif: Black Paintings:

**Ultramarine and Burnt Umber
& Related Drawings**
Sonnabend Gallery, 420 West
Broadway, New York

2-16 maggio / May
Mel Bochner
Sonnabend Gallery, 420 West
Broadway, New York

2-16 maggio / May
Michael Goldberg: New Paintings
Sonnabend Gallery, 420 West
Broadway, New York

2-16 maggio / May
**David Haxton: New Photographic
Works**
Sonnabend Gallery, 420 West
Broadway, New York

Estate / Summer
Summer Group Show
Sonnabend Gallery, 420 West
Broadway, New York
Artisti / Artists: Bernd e / and Hilla
Becher, Mel Bochner, Christian
Boltanski, Bevan Davies, Pierre
Dunoyer, Lennard Enos, Gilbert &
George, Michael Goldberg, Jan
Groover, Marcia Hafif, David Haxton,
Alain Kirili, Barry Le Va, Robert
Morris, Dennis Oppenheim, Robert
Rauschenberg, Albert Renger-
Patzsch, Elliot Schwartz, Katleen
Seltzer, Kenneth Snelson, Hiroshi
Sugimoto, Deborah Turbeville, Boyd
Webb

19 settembre / September-10 ottobre
/ October
John Baldessari, Deborah Turbeville
Sonnabend Gallery, 420 West
Broadway, New York

17 ottobre / October-7 novembre /
November
Gilberto Zorio
Sonnabend Gallery, 420 West
Broadway, New York

17 ottobre / October-7 novembre /
November
**Four Paintings: Baselitz, Dine, Penck,
Twombly**
Sonnabend Gallery, 420 West
Broadway, New York

14 novembre / November-5 dicembre
/ December
Jan Groover: Palladium / Platinum
Sonnabend Gallery, 420 West
Broadway, New York

14 novembre / November-5 dicembre
/ December
Boyd Webb
Sonnabend Gallery, 420 West
Broadway, New York

8-23 dicembre / December
A. R. Penck: Paintings
Sonnabend Gallery, 420 West
Broadway, New York

1982

9-30 gennaio / January
**Robert Rauschenberg: Photographs,
Cloister Series**
Sonnabend Gallery, 420 West
Broadway, New York

6-27 febbraio / February
Christian Boltanski
Sonnabend Gallery, 420 West
Broadway, New York

6-27 marzo / March
Georg Baselitz
Sonnabend Gallery, 420 West
Broadway, New York

3-24 aprile / April
Mel Bochner
Sonnabend Gallery, 420 West
Broadway, New York

3-24 aprile / April
James Casebere
Sonnabend Gallery, 420 West
Broadway, New York

1-22 maggio / May
Alain Kirili
Sonnabend Gallery, 420 West
Broadway, New York

29 maggio / May-Estate / Summer
Group Show
Sonnabend Gallery, 420 West
Broadway, New York
Artisti / Artists: John Baldessari, Georg
Baselitz, Bernd e / and Hilla Becher,
Mel Bochner, Christian Boltanski,
James Casebere, Jim Dine, Gilbert &
George, Marcia Hafif, David Haxton,
Anselm Kiefer, Alain Kirili, Erica Lennard,
Barry Le Va, Robert Morris, Tony
Oursler, A. R. Penck, Robert Petersen,
Robert Rauschenberg, Kathleen
Seltzer, Vaknin Schwartz, Hiroshi
Sugimoto, Deborah Turbeville, Terry
Winters

2-23 ottobre / October
Jörg Immendorff: Paintings
Sonnabend Gallery, 420 West
Broadway, New York

Ottobre / October
Georg Baselitz
Sonnabend Gallery, 420 West
Broadway, New York

30 ottobre / October-20 novembre /
November
Erica Lennard
Sonnabend Gallery, 420 West
Broadway, New York

30 ottobre / October-20 novembre /
November
Terry Winters
Sonnabend Gallery, 420 West
Broadway, New York

27 novembre / November-18 dicembre
/ December
A. R. Penck
Sonnabend Gallery, 420 West
Broadway, New York

**Anne and Patrick Poirier: Birmanie,
Oriental Dream**
Sonnabend Gallery, 420 West
Broadway, New York

1983

8-29 gennaio / January
**Robert Morris: Hypnerotomachia,
Firestorm**
Sonnabend Gallery, 420 West
Broadway, New York

12 febbraio / February-5 marzo / March
Jannis Kounellis
Sonnabend Gallery, 420 West
Broadway, New York

9 marzo / March-aprile / April
Bernd and Hilla Becher
Sonnabend Gallery, 420 West
Broadway, New York

16 aprile / April-14 maggio / May
Gilbert & George: Modern Faiths
Sonnabend Gallery, 420 West
Broadway, New York
Itinerante presso / Traveled to 121
Spring Street

21 maggio / May-18 giugno / June
David Haxton
Sonnabend Gallery, 420 West
Broadway, New York

21 maggio / May-18 giugno / June
**Barry Le Va: Large Sculpture,
Drawings, Diagrammatic Silhouettes**
Sonnabend Gallery, 420 West
Broadway, New York

Estate / Summer
Group Show
Sonnabend Gallery, 420 West
Broadway, New York

24 settembre / September-15 ottobre
/ October
Jörg Immendorff: Paintings and Prints
Sonnabend Gallery, 420 West
Broadway, New York

22 ottobre / October-12 novembre /
November
Mel Bochner
Sonnabend Gallery, 420 West
Broadway, New York

19 novembre / November-10 dicembre
/ December
Hiroshi Sugimoto: Works on Paper
Sonnabend Gallery, 420 West
Broadway, New York

19 novembre / November-10 dicembre
/ December
Group Show
Sonnabend Gallery, 420 West
Broadway, New York
Artisti / Artists: Georg Baselitz, Mel
Bochner, Gilbert & George, Anselm
Kiefer, Jannis Kounellis, Robert Morris,
Barry Le Va, A. R. Penck, Robert
Rauschenberg, Terry Winters

1984

7 gennaio / January-4 febbraio /
February
Jim Dine: Works 1958-1963
Sonnabend Gallery, 420 West
Broadway, New York

11 febbraio / February-3 marzo / March
Terry Winters
Sonnabend Gallery, 420 West
Broadway, New York

10-31 marzo / March
Peter Bömmels
Sonnabend Gallery, 420 West
Broadway, New York

7-28 aprile / April
John Baldessari

Sonnabend Gallery, 420 West
Broadway, New York

7-28 aprile / April
James Casabere
Sonnabend Gallery, 420 West
Broadway, New York

giugno / June
Summer Group Show
Sonnabend Gallery, 420 West
Broadway, New York
Artisti / Artists: Hans Peter Adamski,
John Baldessari, Bernd e / and Hilla
Becher, Mel Bochner, Peter Bömmels,
James Casebere, Gilbert & George,
Michael Goldberg, David Haxton,
Jannis Kounellis, Erica Lennard,
Barry Le Va, Robert Morris, Robert
Rauschenberg, Terry Winters

22 settembre / September-13 ottobre
/ October
Anne and Patrick Poirier: New Works
Sonnabend Gallery, 420 West
Broadway, New York

20 ottobre / October-10 novembre /
November
Robert Rauschenberg
Sonnabend Gallery, 420 West
Broadway, New York

24 novembre / November-15 dicembre
/ December
Group Show
Sonnabend Gallery, 420 West
Broadway, New York
Artisti / Artists: Hans Peter Adamski,
John Baldessari, Peter Bömmels, Bernd
e / and Hilla Becher, Mel Bochner,
Gilbert & George, Michael Goldberg,
Erica Lennard, Barry Le Va, Robert
Rauschenberg, Hiroshi Sugimoto,
Volker Tannert, Terry Winters

1985

5-26 gennaio / January
**Robert Morris: Works from 1967 to
1984**
Sonnabend Gallery, 420 West
Broadway, New York
Con / With Leo Castelli Gallery

2-23 febbraio / February
Volker Tannert
Sonnabend Gallery, 420 West
Broadway, New York

2-23 marzo / March
Hans Peter Adamski
Sonnabend Gallery, 420 West
Broadway, New York

30 marzo / March-20 aprile / April
Mel Bochner: Recent Paintings
Sonnabend Gallery, 420 West
Broadway, New York

17 aprile / April-1 giugno / June
Gilbert & George: New Moral Works
Sonnabend Gallery, 420 West
Broadway, New York

9-30 giugno / June
Erica Lennard: Photographs of India

Sonnabend Gallery, 420 West
Broadway, New York

9-30 giugno / June
Group Show
Sonnabend Gallery, 420 West
Broadway, New York
Artisti / Artists: John Baldessari, Bernd
e / and Hilla Becher, Mel Bochner,
James Casebere, Gilbert & George,
Michael Goldberg, Barry Le Va, Robert
Morris, Terry Winters, Robert Yarber

28 settembre / September-19 ottobre
/ October
Boyd Webb
Sonnabend Gallery, 420 West
Broadway, New York

26 ottobre / October-16 novembre /
November
Robert Yarber: New Paintings
Sonnabend Gallery, 420 West
Broadway, New York

23 novembre / November 1985-3
gennaio / January 1986
**Bernd and Hilla Becher: American
Industrial Buildings**
Sonnabend Gallery, 420 West
Broadway, New York

1986

11 gennaio / January-11 febbraio /
February
Peter Bömmels
Sonnabend Gallery, 420 West
Broadway, New York

8 febbraio / February-1 marzo / March
Terry Winters
Sonnabend Gallery, 420 West
Broadway, New York

8-29 marzo / March
**Barry Le Va: Drawings and Collages
1966-1986**
Sonnabend Gallery, 420 West
Broadway, New York

5-26 aprile / April
John Baldessari
Sonnabend Gallery, 420 West
Broadway, New York

3-24 maggio / May
Albert Oehlen
Sonnabend Gallery, 420 West
Broadway, New York

20 settembre / September-11 ottobre
/ October
Peter Fischli / David Weiss
Sonnabend Gallery, 420 West
Broadway, New York

18 ottobre / October-8 novembre /
November
Group Show
Sonnabend Gallery, 420 West
Broadway, New York
Artisti / Artists: Jeff Koons, Meyer
Vaisman, Ashley Bickerton, Peter
Halley

15 novembre / November-dicembre /
December
Jiří Georg Dokoupil
Sonnabend Gallery, 420 West
Broadway, New York

1987

14 febbraio / February-7 marzo /
March
**Mel Bochner: Selected Works
1969-1986**
Sonnabend Gallery, 420 West
Broadway, New York

1 marzo / March-18 aprile / April
Terry Winters: Drawings
Sonnabend Gallery, 420 West
Broadway, New York

25 aprile / April-16 maggio / May
Haim Steinbach: If You Smoke
Sonnabend Gallery, 420 West
Broadway, New York
Con / With Jay Gorney Modern Art

23 maggio / May-Estate / Summer
Gilbert & George: The 1986 Pictures
Sonnabend Gallery, 420 West
Broadway, New York

12 settembre / September-3 ottobre
/ October
Robert Yarber
Sonnabend Gallery, 420 West
Broadway, New York

10-31 ottobre / October
Peter Halley
Sonnabend Gallery, 420 West
Broadway, New York

7-28 novembre / November
John Baldessari
Sonnabend Gallery, 420 West
Broadway, New York

5-22 dicembre / December
Similia/Dissimilia
Sonnabend Gallery, 420 West
Broadway, New York
Con / With Leo Castelli Gallery e / and
Columbia University

1988

9-30 gennaio / January
Robert Morris
Sonnabend Gallery, 420 West
Broadway, New York

6 febbraio / February-5 marzo /
March
Bernd and Hilla Becher
Sonnabend Gallery, 420 West
Broadway, New York

12 marzo / March-2 aprile / April
Ashley Bickerton
Sonnabend Gallery, 420 West
Broadway, New York

9-30 aprile / April
Anne and Patrick Poirier
Sonnabend Gallery, 420 West
Broadway, New York

4 giugno / June-Estate / Summer
Hiroshi Sugimoto: Photographs
Sonnabend Gallery, 420 West
Broadway, New York

8 ottobre / October-12 novembre /
November
Barry Le Va
Sonnabend Gallery, 420 West
Broadway, New York

19 novembre / November-23 dicembre
/ December
Jeff Koons
Sonnabend Gallery, 420 West
Broadway, New York

1989

4-25 febbraio / February
Carroll Dunham
Sonnabend Gallery, 420 West
Broadway, New York

4-25 marzo / March
Vito Acconci
Sonnabend Gallery, 420 West
Broadway, New York

1-22 aprile / April
Mel Bochner
Sonnabend Gallery, 420 West
Broadway, New York

29 aprile / April-20 maggio / May
Peter Fischli / David Weiss
Sonnabend Gallery, 420 West
Broadway, New York

10 giugno / June-Estate / Summer
**New Works by Gallery Artisti /
Artists**
Sonnabend Gallery, 420 West
Broadway, New York
Artisti / Artists: John Baldessari, Bernd
e / and Hilla Becher, Ashley Bickerton,
Mel Bochner, Carroll Dunham, Peter
Fischli e / and David Weiss, Gilbert
& George, Peter Halley, Barry Le Va,
Haim Steinbach, Meyer Vaisman, Terry
Winters, Robert Yarber

23 settembre / September-14 ottobre
/ October
Boyd Webb: New Works
Sonnabend Gallery, 420 West
Broadway, New York

21 ottobre / October-11 novembre /
November
**Ashley Bickerton: Landscapes &
Seascapes**
Sonnabend Gallery, 420 West
Broadway, New York

18 novembre / November-21 dicembre
/ December
Peter Halley
Sonnabend Gallery, 420 West
Broadway, New York

21 novembre / November-21 dicembre
/ December
Erica Lennard: New Photographs
Sonnabend Gallery, 420 West
Broadway, New York

1990

6-27 gennaio / January
Bernd and Hilla Becher
Sonnabend Gallery, 420 West
Broadway, New York

3-24 febbraio / February
Robert Yarber
Sonnabend Gallery, 420 West
Broadway, New York

3-24 marzo / March
Meyer Vaisman
Sonnabend Gallery, 420 West
Broadway, New York

31 marzo / March-21 aprile / April
Terry Winters
Sonnabend Gallery, 420 West
Broadway, New York

28 aprile / April-19 maggio / May
Haim Steinbach
Sonnabend Gallery, 420 West
Broadway, New York

26 maggio / May-15 settembre /
September
**Gilbert & George: The New
Cosmological Pictures**
Sonnabend Gallery, 420 West
Broadway, New York

22 settembre / September-13 ottobre
/ October
John Baldessari
Sonnabend Gallery, 420 West
Broadway, New York

20 ottobre / October-10 novembre /
November
Carroll Dunham
Sonnabend Gallery, 420 West
Broadway, New York

17 novembre / November-22 dicembre
/ December
**Mel Bochner, Peter Halley, Robert
Rauschenberg**
Sonnabend Gallery, 420 West
Broadway, New York

1991

5 gennaio / January-26 febbraio /
February
**Boris Becker, Andi Brenner, Ulrich
Gambke, Manfred Jade, Simone
Nieweg, Jörg Sasse**
Sonnabend Gallery, 420 West
Broadway, New York

9 febbraio / February-2 marzo / March
Wim Delvoye
Sonnabend Gallery, 420 West
Broadway, New York

6-27 aprile / April
Barry Le Va
Sonnabend Gallery, 420 West
Broadway, New York

9-27 aprile / April
Erica Lennard: Haiku
Sonnabend Gallery, 420 West
Broadway, New York

4-25 maggio / May
Anne and Patrick Poirier
Sonnabend Gallery, 420 West
Broadway, New York

Estate / Summer
Gilbert & George: The General Jungle
or Carrying On Sculpting
Sonnabend Gallery, 420 West
Broadway, New York

19 ottobre / October-9 novembre /
November
Ashley Bickerton
Sonnabend Gallery, 420 West
Broadway, New York

23 novembre / November-21 dicembre
/ December
Jeff Koons: Made in Heaven
Sonnabend Gallery, 420 West
Broadway, New York

1992

18 gennaio / January-8 febbraio /
February
Jean-Pierre Raynaud
Sonnabend Gallery, 420 West
Broadway, New York

15 febbraio / February-7 marzo /
March
Hiroshi Sugimoto: Seascapes
Sonnabend Gallery, 420 West
Broadway, New York

14 marzo / March-4 aprile / April
John McCracken
Sonnabend Gallery, 420 West
Broadway, New York

6 aprile / April-2 maggio / May
Arman
Sonnabend Gallery, 420 West
Broadway, New York

9-30 maggio / May
Robert Morris
Sonnabend Gallery, 420 West
Broadway, New York
Con / With Leo Castelli Gallery

13 giugno / June-Estate / Summer
Bevan Davies
Sonnabend Gallery, 420 West
Broadway, New York

19 settembre / September-10 ottobre
/ October
John Baldessari
Sonnabend Gallery, 420 West
Broadway, New York

17 ottobre / October-7 novembre /
November
Wim Delvoye
Sonnabend Gallery, 420 West
Broadway, New York

14 novembre / November-19 dicembre
/ December
Matthew Weinstein
Sonnabend Gallery, 420 West
Broadway, New York

1993

9 gennaio / January-13 febbraio /
February
Bernd and Hilla Becher

Sonnabend Gallery, 420 West
Broadway, New York

20 febbraio / February-20 marzo /
March
Carroll Dunham
Sonnabend Gallery, 420 West
Broadway, New York

27 marzo / March-24 aprile / April
Ronald Jones: Monster
Sonnabend Gallery, 420 West
Broadway, New York

8 maggio / May-luglio / July
Haim Steinbach
Sonnabend Gallery, 420 West
Broadway, New York

11 settembre / September-9 ottobre /
October
Robert Yarber
Sonnabend Gallery, 420 West
Broadway, New York

16 ottobre / October-6 novembre /
November
Ashley Bickerton
Sonnabend Gallery, 420 West
Broadway, New York

13 novembre / November-18 dicembre
/ December
Mel Bochner
Sonnabend Gallery, 420 West
Broadway, New York

1994

8 gennaio / January-5 febbraio /
February
Hiroshi Sugimoto: Motion Picture
Sonnabend Gallery, 420 West
Broadway, New York

12 febbraio / February-12 marzo /
March
Terry Winters
Sonnabend Gallery, 420 West
Broadway, New York

19 marzo / March-9 aprile / April
Peter Fischli / David Weiss
Sonnabend Gallery, 420 West
Broadway, New York

16 aprile / April-14 maggio / May
Matthew Weinstein
Sonnabend Gallery, 420 West
Broadway, New York

17 settembre / September-15 ottobre
/ October
John Baldessari
Sonnabend Gallery, 420 West
Broadway, New York

22 ottobre / October-12 novembre /
November
Carroll Dunham
Sonnabend Gallery, 420 West
Broadway, New York

3-21 dicembre / December
Group Exhibition
Sonnabend Gallery, 420 West
Broadway, New York
Artisti / Artists: John Baldessari, Bernd
e / and Hilla Becher, Ashley Bickerton,
Mel Bochner, Carroll Dunham, Peter
Fischli/David Weiss, Ronald Jones,
Barry Le Va, Robert Morris, Haim

Steinbach, Hiroshi Sugimoto, Meyer
Vaisman/Thomas Struth, Matthew
Weinstein, Terry Winters, Robert Yarber

1995

7 gennaio / January-4 febbraio /
February
Hiroshi Sugimoto: Still Life
Sonnabend Gallery, 420 West
Broadway, New York

11 febbraio / February-11 marzo /
March
Robert Yarber
Sonnabend Gallery, 420 West
Broadway, New York

18 marzo / March-15 aprile / April
**Bernd and Hilla Becher: Industrial
Facades**
Sonnabend Gallery, 420 West
Broadway, New York

20 aprile / April-20 maggio / May
Terry Winters
Sonnabend Gallery, 420 West
Broadway, New York

giugno / June-luglio / July
Barry Le Va (Part I)
Sonnabend Gallery, 420 West
Broadway, New York

settembre / September
Barry Le Va (Part II)
Sonnabend Gallery, 420 West
Broadway, New York

23 settembre / September-14 ottobre
/ October
Boyd Webb
Sonnabend Gallery, 420 West
Broadway, New York

21 ottobre / October-18 novembre /
November
Anne and Patrick Poirier: Ouranopolis
Sonnabend Gallery, 420 West
Broadway, New York

Dicembre / December
Group Exhibition
Sonnabend Gallery, 420 West
Broadway, New York
Artisti / Artists: John Baldessari,
Bernd e / and Hilla Becher, Ashley
Bickerton, Mel Bochner, Carroll
Dunham, Peter Fischli/Davie Weiss,
Ronald Jones, Jeff Koons, Barry Le Va,
Robert Morris, Robert Rauschenberg,
Haim Steinbach, Hiroshi Sugimoto,
Matthew Weinstein, Terry Winters,
Robert Yarber

1996

6 gennaio / January-3 febbraio /
February
**Robert Rauschenberg: Carnal Clocks,
Cardboards, Jammers**
Sonnabend Gallery, 420 West
Broadway, New York

24 febbraio / February-23 marzo /
March
Candida Höfer
Sonnabend Gallery, 420 West
Broadway, New York

30 marzo / March-27 aprile / April
Traditional Art from Tanzania

Sonnabend Gallery, 420 West
Broadway, New York

4 maggio / May-1 giugno / June
Ashley Bickerton: Black to the Wall
Sonnabend Gallery, 420 West
Broadway, New York

25 settembre / September-26 ottobre
/ October
Matthew Weinstein
Sonnabend Gallery, 420 West
Broadway, New York

2-30 novembre / November
**Mel Bochner: Constants and
Variables, 1966-1996**
Sonnabend Gallery, 420 West
Broadway, New York

1997

11 gennaio / January-5 febbraio /
February
**John Baldessari: National City Part
Two-1996**
Sonnabend Gallery, 420 West
Broadway, New York

15 febbraio / February-15 marzo /
March
Arman: Cascades
Sonnabend Gallery, 420 West
Broadway, New York

29 aprile / April-28 giugno / June
**Gilbert & George: The Fundamental
Pictures**
Sonnabend Gallery, 420 West
Broadway, New York

13 settembre / September-18 ottobre
/ October
Group Exhibition
Sonnabend Gallery, 420 West
Broadway, New York
Artisti / Artists: John Baldessari, Bernd
e / and Hilla Becher, Ashley Bickerton,
Mel Bochner, Peter Fischli/David Weiss,
Candida Höfer, Ronald Jones, Barry
Le Va, Robert Morris, Anne e / and
Patrick Poirier, Haim Steinbach, Hiroshi
Sugimoto, Matthew Weinstein, Robert
Yarber

25 ottobre / October-6 dicembre /
December
**Haim Steinbach: American Still Life
and Other Stories**
Sonnabend Gallery, 420 West
Broadway, New York

1998

9 gennaio / January-14 febbraio /
February
John Baldessari: The Goya Series
Sonnabend Gallery, 420 West
Broadway, New York

21 febbraio / February-21 marzo /
March
**Barry Le Va: Smatterings, Works on
Paper 1967-1998**
Sonnabend Gallery, 420 West
Broadway, New York

21 febbraio / February-21 marzo /
March
Lawrence Beck: Botanical Gardens
Sonnabend Gallery, 420 West
Broadway, New York

26 marzo / March-25 aprile / April
Wim Delvoye
Sonnabend Gallery, 420 West
Broadway, New York

2-30 maggio / May
Robert Yarber
Sonnabend Gallery, 420 West
Broadway, New York

giugno / June
**Peter Fischli/David Weiss, Clay Ketter,
Jeff Koons**
Sonnabend Gallery, 420 West
Broadway, New York

Dal / From 7 ottobre / October
Hiroshi Sugimoto
Sonnabend Gallery, 420 West
Broadway, New York

1999

9 gennaio / January-13 febbraio /
February
Elger Esser
Sonnabend Gallery, 420 West
Broadway, New York

20 febbraio / February-27 marzo /
March
Bernd and Hilla Becher: Aggregates
Sonnabend Gallery, 420 West
Broadway, New York

3 aprile / April-8 maggio / May
Clay Ketter
Sonnabend Gallery, 420 West
Broadway, New York

15 maggio / May-26 giugno / June
Ashley Bickerton
Sonnabend Gallery, 420 West
Broadway, New York

Dal / From 18 settembre / September
**Lawrence Beck, Elger Esser, Hiroshi
Sugimoto**
Sonnabend Gallery, 420 West
Broadway, New York

13 novembre / November-dicembre /
December
Jeff Koons: Easyfun
Sonnabend Gallery, 420 West
Broadway, New York

2000

Estate / Summer
Retrospective Exhibition
Sonnabend Gallery, 536 West 22nd
Street, New York
Artisti / Artists: Giovanni Anselmo,
Arman, John Baldessari, Lawrence
Beck, Bernd e / and Hilla Becher,
Ashley Bickerton, Mel Bochner, Pier
Paolo Calzolari, Elger Esser, Gilbert &
George, Candida Höfer, Clay Ketter,
Jeff Koons, Jannis Kounellis, Barry
Le Va, Roy Lichtenstein, Mario Merz,
Robert Morris, Bruce Nauman, Anne
e / and Patrick Poirier, Rona Pondick,
Robert Rauschenberg, Andrea Robbins,
Max Becher, James Rosenquist, Haim
Steinbach, Hiroshi Sugimoto, Andy
Warhol, Boyd Webb, Matthew Weinstein,
Robert Yarber, Gilberto Zorio

23 settembre / September-novembre
/ November
Sculpture

Sonnabend Gallery, 536 West 22nd
Street, New York
Artisti / Artists: Richard Artschwager,
Scott Burton, Donald Judd, Clay Ketter,
Robert Morris, Bruce Nauman, Rona
Pondick, Matthew Weinstein

11 novembre / November-22 dicembre
/ December
Mel Bochner
Sonnabend Gallery, 536 West 22nd
Street, New York

2001

6 gennaio / January-10 febbraio /
February
**Robert Morris: Fiberglass, Lead, Felt,
1963-1996**
Sonnabend Gallery, 536 West 22nd
Street, New York

17 febbraio / February-24 marzo /
March
**Hiroshi Sugimoto: Dioramas, Wax
Figures, and Portraits**
Sonnabend Gallery, 536 West 22nd
Street, New York

31 marzo / March-5 maggio / May
Candida Höfer
Sonnabend Gallery, 536 West 22nd
Street, New York

21 maggio / May-Estate / Summer
**John Baldessari, Jeff Koons, Tom
Wesselmann**
Sonnabend Gallery, 536 West 22nd
Street, New York

15 settembre / September-3 novembre
/ November
Andrea Robbins and Max Becher
Sonnabend Gallery, 536 West 22nd
Street, New York

26 ottobre / October-3 novembre /
November
I Love NY Benefit
Sonnabend Gallery, 536 West 22nd
Street, New York
Artisti / Artists: John Baldessari,
Bernd e / and Hilla Becher, Lawrence
Beck, Ashley Bickerton, Mel Bochner,
Candida Höfer, Clay Ketter, Jeff Koons,
Barry Le Va, Robert Morris, Rona
Pondick, Clifford Ross, Keith Sonnier,
Haim Steinbach, Hiroshi Sugimoto,
Matthew Weinstein, Tom Wesselmann,
Robert Yarber

10 novembre / November-21 dicembre
/ December
Elger Esser
Sonnabend Gallery, 536 West 22nd
Street, New York

2002

12 gennaio / January-16 febbraio /
February
Clay Ketter
Sonnabend Gallery, 536 West 22nd
Street, New York

23 febbraio / February-23 marzo /
March
Lawrence Beck
Sonnabend Gallery, 536 West 22nd
Street, New York

30 marzo / March-4 maggio / May

Rona Pondick
Sonnabend Gallery, 536 West 22nd
Street, New York

Estate / Summer
Group Exhibition 2002
Sonnabend Gallery, 536 West 22nd
Street, New York
Artisti / Artists: Bernd e / and Hilla
Becher, Lawrence Beck, Ashley
Bickerton, Mel Bochner, Elger Esser,
Candida Höfer, Robert Morris, Rona
Pondick, Andrea Robbins, Max Becher,
Clifford Ross, Haim Steinbach, Hiroshi
Sugimoto

21 settembre / September-2 novembre
/ November
Clifford Ross
Sonnabend Gallery, 536 West 22nd
Street, New York

9 novembre / November-20 dicembre
/ December
Jeff Koons
Sonnabend Gallery, 536 West 22nd
Street, New York

2003

11 gennaio / January-15 febbraio /
February
**Bernd and Hilla Becher: Industrial
Landscapes**
Sonnabend Gallery, 536 West 22nd
Street, New York

22 febbraio / February-22 marzo /
March
Jean Prouvé
Sonnabend Gallery, 536 West 22nd
Street, New York
Organizzata da / Organized by Galerie
Patrick Seguin

22 febbraio / February-22 marzo /
March
Group Show
Sonnabend Gallery, 536 West 22nd
Street, New York
Artisti / Artists: Lawrence Beck, Bernd e
/ and Hilla Becher, Elger Esser, Candida
Höfer, Clay Ketter, Clifford Ross, Haim
Steinbach, Matthew Weinstein

29 marzo / March-3 maggio / May
Mel Bochner: Photographs 1966-1969
Sonnabend Gallery, 536 West 22nd
Street, New York

10 maggio / May-luglio / July
Summer Group Exhibition
Sonnabend Gallery, 536 West 22nd
Street, New York
Artisti / Artists: Lawrence Beck, Ashley
Bickerton, Elger Esser, Candida Höfer,
Clay Ketter, Rona Pondick, Jean
Prouvé, Andrea Robbins, Max Becher,
Clifford Ross, Haim Steinbach, Hiroshi
Sugimoto

20 settembre / September-1 novembre
/ November
Hiroshi Sugimoto
Sonnabend Gallery, 536 West 22nd
Street, New York

20 settembre / September-1 novembre
/ November
Keith Sonnier
Sonnabend Gallery, 536 West 22nd
Street, New York

8 novembre / November-19 dicembre / December
Jeff Koons
Sonnabend Gallery, 536 West 22nd Street, New York

2004

10 gennaio / January-7 febbraio / February
Gilberto Zorio
Sonnabend Gallery, 536 West 22nd Street, New York

10 gennaio / January-7 febbraio / February
Peter Moore
Sonnabend Gallery, 536 West 22nd Street, New York

14 febbraio / February-20 marzo / March
Andrea Robbins and Max Becher
Sonnabend Gallery, 536 West 22nd Street, New York

14 febbraio / February-20 marzo / March
Haim Steinbach, Candice Breitz
Sonnabend Gallery, 536 West 22nd Street, New York

27 marzo / March-1 maggio / May
Clifford Ross
Sonnabend Gallery, 536 West 22nd Street, New York

8 maggio / May-31 luglio / July
Ashley Bickerton
Sonnabend Gallery, 536 West 22nd Street, New York

18 settembre / September-30 ottobre / October
Candida Höfer
Sonnabend Gallery, 536 West 22nd Street, New York

18 settembre / September-30 ottobre / October
Mathieu Matégot: Inside/Outside
Sonnabend Gallery, 536 West 22nd Street, New York
Organizzata da / Organized by Jousse Entreprise, Parigi / Paris

6 novembre / November-18 dicembre / December
Gilbert & George: Perversive Pictures
Sonnabend Gallery, 536 West 22nd Street, New York
Con / With Lehmann Maupin Gallery

2005

8 gennaio / January-12 febbraio / February
Joseph Beuys and Barry Le Va
Sonnabend Gallery, 536 West 22nd Street, New York

19 febbraio / February-19 marzo / March
Lawrence Beck, Clay Ketter
Sonnabend Gallery, 536 West 22nd Street, New York

26 marzo / March-23 aprile / April
Elger Esser, Matthew Weinstein
Sonnabend Gallery, 536 West 22nd Street, New York

30 aprile / April-25 giugno / June
Hiroshi Sugimoto
Sonnabend Gallery, 536 West 22nd Street, New York

17 settembre / September-29 ottobre / October
Gilberto Zorio
Sonnabend Gallery, 536 West 22nd Street, New York

17 settembre / September-29 ottobre / October
Candice Breitz
Sonnabend Gallery, 536 West 22nd Street, New York

5 novembre / November-21 dicembre / December
Clifford Ross
Sonnabend Gallery, 536 West 22nd Street, New York

2006

7 gennaio / January-11 febbraio / February
Matthew Weinstein
Sonnabend Gallery, 536 West 22nd Street, New York

18 febbraio / February-18 marzo / March
Le Corbusier-Pierre Jeanneret: Chandigarth, India, 1952-56
Sonnabend Gallery, 536 West 22nd Street, New York
Organizzata da / Organized by Galerie Patrick Seguin, Parigi / Paris

25 marzo / March-22 aprile / April
Rona Pondick
Sonnabend Gallery, 536 West 22nd Street, New York

6 maggio / May-28 luglio / July
Ashley Bickerton
Sonnabend Gallery, 536 West 22nd Street, New York
Organizzata da / Organized with Lehmann Maupin Gallery

16 settembre / September-21 ottobre / October
Andrea Robbins and Max Becher
Sonnabend Gallery, 536 West 22nd Street, New York

16 settembre / September-21 ottobre / October
Boyd Webb
Sonnabend Gallery, 536 West 22nd Street, New York

28 ottobre / October-9 dicembre / December
Hiroshi Sugimoto: Color of Shadow
Sonnabend Gallery, 536 West 22nd Street, New York

20 dicembre / December 2006-13 gennaio / January 2007
Candida Höfer: Musée du Louvre
Sonnabend Gallery, 536 West 22nd Street, New York

2007

20 gennaio / January-17 febbraio / February
Boyd Webb
Sonnabend Gallery, 536 West 22nd Street, New York

20 gennaio / January-17 febbraio / February
Clay Ketter
Sonnabend Gallery, 536 West 22nd Street, New York

24 febbraio / February-24 marzo / March
Lawrence Beck
Sonnabend Gallery, 536 West 22nd Street, New York

24 febbraio / February-24 marzo / March
Luminaries by Serge Mouille
Sonnabend Gallery, 536 West 22nd Street, New York
Con / With Jousse Entreprise, Parigi / Paris
Include anche opere di / Also included works by André Borderie, Georges Jouve, Le Corbusier, Pierre Jeanneret, Charlotte Perriand, Jean Prouvé

31 marzo / March-21 aprile / April
Elger Esser
Sonnabend Gallery, 536 West 22nd Street, New York

28 aprile / April-29 luglio / July
Haim Steinbach
Sonnabend Gallery, 536 West 22nd Street, New York

28 aprile / April-29 luglio / July
Bernd and Hilla Becher: Grain Elevators
Sonnabend Gallery, 536 West 22nd Street, New York

15 settembre / September-20 ottobre / October
Candida Höfer
Sonnabend Gallery, 536 West 22nd Street, New York

15 settembre / September-20 ottobre / October
Robert Morris: Blind Time Drawings
Sonnabend Gallery, 536 West 22nd Street, New York

27 ottobre / October-1 dicembre / December
Group Exhibition
Sonnabend Gallery, 536 West 22nd Street, New York
Artisti / Artists: Lawrence Beck, Gilbert & George, Clay Ketter, Barry Le Va, Rona Pondick, Clifford Ross

8 dicembre / December 2007-19 gennaio / January 2008
Group Exhibition
Sonnabend Gallery, 536 West 22nd Street, New York
Artisti / Artists: Ashley Bickerton, Andrea Robbins, Max Becher, Haim Steinbach, Boyd Webb, Matthew Weinstein

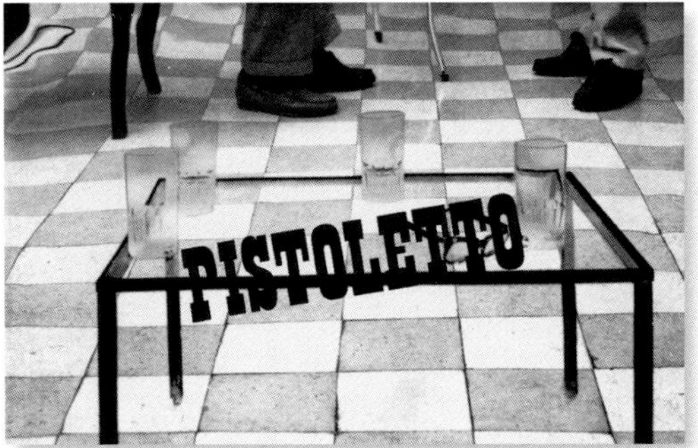

Invito alla mostra, *Michelangelo Pistoletto*, Parigi 1964 /
Exhibition invitation, *Michelangelo Pistoletto*, Paris 1964

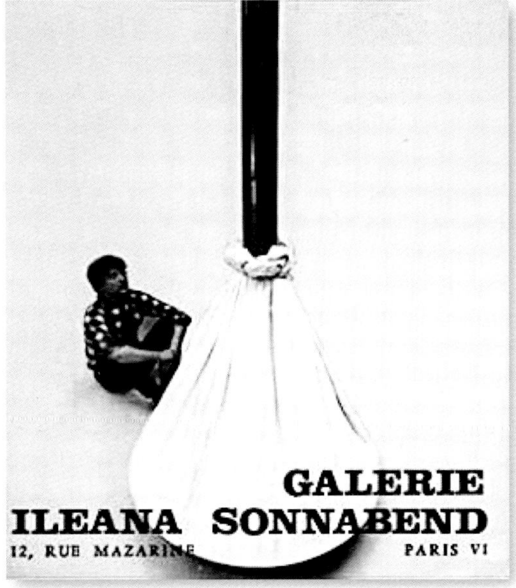

Catalogo della mostra, *Gilberto Zorio*, Parigi 1969 /
Exhibition catalogue, *Gilberto Zorio*, Paris 1969

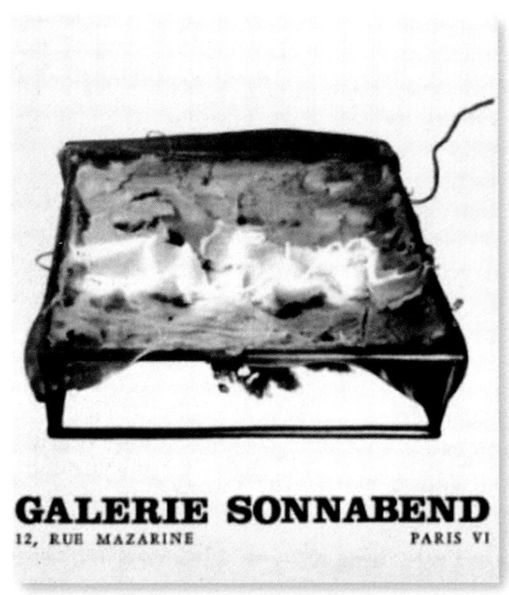

Catalogo della mostra, *Mario Merz*, Parigi 1969 /
Exhibition catalogue, *Mario Merz*, Paris 1969

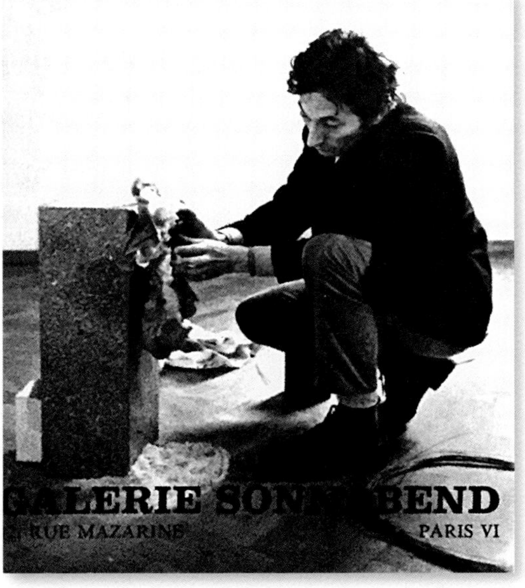

Catalogo della mostra, *Giovanni Anselmo*, Parigi 1969 /
Exhibition catalogue, *Giovanni Anselmo*, Paris 1969

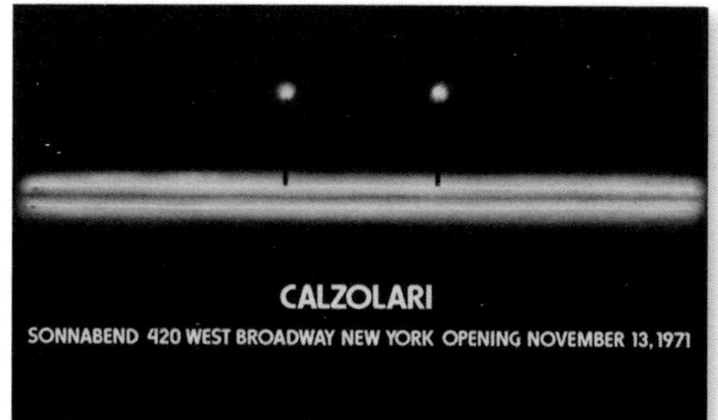

Invito alla mostra, *Pier Paolo Calzolari*, New York 1971 /
Exhibition invitation, *Pier Paolo Calzolari*, New York 1971

Invito alla mostra, *Jannis Kounellis*, New York 1972 /
Exhibition invitation, *Jannis Kounellis*, New York 1972

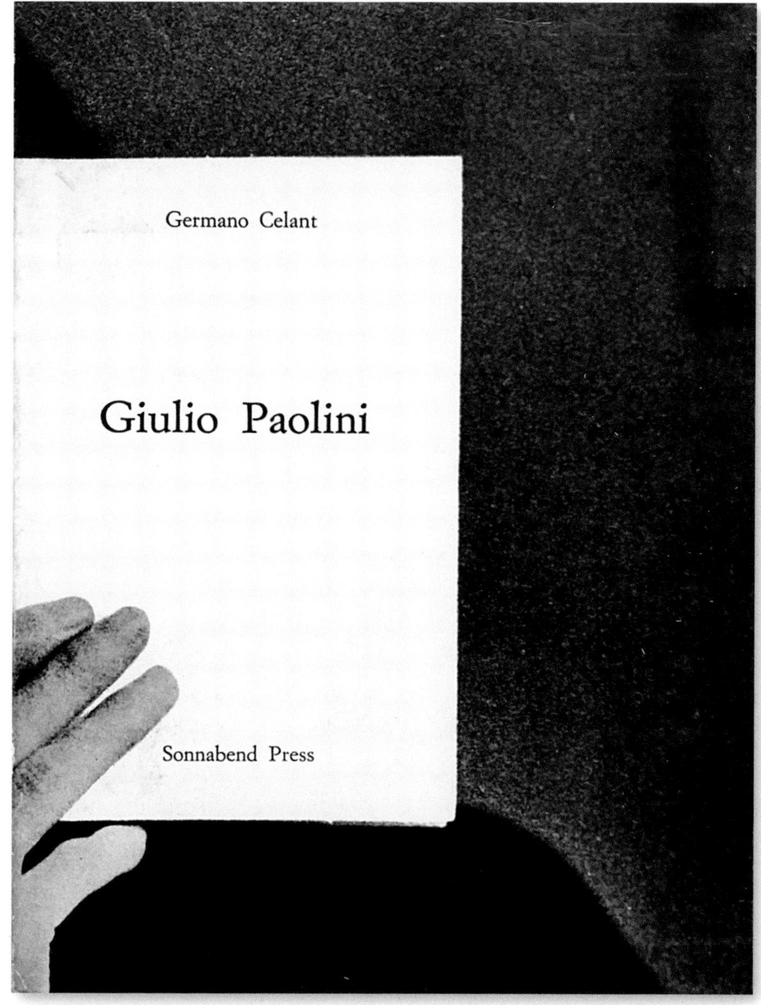

Monografia *Giulio Paolini* a cura di Germano Celant edita dalla Sonnabend Press, 1972 /
Monograph *Giulio Paolini* curated by Germano Celant, published by Sonnabend Press, 1972

OPERE IN MOSTRA E VEDUTE ESPOSITIVE AL MNAR DI BUCAREST

EXHIBITED WORKS AND EXHIBITION VIEWS AT MNAR IN BUCHAREST

L'ordine in cui sono pubblicati i seguenti approfondimenti sulle opere esposte rispecchia l'ordine di apparizione in mostra nonché l'ordine cronologico dell'inizio della collaborazione di ciascun artista con Ileana Sonnabend.

The order in which the following insights on the exhibited works are published corresponds to the order of their appearance in exhibitions, as well as the chronological order of the beginning of each artist's collaboration with Ileana Sonnabend.

Mario Schifano

La stanza dei disegni
[*The Drawing Room*], 1962
Smalto e carboncino su carta
applicata su tela / Enamel and
charcoal on paper on canvas
160 x 180 cm
Collezione privata / Private collection

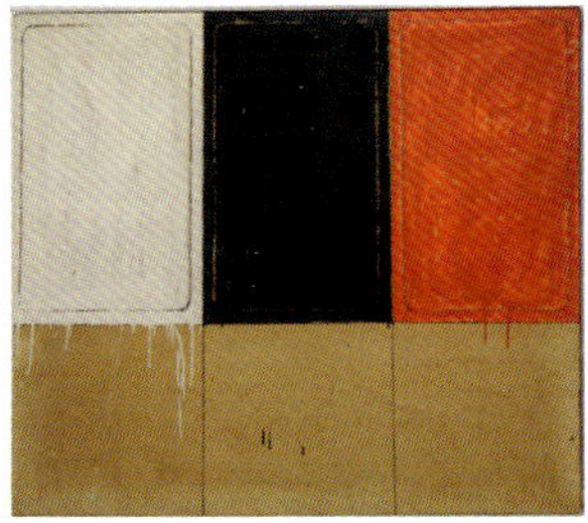

Figlio di un archeologo responsabile
degli scavi a Leptis Magna, in Libia,
dopo un apprendistato al Museo
Etrusco di Villa Giulia, Mario Schifano
esordisce con la sua prima personale
alla Galleria Appia Antica di Roma nel
1959. Attira subito l'interesse della
critica realizzando quadri monocromi
che offrono l'idea di uno schermo
fotografico, in seguito arricchita da
numeri, lettere, segnali stradali e i
marchi della Esso o della Coca Cola.
Nell'estate 1961 i Sonnabend giungono
a Roma e, in quell'occasione, il
gallerista Plinio De Martiis introduce
loro il lavoro di Schifano, a cui
aveva appena dedicato una mostra
personale.
Tra la fine del 1961 e l'inizio del 1962
i Sonnabend acquisiscono alcune
sue opere esposte in quella mostra
personale.
Sul finire del 1961 Ileana gli offre
un contratto di collaborazione
esclusiva. Dal gennaio 1962 alla tarda
primavera di quell'anno, i Sonnabend
si stabiliscono in un appartamento in
passeggiata di Ripetta 11, vicino alla
casa di Schifano.
Grazie a Ileana, nel 1962 l'artista
espone per la prima volta negli USA
una sua opera, *Propaganda* (1962),
nella mostra collettiva *The New
Realists* presso la Sidney Janis Gallery.
Nel 1962 Schifano rivela a Ileana che
sta pensando di cambiare lo stile delle
sue opere e le chiede un parere. Lei
gli risponde che lo ritiene un errore
e Schifano, in risposta, annulla il loro
contratto.
La sua mostra personale, che Ileana
presenta a Parigi nel 1963, è realizzata
con i dipinti che la gallerista aveva
acquistato quando Schifano era
ancora sotto contratto. Il 25 aprile
1963 inaugura la prima e unica mostra
personale di Mario Schifano con
Ileana Sonnabend a Parigi, ma, a
causa dei dissapori con la gallerista,
l'artista non si presenta all'apertura.
Sebbene la lista delle opere esposte
sia ancora oggi dubbia, è certo che
tra esse ci fosse *La stanza dei disegni*
del 1962.
Fin dalle sue prime mostre nel
1960 e 1961, Schifano copre con lo
smalto uno o più riquadri ad angoli
smussati, simili a schermi, che disegna
a carboncino su carta da pacchi
applicata su tela. Lascia che lo smalto
coli oltre il margine di ogni riquadro
dando luogo a un'osmosi di pieno
e di vuoto, di spazio inquadrabile e
inquadrato. Ne *La stanza dei disegni*
tre diverse parti monocrome (bianca,
nera, rossa) oltrepassano i tre riquadri
disegnati a carboncino, colando
dall'alto all'interno di altrettante
cornici delineate per sottrazione di
colori. Dopo la chiusura della mostra
alla Galerie Sonnabend nel 1963, *La
stanza dei disegni* passò in proprietà
a Michael Sonnabend.

—

The son of an archaeologist in charge
of the excavations at Leptis Magna
in Libya, Mario Schifano trained at
the Etruscan Museum of Villa Giulia
before making his debut in Rome in
1959 with his first solo exhibition at the
Galleria Appia Antica. He immediately
attracted the attention of the critics
with his monochrome paintings, which
suggested the idea of a photographic
canvas that would later contain
numbers, letters, road signs and the
Esso or Coca Cola brands.
In the summer of 1961, the
Sonnabends arrived in Rome. There,
they met the gallery owner Plinio De
Martiis, who introduced them to the
work of Schifano, to whom he had just
dedicated a solo exhibition.
In late 1961 and early 1962, the
Sonnabends acquired some of
Schifano's works shown in this solo
exhibition.
At the end of 1961, Ileana offered
Schifano an exclusive collaboration
contract. From January 1962 until
the late spring of that year, the
Sonnabends lived in an apartment on
the Passeggiata di Ripetta 11, close to
Schifano's house.
In 1962, thanks to Ileana, he
first exhibited one of his works,
Propaganda (1962), in the United
States, at the group exhibition *The
New Realists* at the Sidney Janis
Gallery.
In 1962 Schifano told Ileana he
was thinking of changing the style
of his works and asked her for an
opinion. She told him that she found
it a mistake, and he cancelled their
contract.
The show Ileana presented in Paris in
1963 was made of the paintings she
had purchased while Schifano was still
under contract. Mario Schifano's first
and only solo exhibition at the Galerie
Sonnabend in Paris opened on April
25th, 1963, but the artist did not attend
the opening.
Although the list of works exhibited
is still dubious, it is certain that *La
stanza dei disegni* (1962) was among
them.
Since his first exhibitions in 1960
and 1961, Schifano has covered with
enamel one or more squares with
rounded corners, resembling screens,
which he draws with charcoal on
wrapping paper applied to canvas.
He allows the enamel to drip over
the edge of each frame, creating
an osmosis of full and empty, of
some framed space and some to be
framed. In *La stanza dei disegni*, three
different monochrome parts (white,
black, red) extend beyond the three
frames drawn in charcoal, dripping
from above into as many frames
outlined by subtraction of colour.
La stanza dei disegni became the
property of Michael Sonnabend
after the 1963 exhibition at Galerie
Sonnabend.

Michelangelo Pistoletto

Due uomini in camicia
[*Two Men in Shirt*], 1963
Velina dipinta su acciaio inox lucidato
a specchio / Painted tissued paper on
polished stainless steel on canvas
171,3 x 101,3 x 3 cm
Collezione Maramotti, Reggio Emilia

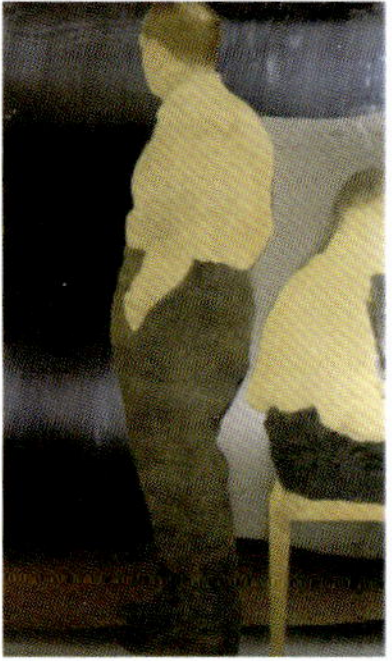

Ragazza che cammina
[*Walking Girl*], 1966
Velina dipinta su acciaio inox lucidato
a specchio / Painted tissue paper on
polished stainless steel
230 x 120 cm
Collezione Intesa Sanpaolo
Gallerie d'Italia – Napoli

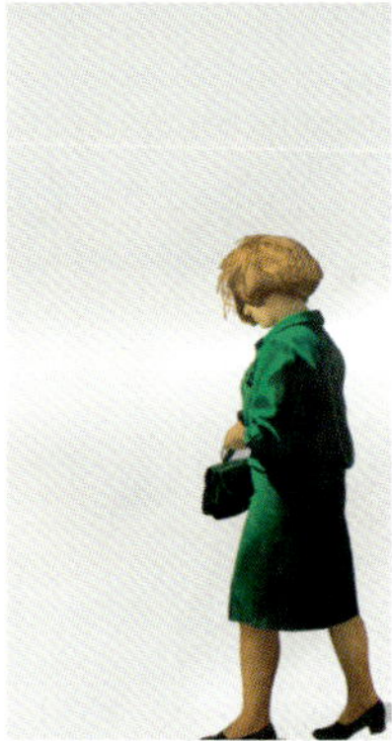

Michelangelo Pistoletto tiene due
mostre personali, una nel 1964 e una
nel 1967, nella galleria parigina di
Ileana Sonnabend. Nella prima espone
17 quadri specchianti realizzati tra
il 1962 e il 1964, tra i quali *Uomo in
piedi e uomo seduto* (1963, in seguito
denominata *Due uomini in camicie*);
nella seconda presenta tre esemplari
della serie intitolata *Oggetti in meno*
(1965-1966) e 15 quadri specchianti
realizzati tra il 1963 e il 1967, tra cui
Ragazza che cammina del 1966.
I quadri specchianti, dal 1963 al

1971, sono costituiti da una lastra di acciaio inox lucidato a specchio su cui è applicata un'immagine dipinta su carta velina, ottenuta ricalcando una fotografia ingrandita a dimensioni reali solitamente realizzata sotto la direzione dell'artista nello studio del fotografo Paolo Bressano. A differenza della concezione del quadro come finestra aperta su un mondo altro, i quadri specchianti includono al loro interno lo spettatore e lo spazio reale che è alle sue spalle confondendoli con l'immagine fotografica ivi applicata e mettendo così in comunicazione arte e vita.

———

Michelangelo Pistoletto had two solo exhibitions at Ileana Sonnabend's Paris gallery, in 1964 and 1967. In the first one, he exhibited 17 mirror paintings made between 1962 and 1964, including *Uomo in piedi e uomo seduto* (1963, later titled *Due uomini in camicie*). In the second one, he presented three examples from the series entitled *Oggetti in meno* from 1965-1966 and 15 mirror paintings made between 1963 and 1967, including *Ragazza che cammina* from 1966. The mirror paintings, 1963-1971, consist of a sheet of mirror-polished stainless steel, on which it is painted an image impressed on tissue paper, obtained by tracing an enlarged photograph, usually taken under the artist's supervision in the studio of the photographer Paolo Bressano. Contrary to the notion of painting as an open window to another world, the mirror paintings include the viewer and the real space behind him, confusing it with the photographic image applied to it, thus combining art and life.

Gilberto Zorio

Sedia [*Chair*], 1966
Tubi e morsetti Dalmine, poliuretano espanso colorato, cemento /
Scaffolding tubes and clamps, colored polyurethane, concrete
220 x 100 x 70 cm
Collezione dell'artista / Collection of the artist

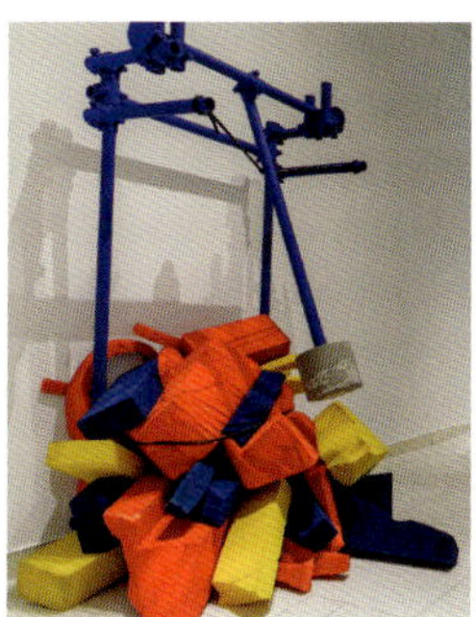

Il 23 gennaio 1969 Gilberto Zorio inaugura la sua prima mostra personale presso la galleria parigina di Ileana Sonnabend. Tra le opere esposte c'è *Sedia* (1966), presentata per la prima volta nel 1967 in occasione della prima mostra personale dell'artista presso la Galleria Sperone a Torino.
Sedia è una struttura metallica che definisce un campo energetico, disponendo elementi di valenza opposta in una situazione di equilibrio precario: il blocco di cemento armato, trattenuto da un sottile tondino di gomma tesa, incombe sull'agglomerato di ritagli di poliuretano espanso tinti nei colori primari rosso, giallo e blu.

———

On January 23rd, 1969 Gilberto Zorio opened his first solo exhibition at the Paris gallery of Ileana Sonnabend. Among the works on display there was *Sedia* (1966), first shown at the artist's first solo exhibition at Sperone gallery in Turin in 1967.
Sedia is a metal structure that defines an energy field by arranging elements of opposite valences in a precarious state of equilibrium: the reinforced concrete block, held in place by a thin rod of taut rubber, towers over the agglomeration of polyurethane foam cut-outs coloured in the primary colours of red, yellow and blue.

Mario Merz

Sit-in, 1968
Struttura in ferro, neon, cera / Iron structure, neon, wax
18 x 64 x 56 cm
Collezione Merz, Torino / Merz collection, Turin

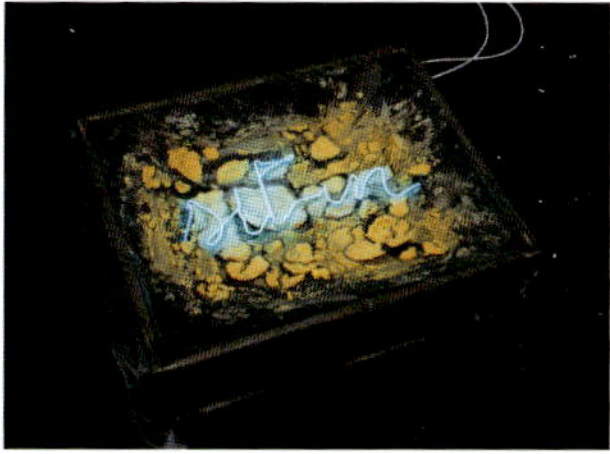

Nella prima mostra personale allestita presso la sede parigina della Galerie Sonnabend, nel 1969, Mario Merz presenta *Sit-in* del 1968, pubblicata anche in copertina del catalogo dell'esposizione ed esposta poco prima, nel marzo-aprile dello stesso anno, alla storica rassegna *When Attitudes Become Form* curata da Harald Szeemann alla Kunsthalle di Berna.
Sit-in è una struttura in ferro, neon e cera collocata a pavimento, al centro di uno spazio, e collegata a una presa di corrente elettrica. La scritta al neon *Sit-in* rimanda alla forma di protesta basata sull'occupazione di un'area allo scopo di attirare l'attenzione sulle istanze di coloro che la attuano. Entro una rete di una struttura in ferro, quella scritta al neon è lasciata come in sospeso rispetto alla cera sottostante. Come tutto il lavoro di Merz di quegli anni, l'opera si basa su una commissione tra arte, storia e politica, con l'intento di operare una contestazione contro l'atrofizzante sistema socio-politico e culturale coevo.

In his first solo exhibition at Ileana Sonnabend's Paris gallery in 1969, Mario Merz presented *Sit-in* (1968), which was also published on the cover of the exhibition catalogue and was first shortly exhibited in the landmark exhibition *When Attitudes Become Form*, curated by Harald Szeemann, at the Kunsthalle Bern in March-April of that same year.
Sit-in is an iron, neon and wax structure placed on the floor in the center of a space and connected to an electrical outlet. The neon *Sit-in* sign refers to the form of protest based on the occupation of a space to draw attention to the demands of those carrying it out. Within the mesh of an iron structure, this neon writing is left suspended from the wax beneath. Like all of Merz's works from those years, the work is based on a mixture of art, history and politics, with the intention of conducting a contestation against the atrophying socio-political and cultural system of the time.

Giovanni Anselmo

Torsione [*Torsion*], 1968
Pelle, cemento, legno / Leather, concrete, wood
110 x 115 x 80 cm (misure complessive / overall dimension); 119 x 8 x 10 cm (barra in legno / concrete and leather base); 78 x 52 x 52 cm (base in cemento e pelle / wooden bar).
Collezione privata / Private collection

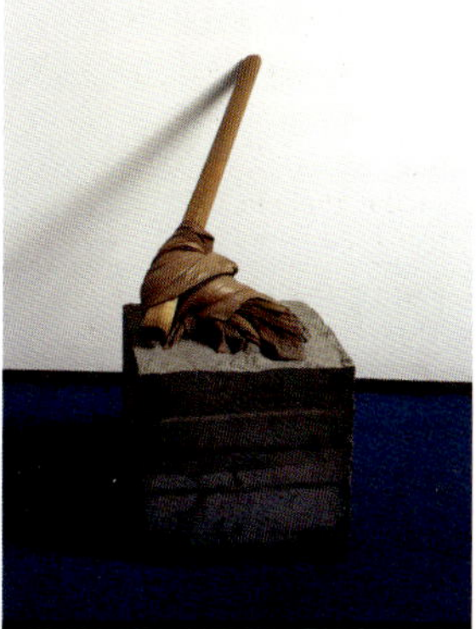

Giovanni Anselmo tiene soltanto una mostra personale, nel 1969, presso la sede parigina della Galerie Sonnabend.
Tra le opere esposte sono presenti due diverse versioni di *Torsione*, entrambe del 1968. L'una è costituita da un'asse in legno di cui un'estremità, poggiata su un cubo in cemento, è infilata in una pelle. L'artista afferra l'estremità opposta dell'asse e, girando attorno al cubo in cemento, produce una torsione dell'asse e, dunque, della pelle a essa associata. Infine, appoggia su una parete l'estremità dell'asse che impugna: in questo modo, l'asse e la pelle sono mantenute in tensione sul cubo in cemento.
In tutta la sua ricerca, Anselmo

esalta la presenza potenziale dell'invisibile nel visibile, mettendo in luce l'energia insita nella materia: in *Torsione*, compiendo un movimento di torsione dell'asse in legno, trasmette materialmente energia all'opera; un'energia che poi si manifesta come spinta reale di ritorno.

———

Giovanni Anselmo held only one solo exhibition at the Galerie Sonnabend in Paris in 1969.
Among the works on display are two different versions of *Torsione*, both from 1968. One consists of a wooden bar, one end of which, resting on a concrete cube, is threaded through a length of cloth. The artist grasps the opposite end of the bar and, turning around the concrete cube, produces a twisting of the bar and thus of the cloth associated with it.
Finally, he rests the end of the bar he grips on a wall: the bar and cloth are thus kept in tension on the concrete cube. Throughout his research, Anselmo exalts the potential presence of the invisible in the visible, highlighting the energy inherent in matter: in *Torsione*, by making a twisting movement of the wooden plank, he materially transmits energy to the work; an energy that then manifests itself as a real push-back.

Pier Paolo Calzolari

Senza titolo, [*Untitled*] 1970
Neon azzurro, due candele, trasformatore / Blue neon, two candles, transformer
350 x 32 cm
Collezione Peppino Di Bennardo / Peppino Di Bennardo collection

Pier Paolo Calzolari tiene tre mostre da Sonnabend: la prima a Parigi nel 1970; le altre due nel 1971, l'una a Parigi e l'altra a New York. Sull'invito della mostra a New York nel 1971 è riprodotta il *Senza titolo* (1970) esposto a Parigi in quello stesso anno.
Senza titolo si compone di due tubi in neon azzurro sospesi con orientamento orizzontale alla parete, paralleli e a breve distanza l'uno dall'altro. Sul neon disposto più in alto si ergono due candele accese. L'attitudine processuale, l'attenzione per gli elementi primari e per le loro caratteristiche fisiche, svincolano ogni opera di Calzolari dalla fissità dell'oggetto per renderla un processo teso a esaltare la fisicità della materia e il suo potere simbolico. Da qui la dimensione alchemica dei suoi lavori che sfruttano i principi della fisica per creare un'estetica del quotidiano e del vivente.

———

Pier Paolo Calzolari held three exhibitions at Sonnabend's, the first one in Paris in 1970 and the other two in 1971, one in Paris and the other one in New York. The invitation to the 1971 New York exhibition reproduced *Untitled* (1970), which was exhibited in Paris the same year.
Untitled consists of two blue neon tubes suspended horizontally from the wall, parallel and a short distance apart. Two lit candles stand on top of the higher neon. The processual attitude, the attention to the primary elements and their physical characteristics free each of Calzolari's works from the fixity of the object, making it a process aimed at enhancing the physicality of matter and its symbolic power. Hence, the alchemical dimension of his works, which use the principles of physics to create an aesthetic of the everyday and the living.

Jannis Kounellis

Senza titolo, [*Untitled*] 1980
China su carta / China on paper
269 x 150 cm

Senza titolo, [*Untitled*] 1980
China su carta intelata / China on intel paper
268 x 150 cm

Senza titolo, [*Untitled*] 1980
China su carta intelata / China on intel paper
268 x 150 cm

Senza titolo, [*Untitled*] 1980
China su carta intelata / China on intel paper
269 x 150 cm

Senza titolo, [*Untitled*] 1980
China su carta intelata / China on intel paper
267 x 150 cm

Senza titolo, [*Untitled*] 1980
China su carta intelata / China on intel paper
267 x 150 cm

Senza titolo, [*Untitled*] 1980
China su carta intelata / China on intel paper
267 x 150 cm

Collezione privata / Private collection

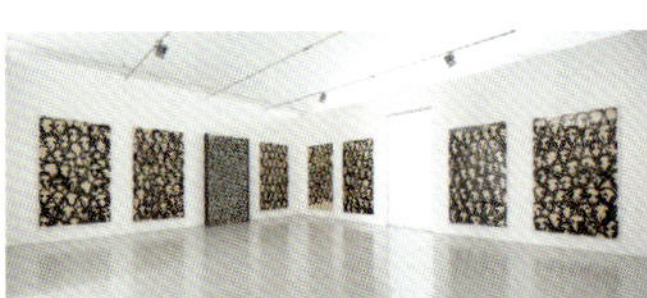

Dopo aver tenuto tre mostre da Ileana Sonnabend (la prima a New York nel 1972, la seconda a Parigi nel 1973 e la terza a New York nel 1975), nel 1980 Jannis Kounellis tiene una mostra personale nella sede newyorkese della galleria dove presenta 16 grandi chine su carta in una sorta di installazione site-specific lungo le pareti dello spazio espositivo.
La superficie di ciascuna delle 16 opere è occupata dal disegno di molteplici teste ispirato a *L'Urlo* di Edvard Munch. Kounellis racconta di aver conosciuto la ricerca di Munch attraverso alcuni dipinti di Umberto Boccioni, tra i quali il celebre trittico *Stati d'animo*, realizzato nel 1911 e conservato al Museum of Modern Art di New York. Di Munch, Kounellis afferma di apprezzare la capacità di esprimere la condizione umana – e, in particolare, il dramma umano, tema centrale nella ricerca dello stesso Kounellis. Tutto il suo lavoro è infatti guidato da una rivendicazione della componente drammatica, tragica, epica del reale: se la realtà tenta di allontanarci dalla morte fingendo che non esista, le opere di Kounellis perseguono l'obiettivo opposto, ossia di rendere possibile l'incontro con lei.

———

After three exhibitions at Ileana Sonnabend galleries (the first one in New York in 1972, the second one in Paris in 1973 and the third one in New York in 1975), Jannis Kounellis had a solo show at the gallery's New York location in 1980, where he presented 16 large ink on paper works in a sort of site-specific installation along the walls of the exhibition space.
The surface of each of the 16 works is occupied by the drawing of multiple heads, inspired by Edvard Munch's *The Scream*. Kounellis says he was introduced to Munch's research through some of Umberto Boccioni's paintings, including the famous 1911 triptych *Stati d'animo*, exhibited in the Museum of Modern Art in New York. Of Munch, Kounellis said he appreciated his ability to express the human condition and, in particular, human drama – a central theme in Kounellis' own research. In fact, all his work is driven by a defense of the dramatic, tragic, epic component of the real: if reality tries to distance us from death by pretending that it does not exist, Kounellis' works have the opposite aim, namely to make possible an encounter with it.

Giulio Paolini

Apoteosi di Omero, [*Apotheosis of Homer*] 1970-71
Stampe fotografiche, dattiloscritto, cartelle bianche, lastre di plexiglas, leggii, registrazione sonora / Photographic prints, typescript, white folders, Plexiglas panels, music stands, sound recording
Dimensioni complessive variabili; 30 x 24 cm (ciascuna delle 32 stampe fotografiche); 30 x 48 cm (ciascuna delle 33 cartelle e targhe in plexiglas) / Variable overall dimensions; 30 x 24 cm (each of 32 photographic prints each); 30 x 48 cm (each of 33 folders and Plexiglas plates)
Ed. 7/10
Collezione privata, courtesy Gió Marconi, Milano / Private collection, courtesy Gió Marconi, Milano

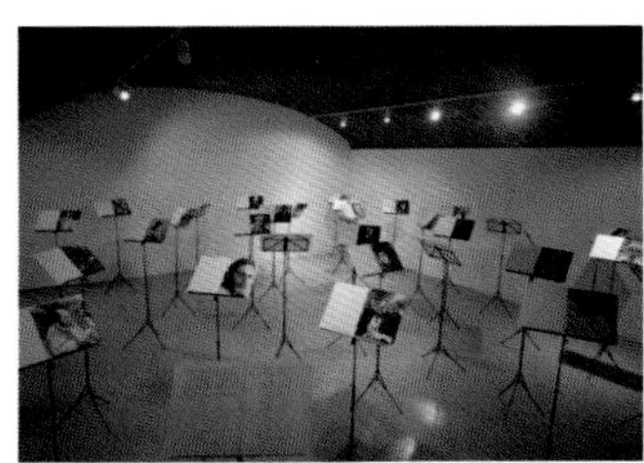

Giulio Paolini tiene un'unica mostra personale da Sonnabend, nel 1972, nella sede newyorkese della galleria ma, nel settembre 1973, è incluso al *Festival d'Automne à Paris: Aspects de l'art actuel présentés par la Galerie Sonnabend* presso il Musée Galliera di Parigi. Insieme a opere degli artisti della sua galleria, Ileana Sonnabend espone l'*Apoteosi di Omero* di Paolini. L'*Apoteosi di Omero* si compone di un dattiloscritto con l'elenco di quarantacinque personaggi della cronaca e della storia interpretati da attori teatrali o cinematografici – con una nota dell'artista in italiano, in francese e in inglese – e con trentadue fotografie di alcuni dei personaggi/attori citati. *Apoteosi di Omero* rappresenta una "apoteosi" del tema dell'identità: in analogia alla partitura musicale evocata attraverso i leggii e interpretabile ogni volta da capo, le fotografie propongono interpretazioni mutevoli di un determinato personaggio, alle quali ciascuno può aggiungere nuove versioni, come suggerisce il lato vuoto delle cartelle bianche.
In occasione della mostra al Musée Galliera, l'opera è allestita nello stesso modo in cui era stata presentata il 17 maggio 1972 alla Modern Art Agency a Napoli, ossia in forma di installazione, a differenza di come era stata allestita nelle mostre precedenti.
Fin dalla sua prima esposizione a Belgrado nel 1971, infatti, era stata presentata con gli elementi raccolti in un album o disposti su un tavolo, integrati da un nastro magnetico a ciclo continuo che riproduceva la lettura dell'elenco dei personaggi/attori e dello scritto in tre lingue: solo nel giorno dell'inaugurazione c'erano un uomo e una donna a recitare dal vivo quei testi.
Prima a Napoli e poi a Parigi, le fotografie sono invece posate ognuna sul lato destro di una cartellina bianca aperta e allestite su leggii sparsi nell'ambiente con orientamenti diversi, mentre un nastro magnetico riproduce le letture recitate dal vivo da un uomo e una donna durante l'inaugurazione della precedente esposizione dell'opera a Bari, alla Galleria Bonomo, il 10 febbraio 1972.

———

Giulio Paolini had only one solo exhibition at Sonnabend's, in 1972 at the gallery's New York venue, but in September 1973 he was included in the *Festival d'Automne à Paris: Aspects de l'art actuel présentés par la Galerie Sonnabend* at the Musée Galliera in Paris. Together with works by artists from her gallery, Ileana Sonnabend exhibited Paolini's *Apoteosi di Omero*.
Apoteosi di Omero consists of a typescript listing forty-five characters from news and history played by theatre or film actors, with an artist's note in Italian, French and English and thirty-two photographs of some of the characters/actors mentioned.
Apoteosi di Omero represents an "apotheosis" of the theme of identity: an analogy with the musical score evoked by the music stands – which can be reinterpreted each time – the photographs propose changing interpretations of a given character, to which anyone can add new versions, as suggested by the blank side of the blank folders.
On the occasion of the exhibition at Musée Galliera, the work was set up in the same way as it was presented on May 17th, 1972 at the Modern Art Agency in Naples, that is, in the form of an installation, unlike the way it was installed in previous exhibitions.
In fact, since its first exhibition in Belgrade in 1971, it had been presented with the elements collected in an album or arranged on a table, supplemented by a looping magnetic tape that played the reading of the list of characters/actors and the writing in three languages; in this occasion, only on the day of the opening did a man and a woman recite these texts live.
First in Naples and then in Paris, the photographs are placed on the right of an open white folder and then put on lecterns scattered in different orientations in the room, while a magnetic tape reproduces the readings recited live by a man and a woman at the opening of the previous exhibition of the work in Bari, at the Galleria Bonomo, on the February 10th, 1972.

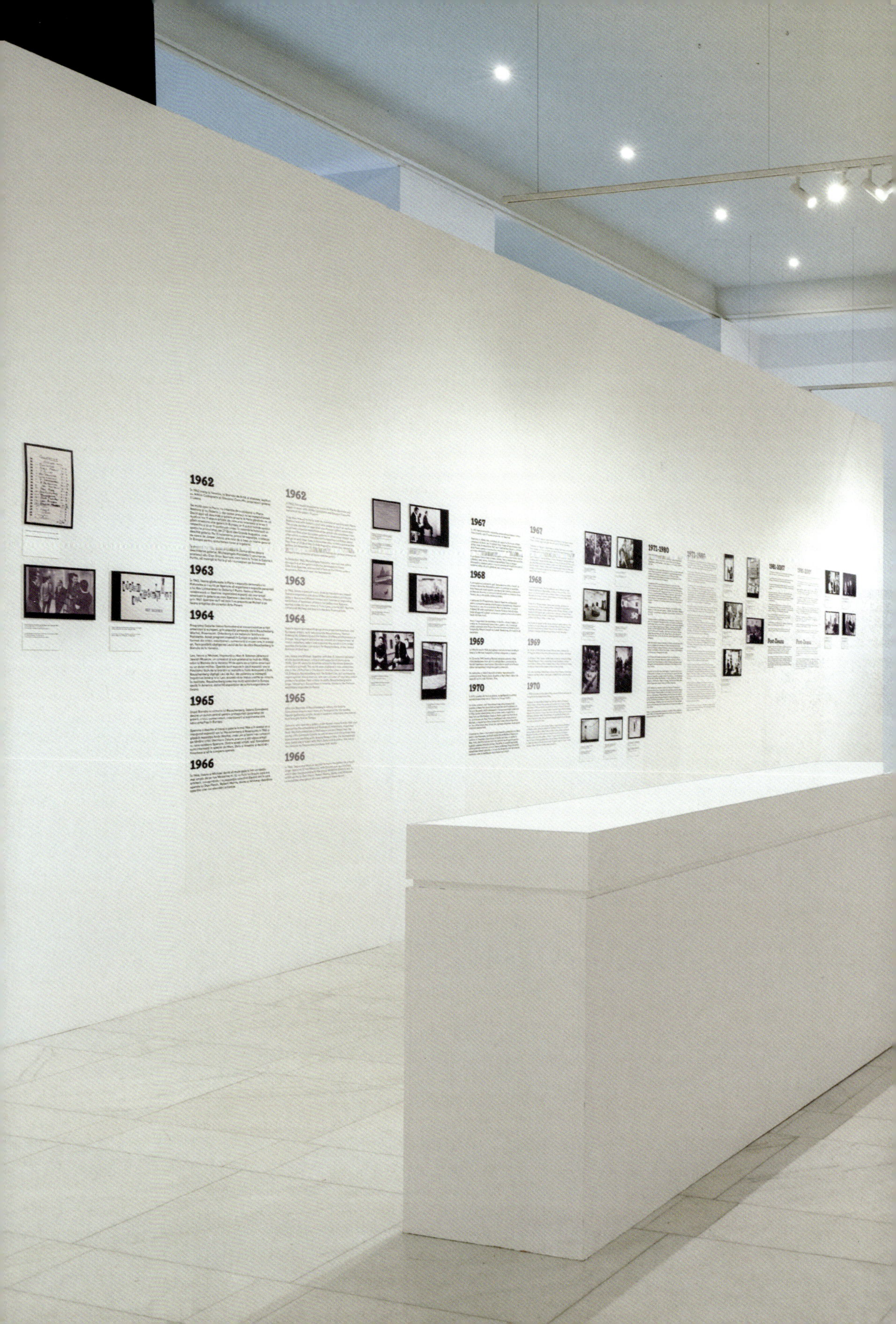

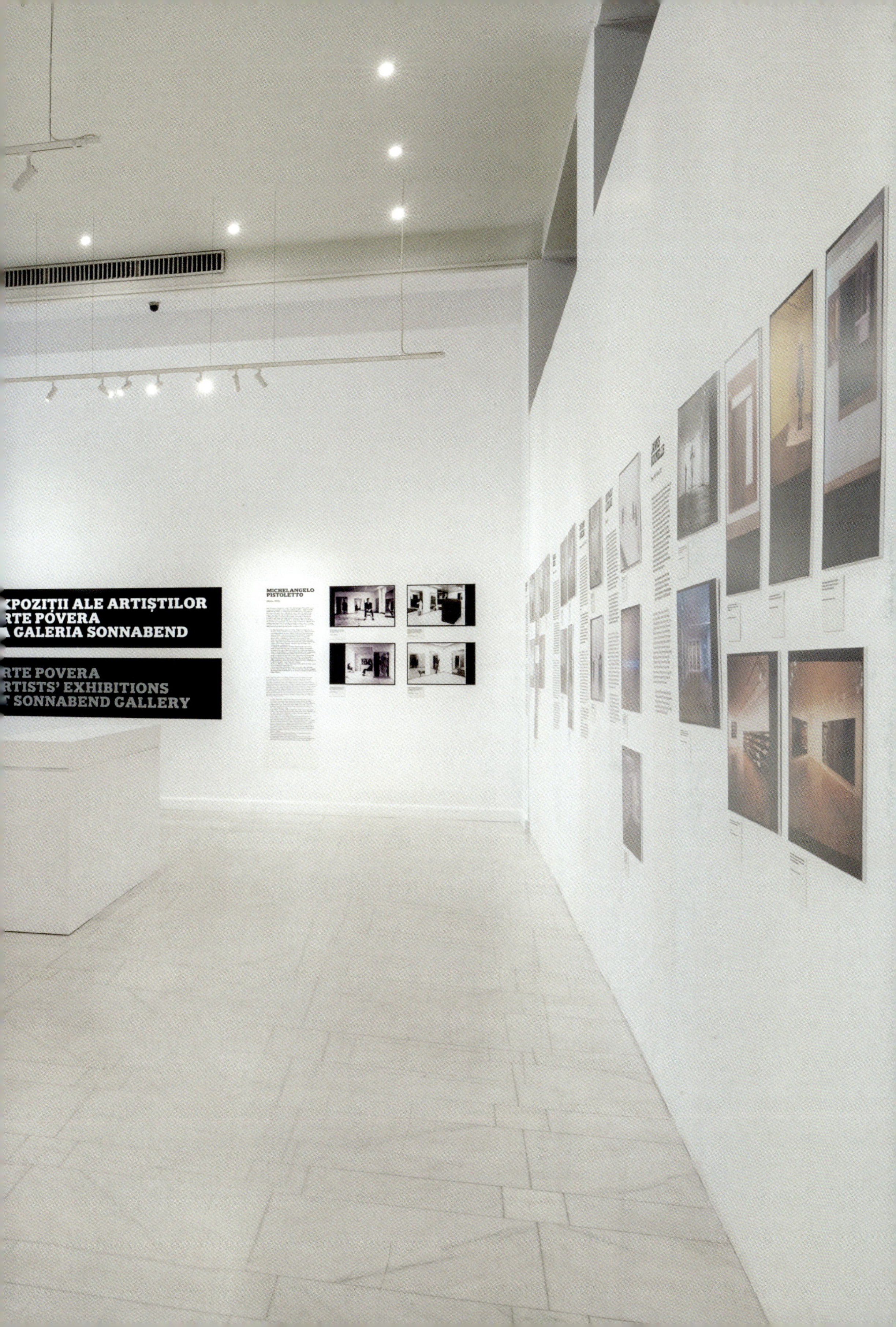
EXPOZIȚII ALE ARTIȘTILOR
ARTE POVERA
LA GALERIA SONNABEND
ARTE POVERA
ARTISTS' EXHIBITIONS
AT SONNABEND GALLERY
MICHELANGELO
PISTOLETTO

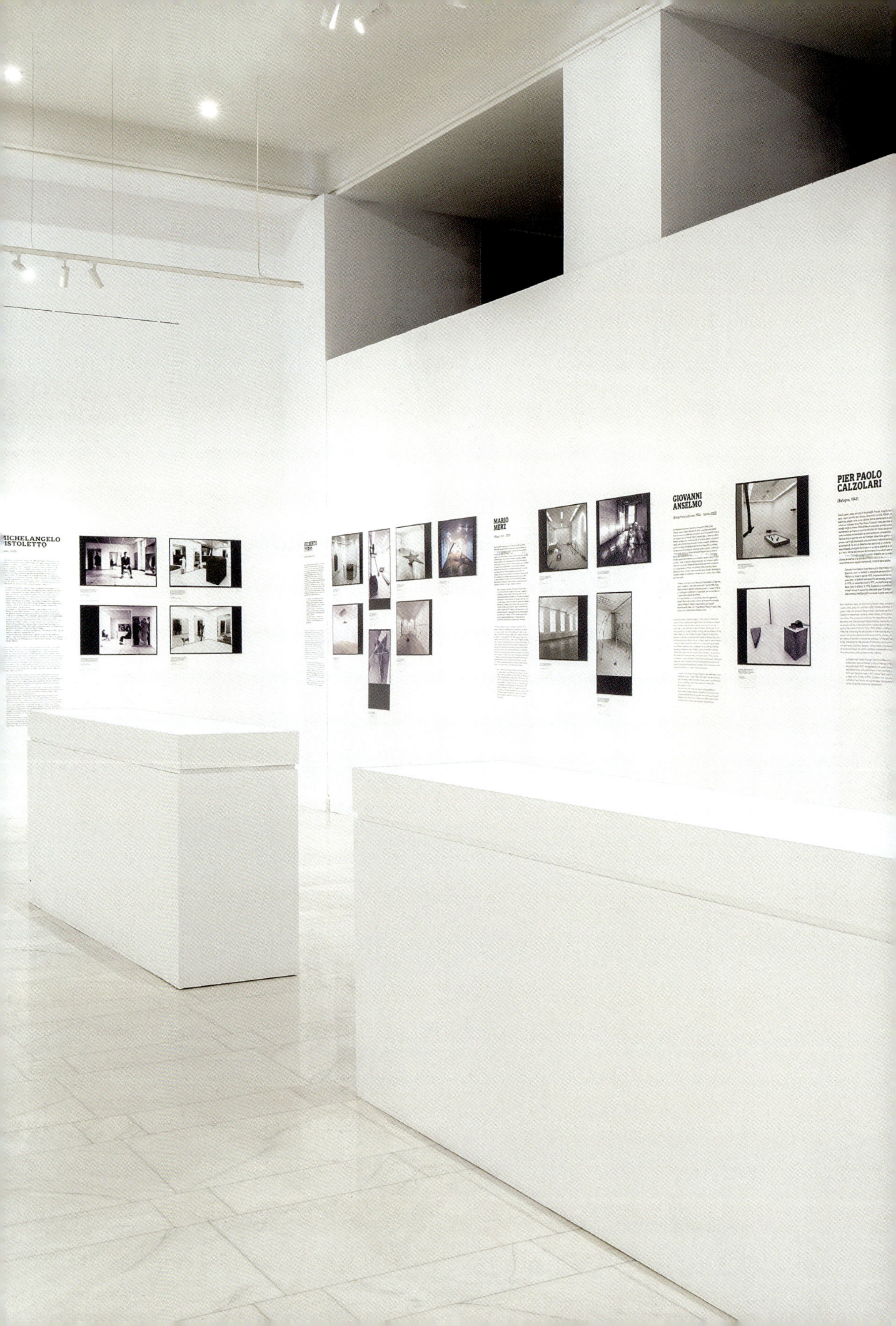

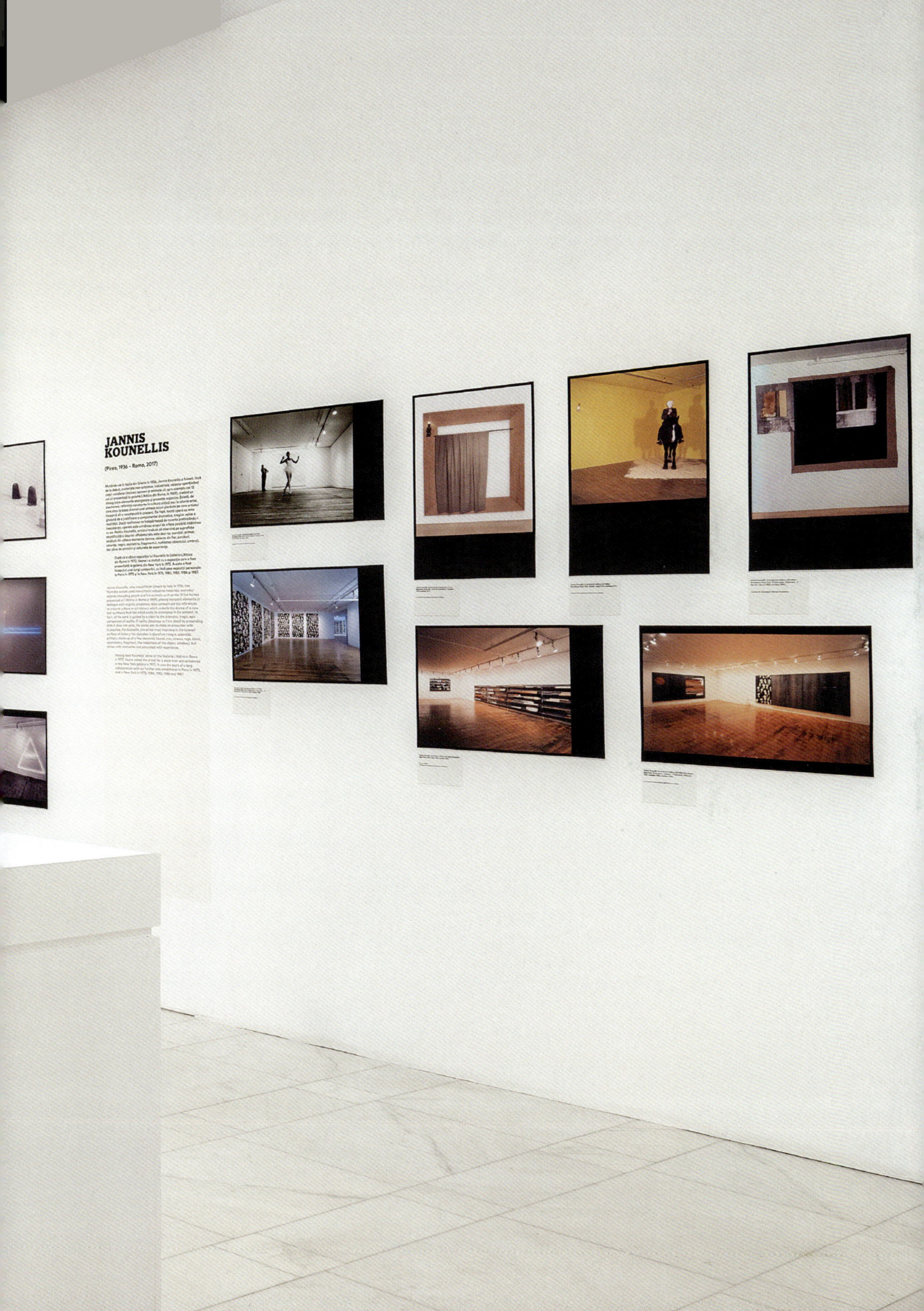

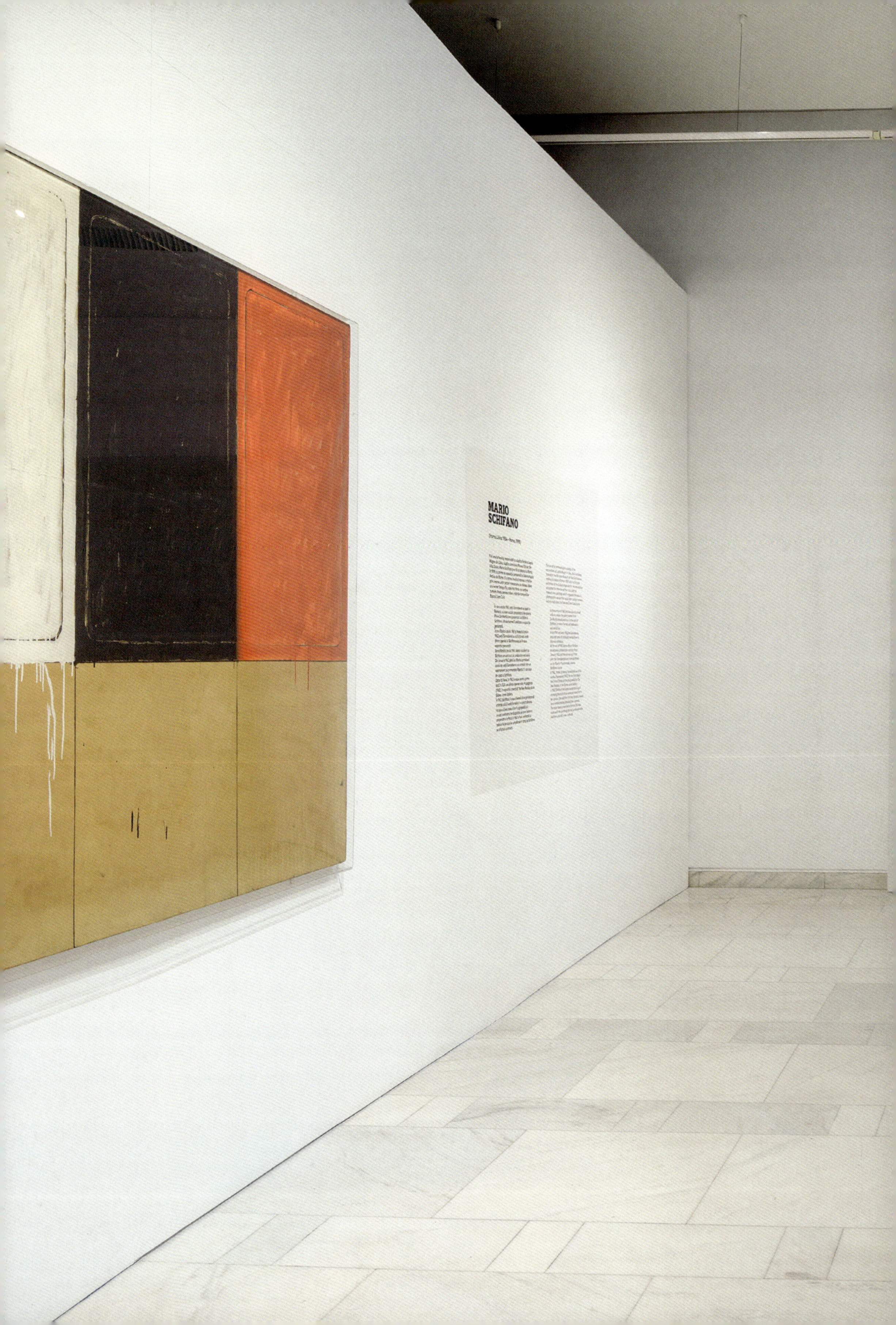

MARIO
SCHIFANO

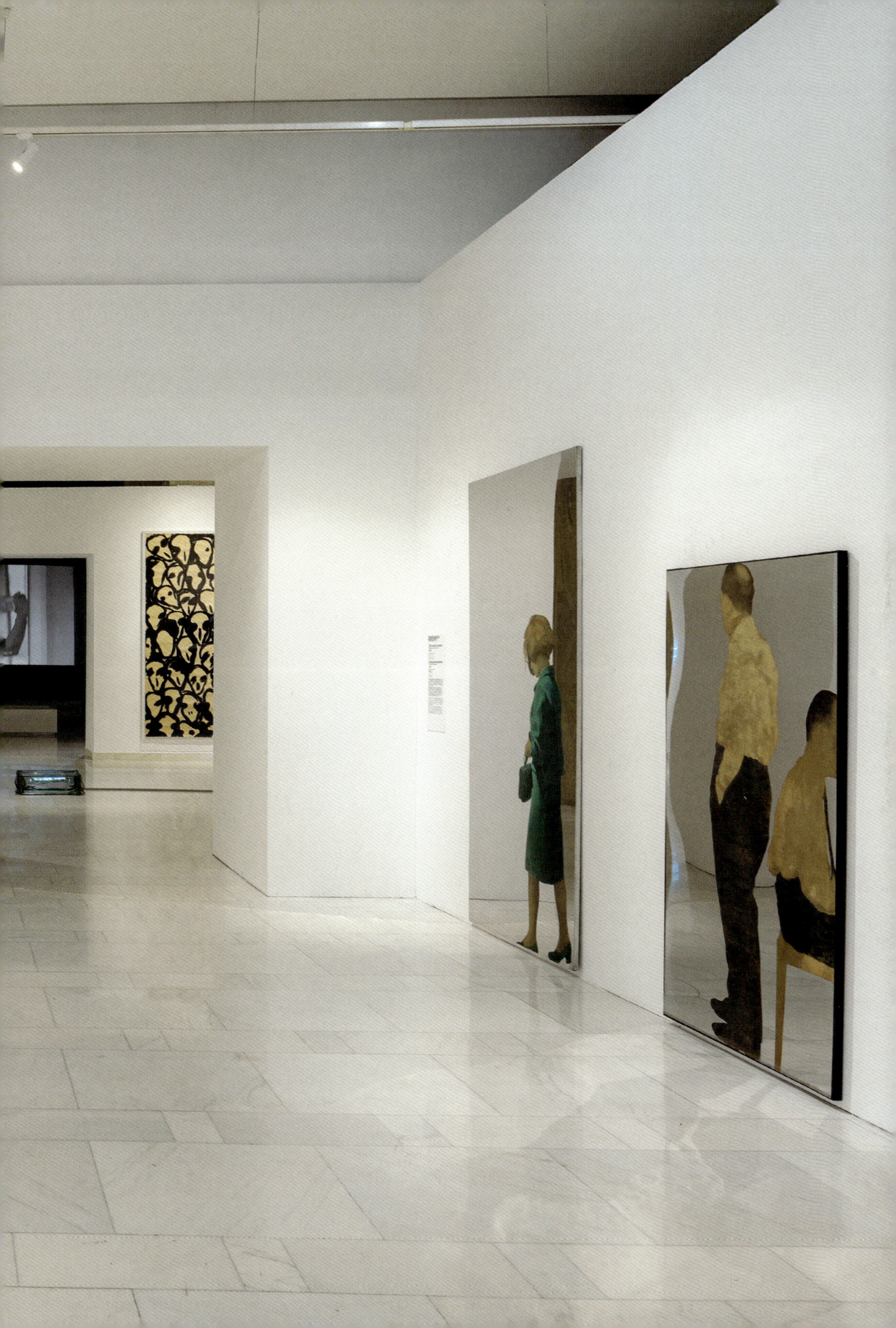

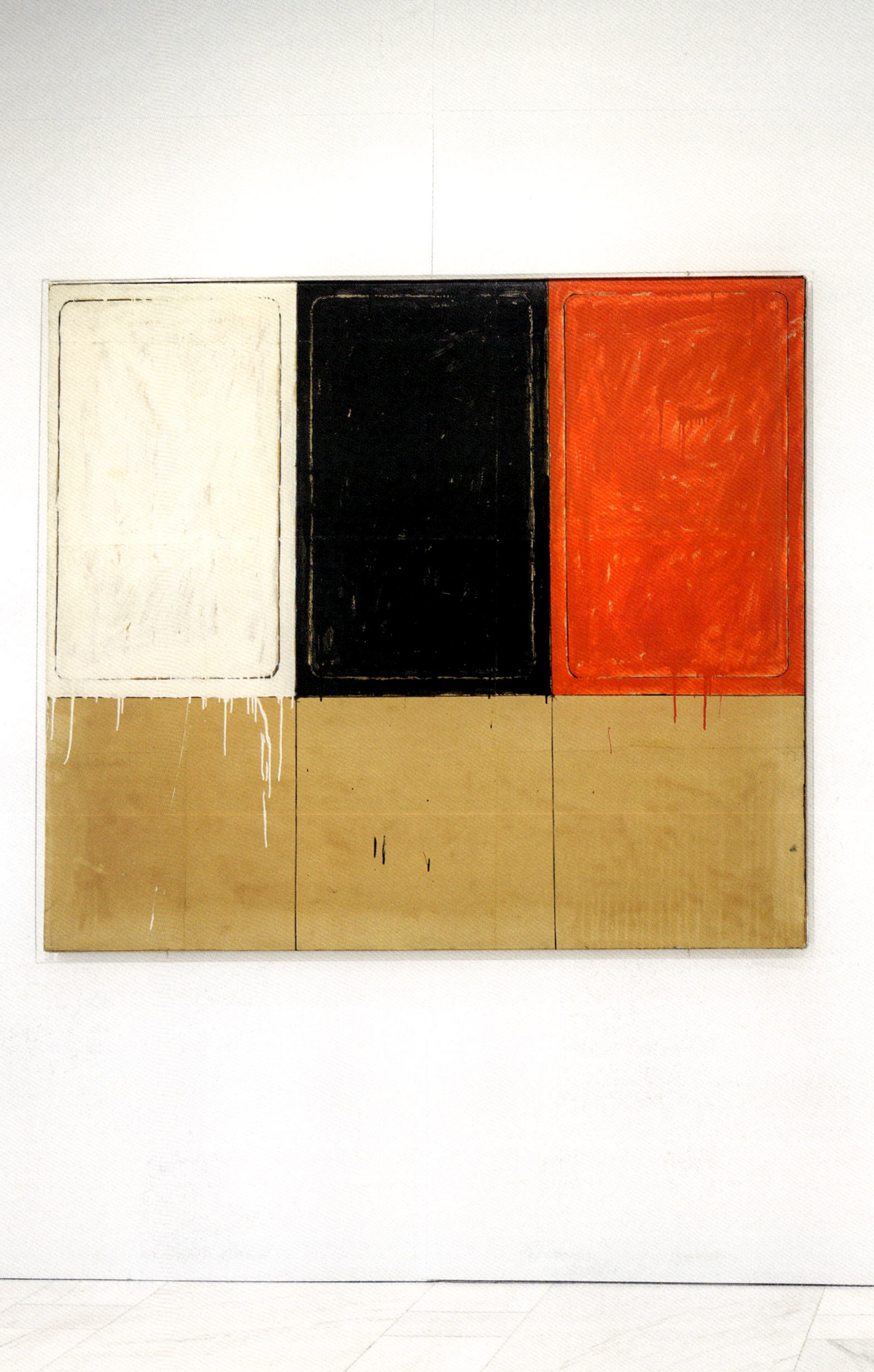

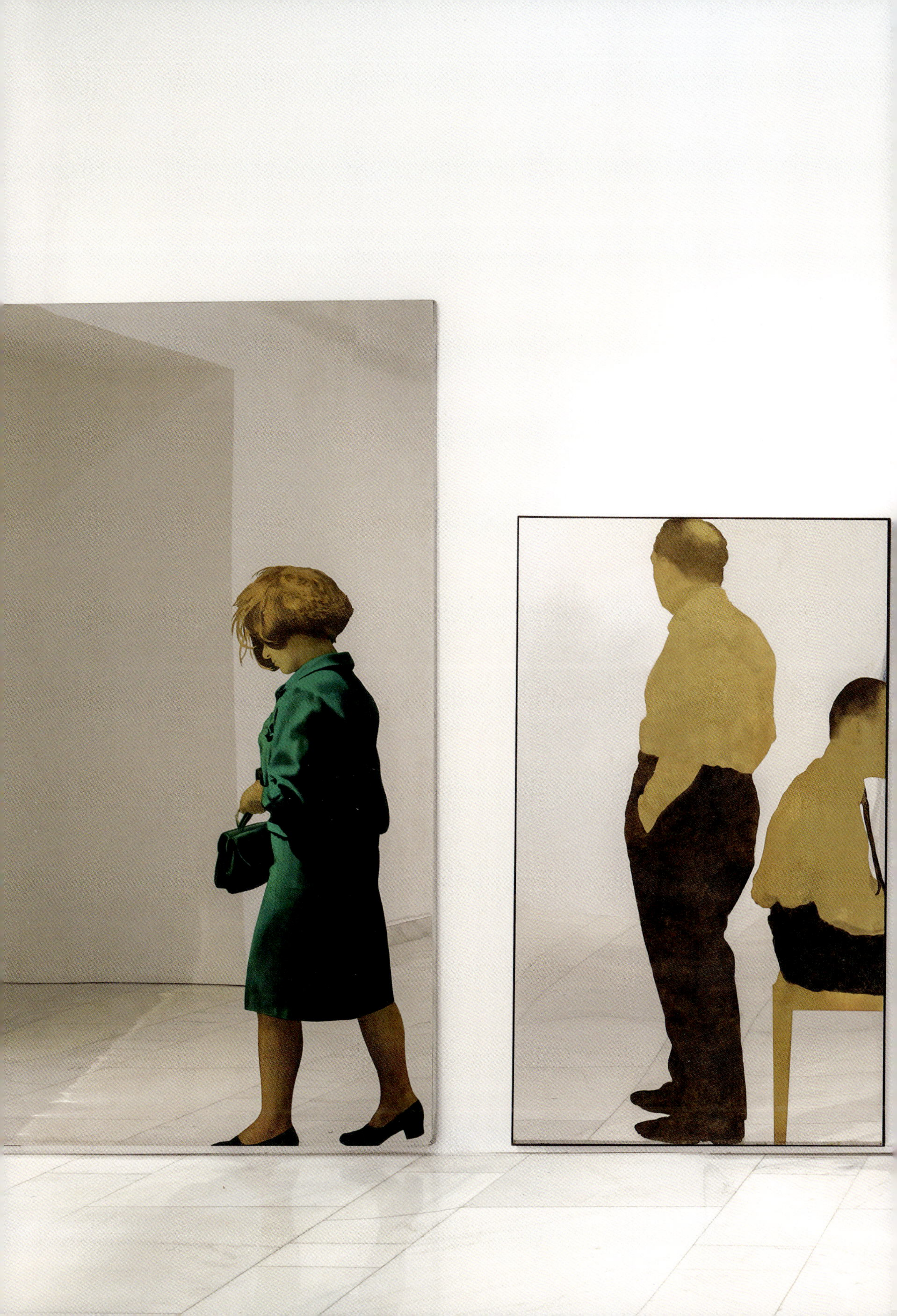

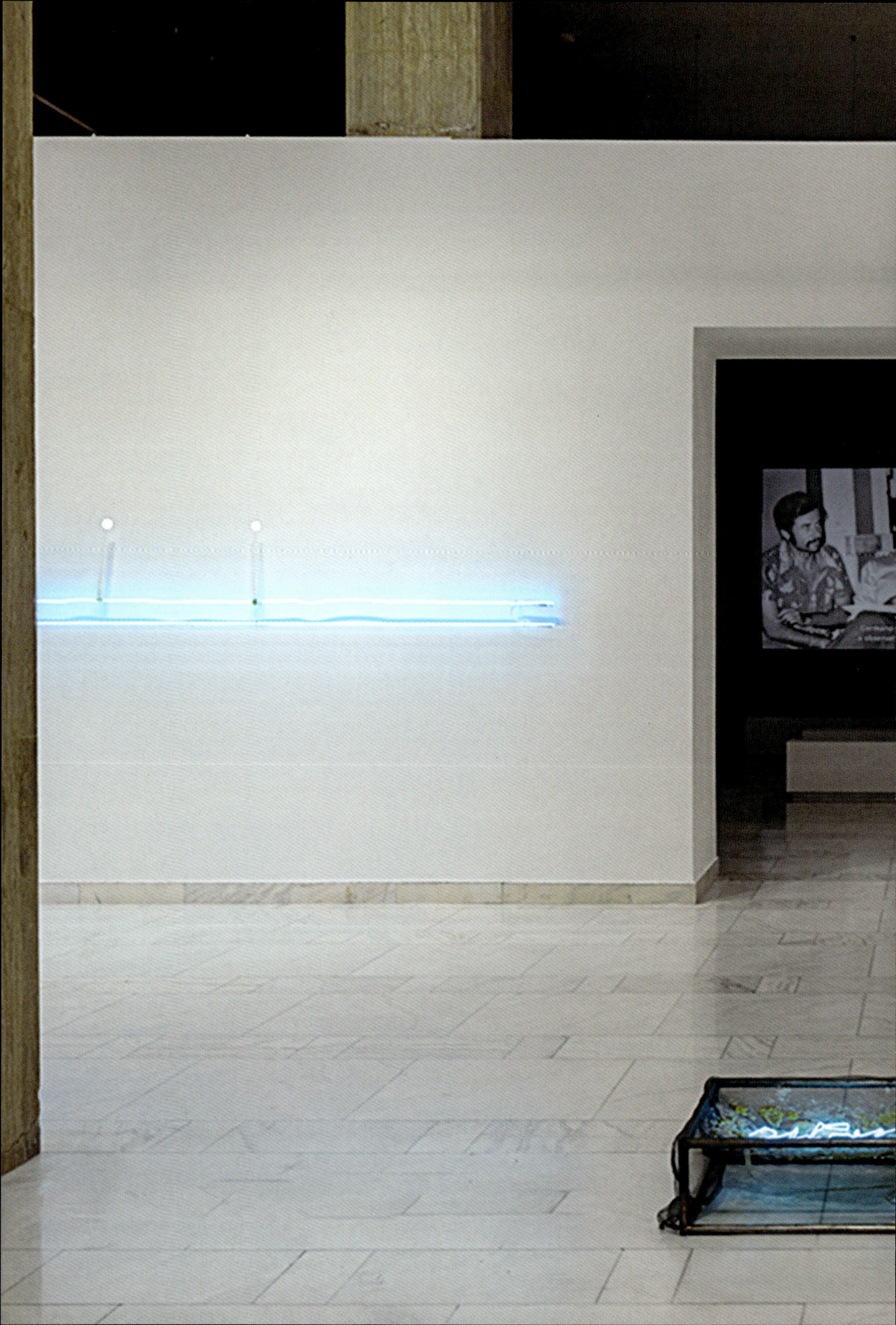

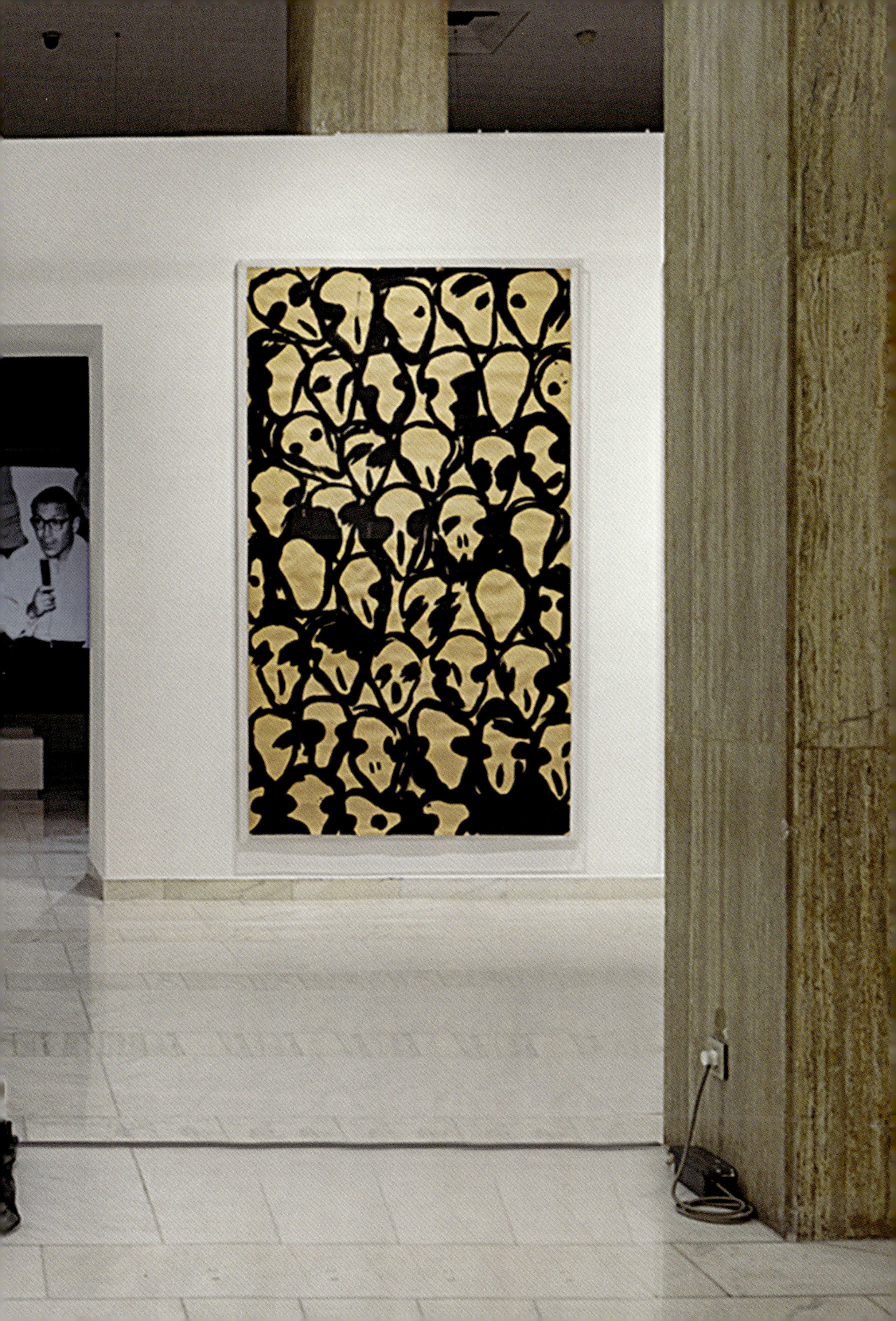

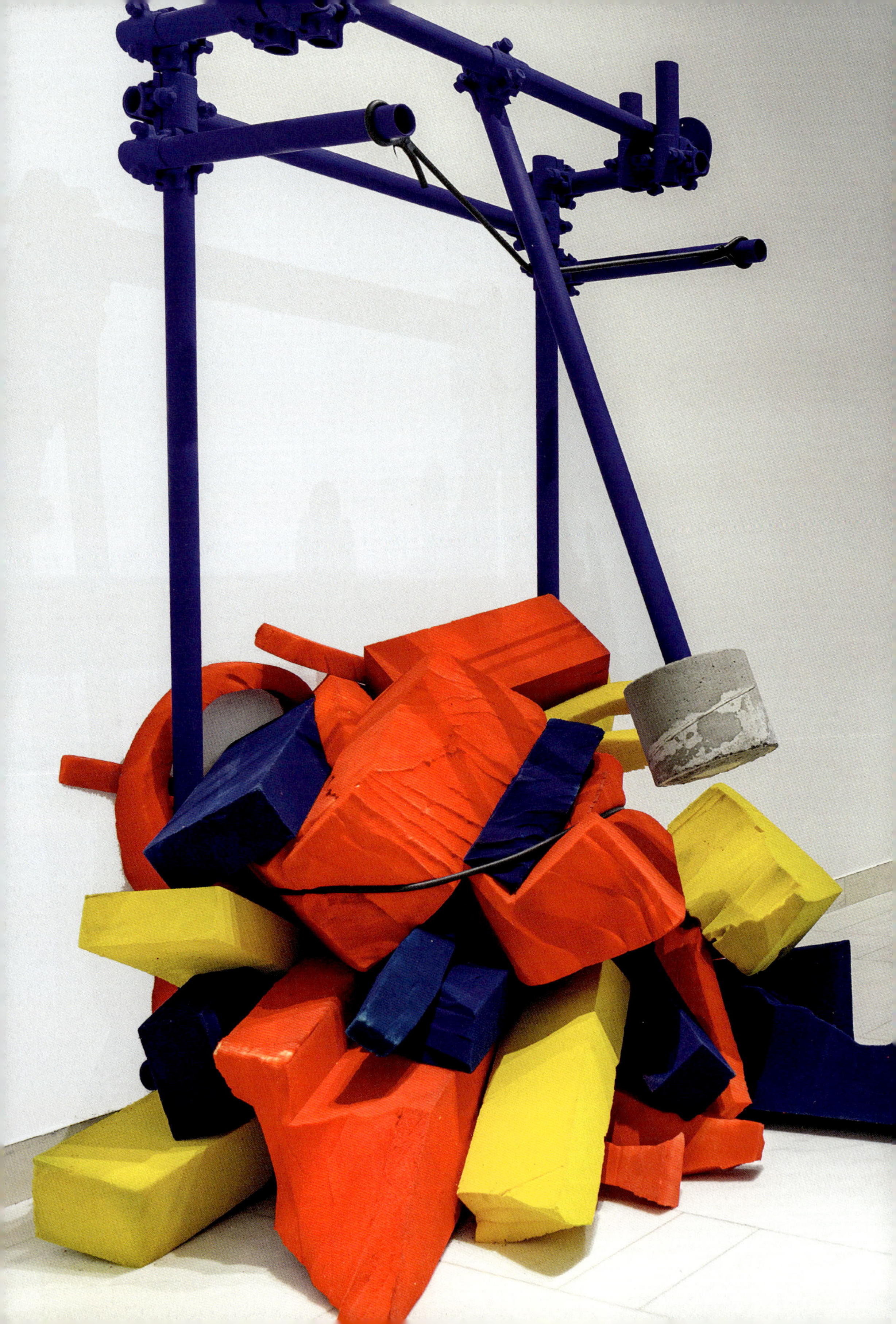

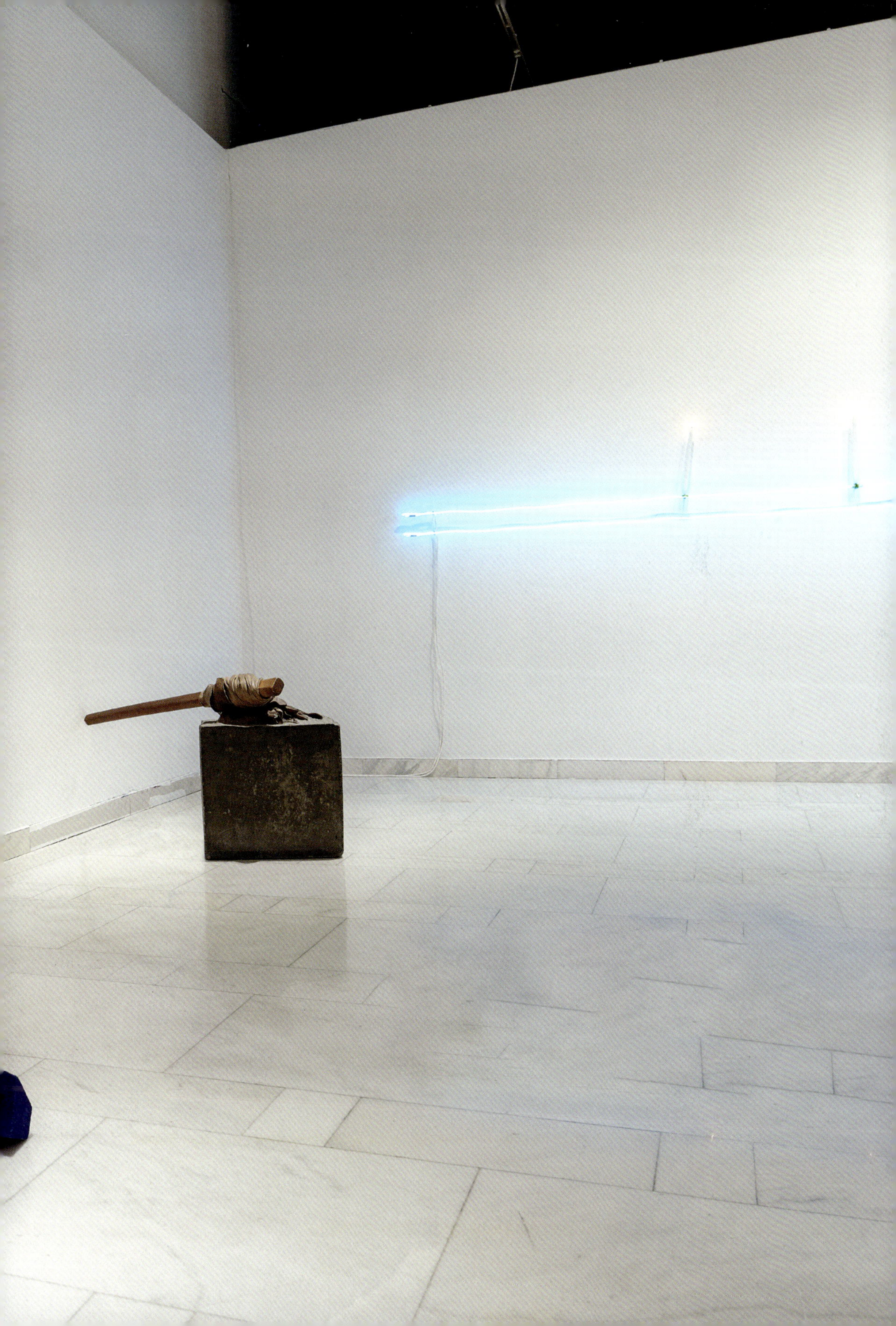

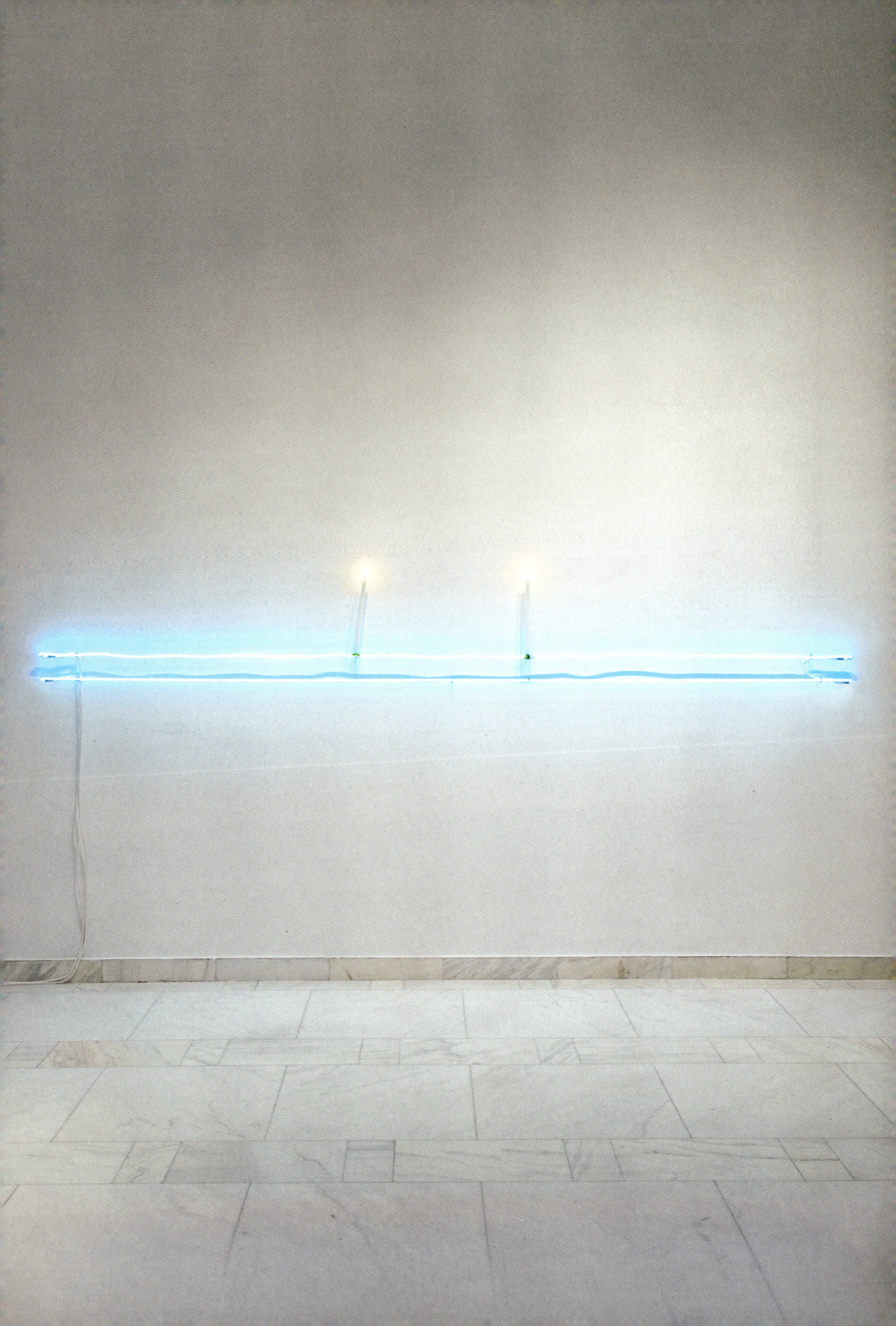

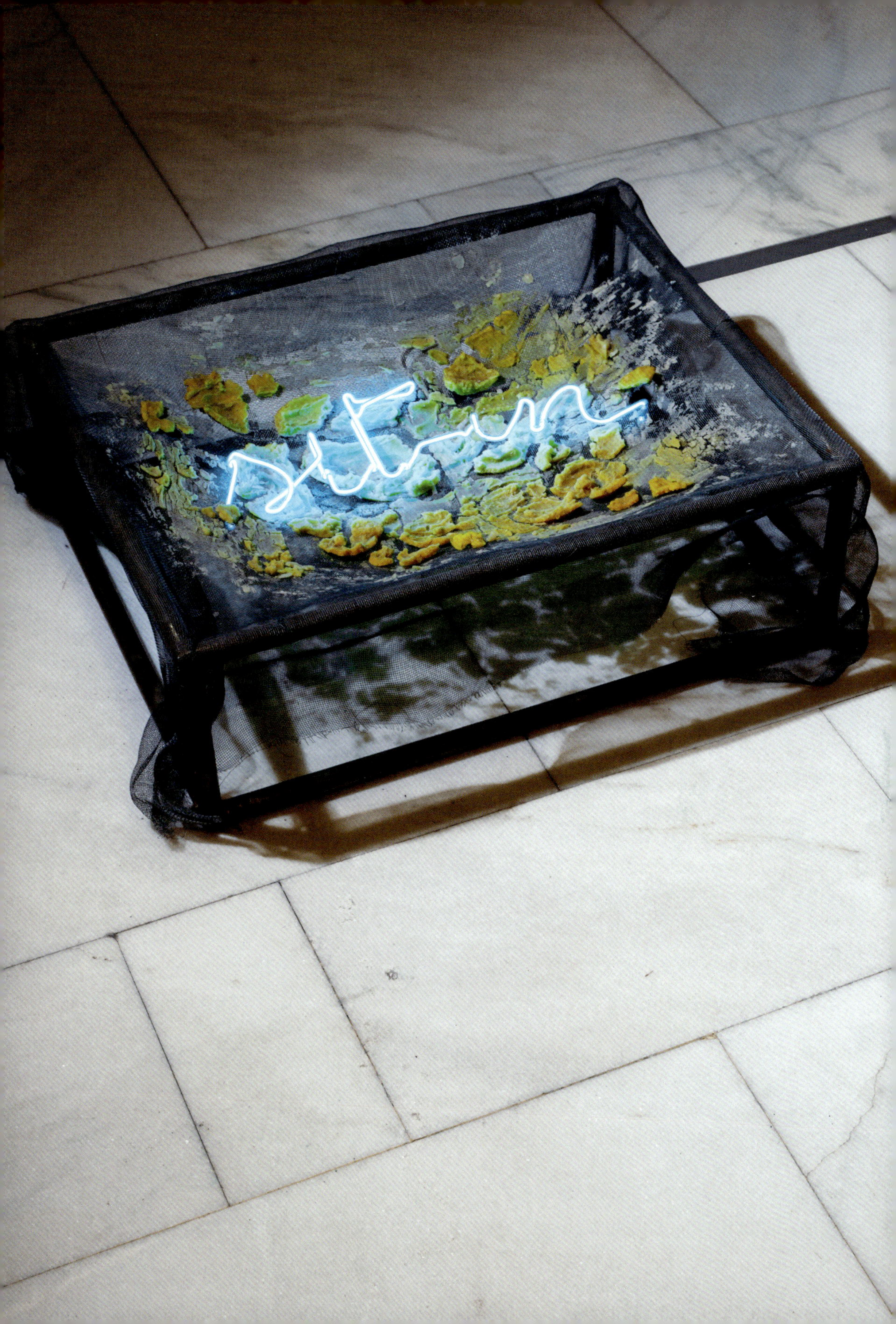

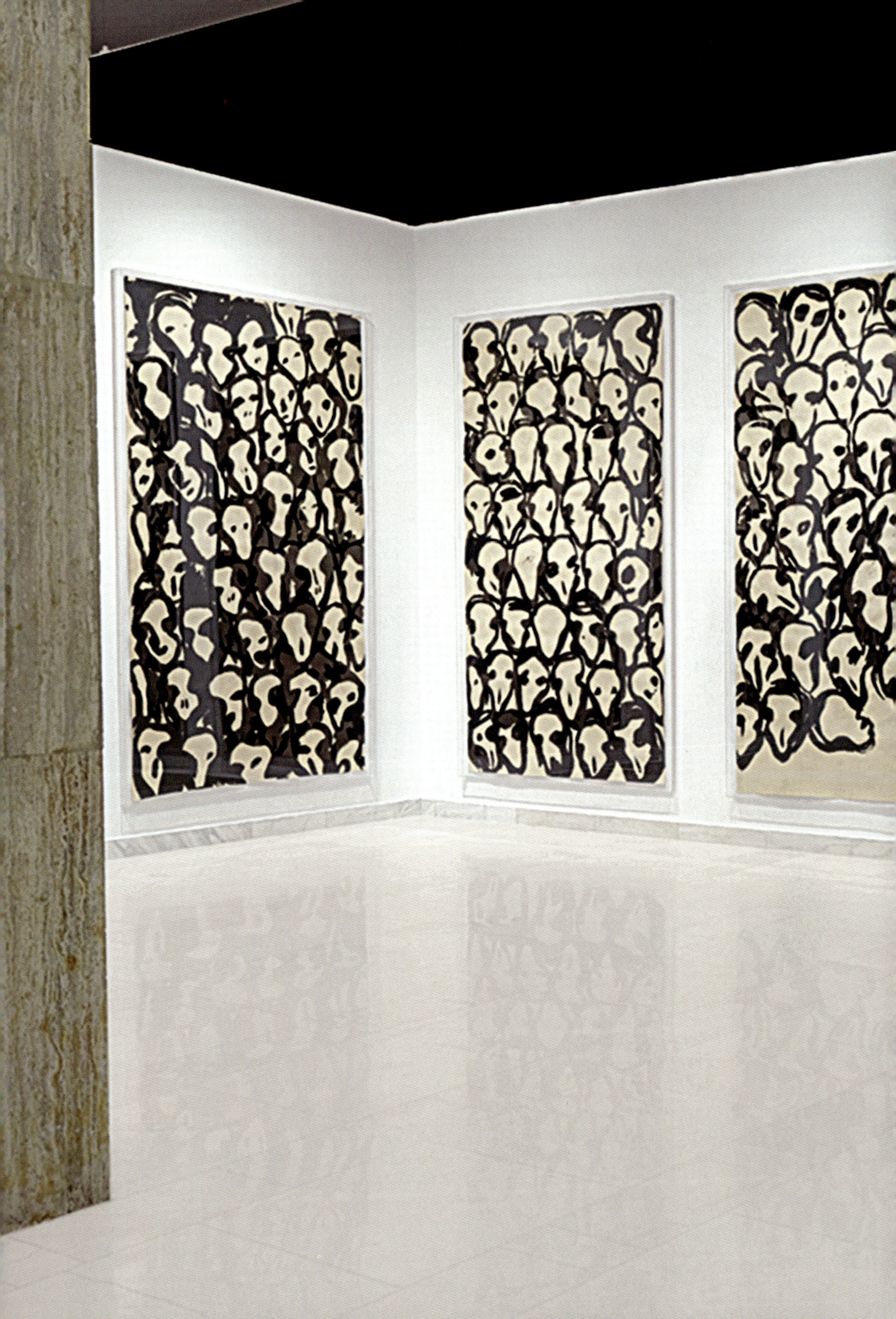

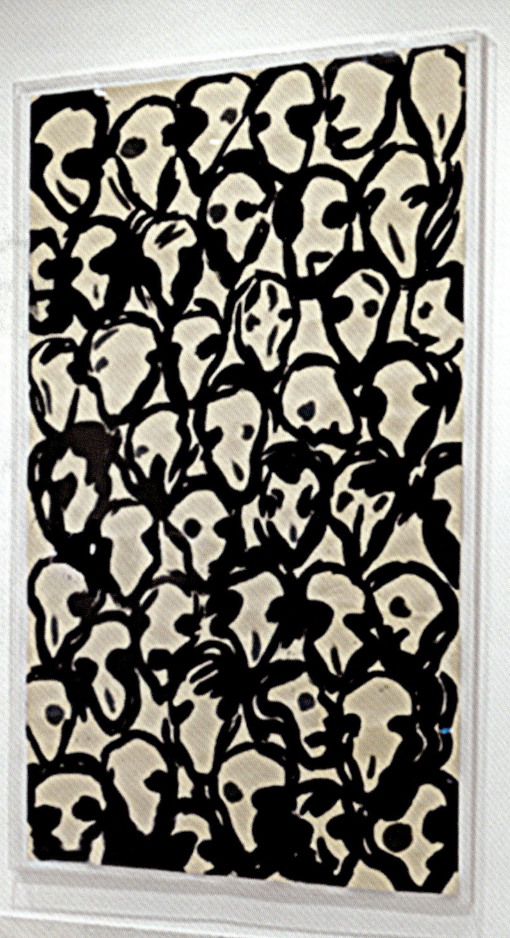
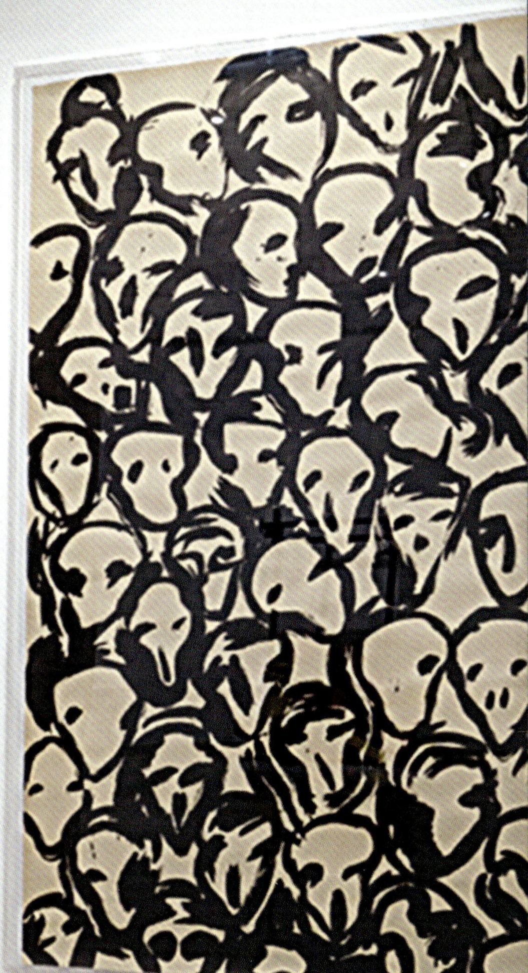

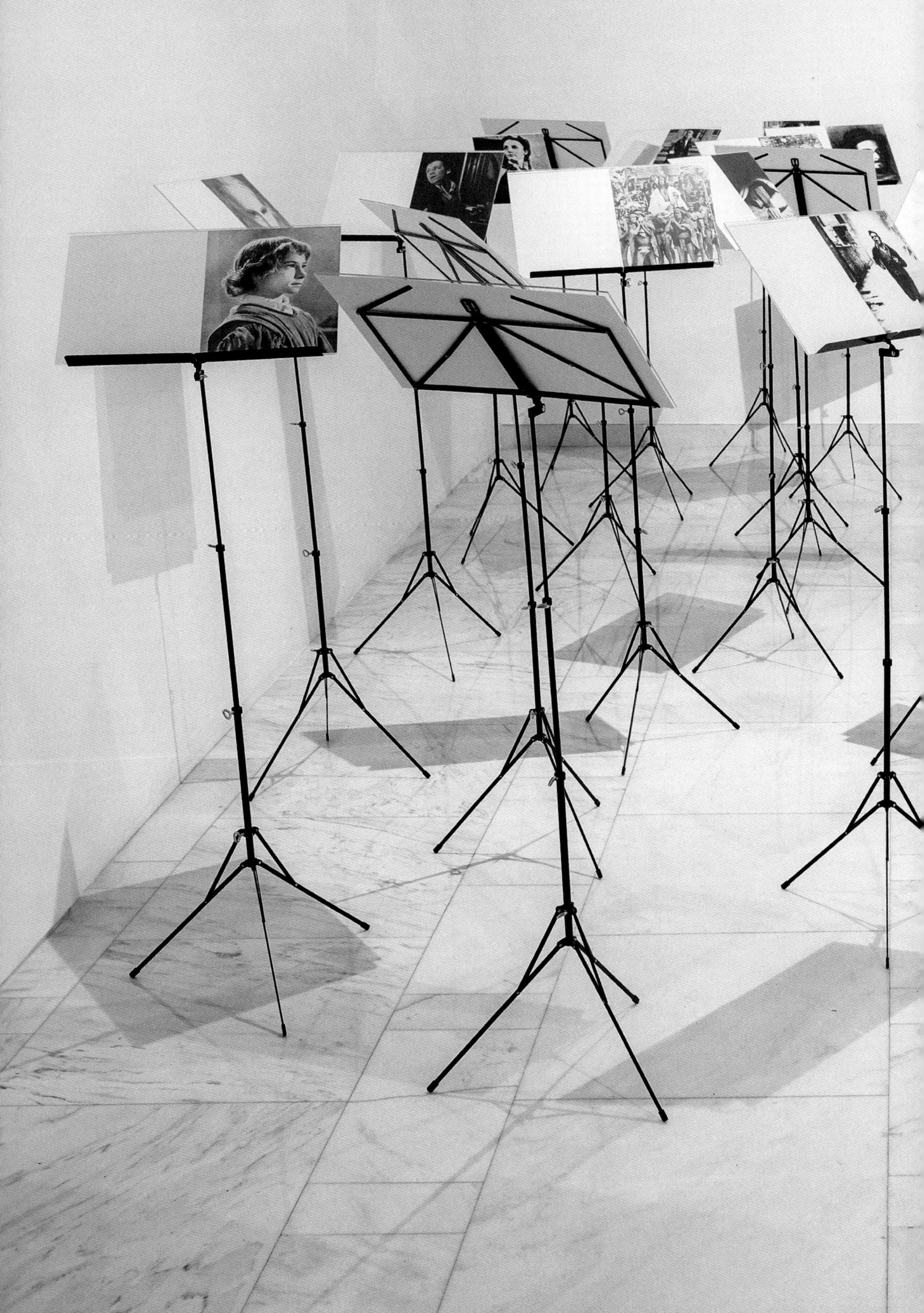

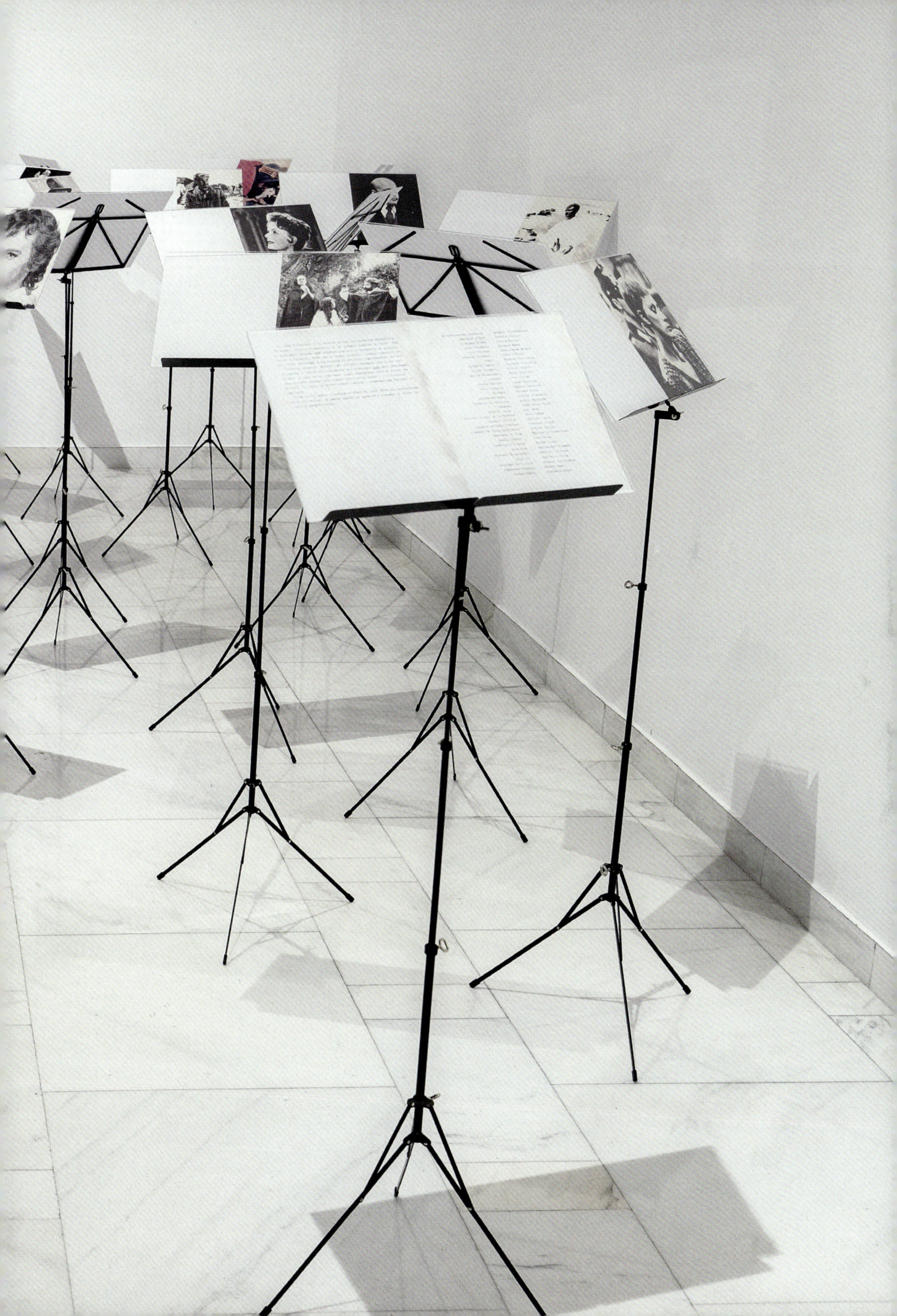

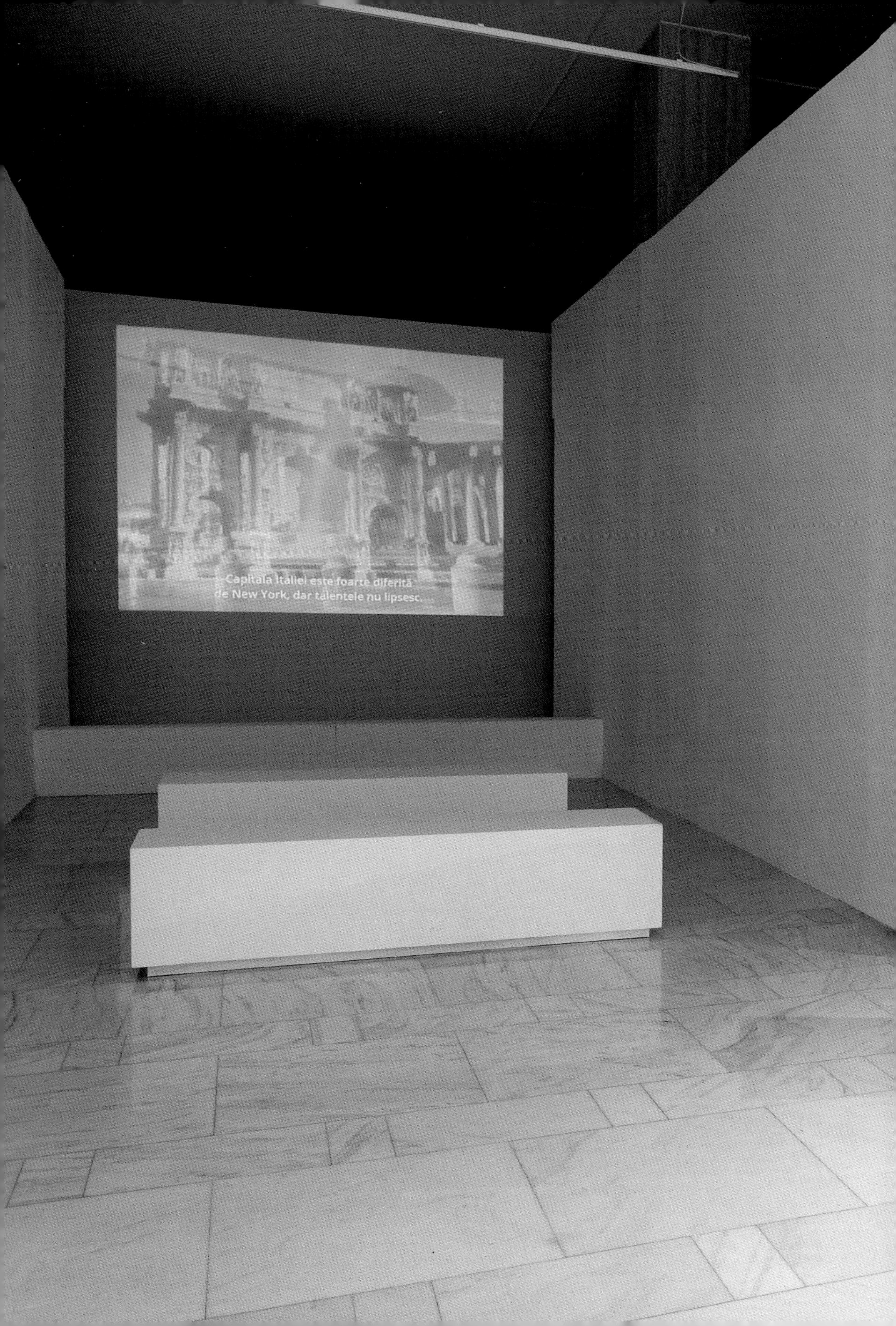

Capitala Italiei este foarte diferită
de New York, dar talentele nu lipsesc.

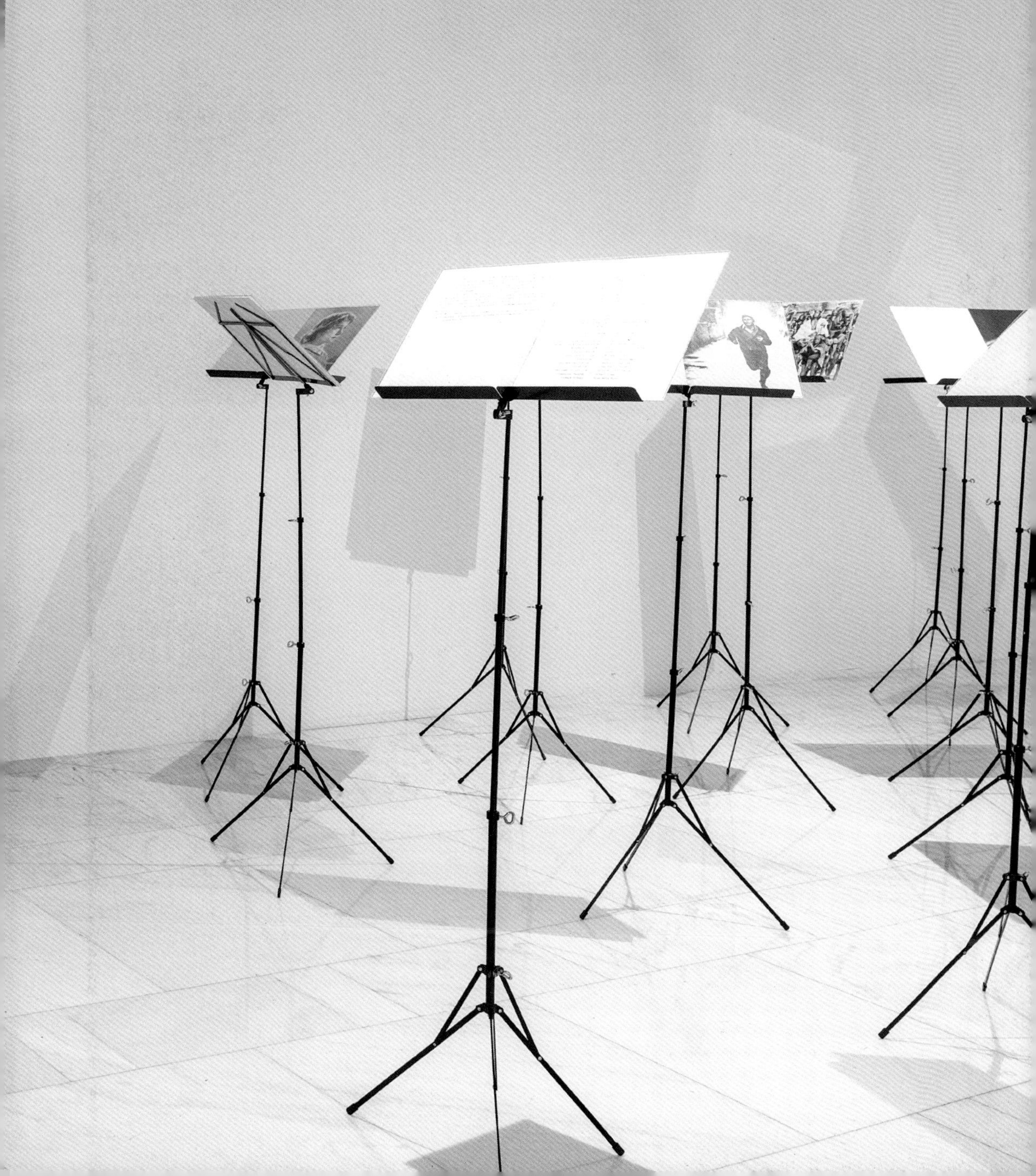

ILEANA SONNABEND & ARTE POVERA

MNAR– Muzeul Național
de Artă al României
26.06-22.09.2024

Mostra e volume a cura di /
Exhibition curated
and publication edited by
Ilaria Bernardi

Mostra organizzata dal MNAR in
collaborazione con l'Ambasciata d'Italia
in Romania, l'Istituto Italiano di Cultura
di Bucarest e Antonio Homem della
Sonnabend Collection Foundation. /
Exhibition organized by the MNAR in
collaboration with the Embassy of Italy
in Romania, the Italian Cultural Institute
in Bucharest and Antonio Homem of
the Sonnabend Collection Foundation.

Team del MNAR / MNAR Team:

Dr. Călin-Alexiu Stegerean,
Direttore/ Director

Judit Balint,
Vice direttore / Deputy Director

Arh. Liviu Constantinescu,
Vice direttore / Deputy Director

Bogdan Ginghină,
Vice direttore amministrativo /
Financial Deputy Director

Miruna Moraru,
Museografa / Museographer

Produzione / Production team
Alina Petrescu, Costina Anghel

Dipartimento relazioni esterne /
Public Relations Department
Ana Predoiu, Delia Popa,
Ana Negoiță, Maria Sfrijan

Grafica della mostra /
Graphic design of the exhibition:
2f.studio | Federica Faleschini
Francesco Armitti

Allestimento / Set up:
Attitudine Forma, Torino

Trasporti e logistica /
Shipping and logistics:
Arteria, Roma
Apice, Roma

Assicurazione / Insurance:
Generali
AXA
AON

Documentario / Documentary
Valicare i confini. Ileana Sonnabend e
l'Arte povera, di / by Eleonora Angius,
una produzione / production
3D Produzioni, 2024

Sponsor / Sponsors
Mastercard, UniCredit Bank, Pirelli
Romania, Generali Asigurări, Official
Ferrari Dealer: Forza Rossa, Aqua
Carpatica, Domeniile Sâmburești

In collaborazione con /
In partnership with
Asociația "Prietenii Muzeului Național
de Artă al României"

In copertina / Cover
Ileana Sonnabend, Parigi / Paris 1965.
Courtesy The Sonnabend Collection Foundation

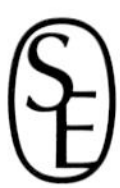

Silvana Editoriale

Direttore generale / General Director
Michele Pizzi

Direttore editoriale / Editorial Director
Sergio Di Stefano

Art Director
Giacomo Merli

Coordinamento redazionale / Editorial Coordinator
Maria Chiara Tulli

Redazione / Copy Editing
Veronica Ferrara

Impaginazione / Layout
Mirco Ameglio

*Coordinamento di produzione /
Production Coordinator*
Antonio Micelli

Segreteria di redazione / Editorial Assistant
Giulia Mercanti

Ufficio iconografico / Photo Editor
Silvia Sala

Ufficio stampa / Press Office
Alessandra Olivari, press@silvanaeditoriale.it

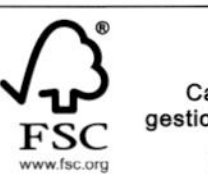

Silvana Editoriale S.p.A.
via dei Lavoratori, 78
20092 Cinisello Balsamo, Milano
tel. 02 453 951 01
www.silvanaeditoriale.it

Le riproduzioni, la stampa e la rilegatura
sono state eseguite in Italia
Reproductions, printing and binding in Italy
Stampato da / Printed by Grafiche Aurora S.r.l.,
Verona
Finito di stampare nel mese di settembre 2024
Printed September 2024

Available through ARTBOOK | D.A.P.
155 Sixth Avenue, 2nd Floor, New York, N.Y. 10013
Tel: (212) 627-1999 Fax: (212) 627-9484